庆祝中国共产党成立*100*周年·基层党建创

太 行 干 部 学 院 教 材

太行抗日根据地群众动员机制

董江爱　陈晓燕◎著

山西出版传媒集团
山西人民出版社

图书在版编目（CIP）数据

太行抗日根据地群众动员机制 / 董江爱, 陈晓燕著.
-- 太原：山西人民出版社, 2021.12
ISBN 978-7-203-12009-4

Ⅰ.①太… Ⅱ.①董… ②陈… Ⅲ.①冀鲁豫抗日根
据地 - 战争动员 - 研究 Ⅳ.①E287②K269.507

中国版本图书馆CIP数据核字（2021）第258954号

太行抗日根据地群众动员机制

著　　者：董江爱　陈晓燕
策　　划：张慧兵
责任编辑：靳建国
复　　审：吕绘元
终　　审：梁晋华
装帧设计：中尚图

出 版 者：山西出版传媒集团·山西人民出版社
地　　址：太原市建设南路 21 号
邮　　编：030012
发行营销：0351-4922220 4955996 4956039 4922127（传真）
天猫官网：https://sxrmcbs.tmall.com　电话：0351-4922159
E-mail：sxskcb@163.com 发行部
　　　　　sxskcb@126.com 总编室
网　　址：www.sxskcb.com

经 销 者：山西出版传媒集团·山西人民出版社
承 印 厂：河北盛世彩捷印刷有限公司

开　　本：787mm×1092mm　1/16
印　　张：17.5
字　　数：300千字
印　　数：1—1000册
版　　次：2021 年 12 月 第 1 版
印　　次：2021 年 12 月 第 1 次印刷
书　　号：ISBN 978-7-203-12009-4
定　　价：69.00 元

总　序

　　2021 年是中国共产党成立 100 周年。100 年来，党领导全国人民创造了举世瞩目的伟大成就。在党的坚强领导下，山西发生了历史性的巨变，尤其是党的十八大以来，山西经济社会发展取得巨大成绩，转型发展态势强劲，政治生态持续好转。值此建党百年之际，山西大学政治与公共管理学院、城乡治理研究中心、太行干部学院联合相关专家学者，精心组织和撰写了山西基层党建一系列丛书，记录和展示了党领导山西人民创造的辉煌历史，为党的百年华诞献礼！

　　基层党建是党的生命力和战斗力的基础。从 1924 年山西第一个党组织成立起，在近百年的奋斗实践中，山西在基层党建方面创造、积累了许多宝贵经验，涌现出了一大批典型村庄（社区）。近些年来，山西基层党组织和广大党员干部认真学习贯彻习近平总书记视察山西重要讲话重要指示，加强党对基层工作的全面领导，狠抓基层党组织建设，在党建引领基层治理、脱贫攻坚和乡村振兴等方面产生了许多先进做法和典型经验，值得认真进行提炼总结。

　　本书系聚焦基层党建创新的山西实践，从五个部分展开研究。第一部分回顾历史上的山西基层党建，围绕太行抗日根据地的群众动员机制和集体化之前西沟村的党建历程两个主题，提炼历史上山西基层党建的成功经验。第二部分讲述第一书记、新晋商参与山西脱贫攻坚的生动实践。以全国 14 个集中连片特困区之一的吕梁山片区为对象，选取 100 余位驻村第一书记及其所在村庄进行深度调研，记录他们在脱贫攻坚实践中的所思、所言、所行、所获。在山西的脱贫攻坚战中，新晋商积极参与精准扶贫，表现可圈可点，其中的丰富经验值得总结。第三部分关注党建引领下山西基层治理中的创新实践。梳理和总结山西在"三治融合"的乡村治理体系建设、"三社联动"的社区治理体系建设、"文化治理"与农民公共精神培育、村民自治等方面进行的探索创新。第四部分整理山西各地党建引领乡村振兴发展的先进做法，分析实现精准扶贫与乡村振兴有效衔接、党建引领乡村振兴的内在机理，力求为推进乡村振兴提供可借鉴的样本。第五部分着眼未来，从组织建设和党员队伍建设两个视角，探讨新时代"党的建设与终身学习"的重大命题，回应科技进步等外部条件带来的冲击挑战，从理论上拓展党的建设的相关研究。

实践无止境，研究不止步。本书系的出版只是初步的尝试，基层还有许多新的实践需要及时关注。希望丛书的作者们围绕上述问题，在方法、理论等层面进行深入的探讨，争取研究更进一步。

董江爱

2021 年 6 月于山西大学

目　录

引　言

一、太行抗日根据地发展历程及重要历史地位

（一）太行抗日根据地发展历程

1942 年底，彭德怀在回答"什么是根据地"时曾经指出，某些地区（如北岳区、太行山、山东）有了革命的武装、革命的政权、革命的群众组织、革命的政党——共产党（而且前面的三种组织都在共产党领导之下），这四种组织在一定地区能够公开地、合法地存在，各自执行自己的职权（如政权执行自己的法令、纪律、各种制度），这样的地区，就叫作革命根据地。[①]太行抗日根据地是抗日战争时期中国共产党建立的最重要的革命根据地之一，在中国抗日战争历史中具有非常重要的地位。

1. 太行抗日根据地的创建

1937 年 11 月 8 日，太原失守，八路军在中共中央的指示下挺进太行山，建立党群组织，依靠人民的力量创建了敌后抗日根据地。在与日军周旋的过程中，八路军曾经五次进驻长治市武乡县，并把八路军总部建立在武乡县的王家峪和砖壁村，与太行人民结下了深厚的感情。太行抗日根据地不仅成为抗日的主要力量，而且在与人民共同奋斗中创造了伟大的太行精神，激励着太行人民不断前进。在抗日战争中，由于战争形势不断变化，太行抗日根据地的辖区和名称曾多次变更。在根据地开辟时期，由于地处

---

① 《彭德怀在太行区军队营级、地方党县级以上干部会议上的报告（1942年12月18日）》，《太行党史资料汇编》（第5卷），太原：山西人民出版社，2000年版，第891页。

山西、河北、河南三省交界地区，它被称为晋冀豫抗日根据地。抗日战争时期，中国共产党选择太行山区作为革命根据地主要有以下几个方面的原因：

一是太行地区独特的自然环境和重要的战略地位。太行地区地处石太铁路以南、平汉铁路（今京广铁路）以西，白晋铁路（从山西祁县白圭到晋城的铁路）以东，黄河中游之北，面积约4万平方公里，因八百里太行山脉纵贯其境而得名。全区除平汉铁路西略有平原外，大部分地区丘陵起伏，山峦连绵，自古以来在军事上就是进可以攻、退可以守的天险要地。正如陈毅同志诗云："山西在怀抱，河北置左肩。山东收眼底，河南示鼻端。长城大漠作后殿，提携捧负依陕甘。更有人和胜天时，地利攻守相倚关。"我国最早的地理专著《山海经》载："北次三山之首，曰太行之山。"宋代理学家朱熹说："太行山一千里，河北诸州皆旋其趾，潞州上党在山脊最高处，过河便见太行在半天，如黑云然。"太行山古老雄伟、文明厚积，亦名大形山、五行山。太行山独特的自然环境造就了其独特的战略地位，它直接威胁着日军在华北的统治。在这里，"山地是日军机械化部队难以活动的场所，日军的兵力有限，只能占领点和线，要占领广大的农村是不可能的。一旦八路军出师，各种力量都被动员起来，便会很快地在群山中打下游击战争的基础，使日军坐卧不安。"① 所以，抗日战争时期，中共中央北方局、八路军总部和八路军一二九师等党政军机关都曾在这里长期驻扎，指挥华北各抗日根据地的军事和政治斗争，创造了"中华民族的壮举，前所未有的伟业，战争史上的奇观"。

二是抗日战争形势的日趋严峻。1937年7月7日，日军突然向河北省宛平县（现已撤销，并入北京市）卢沟桥附近的中国驻军发动进攻，蓄意制造了"卢沟桥事变"。国民革命军第二十九军一部奋起抵抗，标志着中国全国性抗日战争的开始。1937年卢沟桥事变后，抗日战争全面爆发，但由

① 魏宏运：《二十世纪三四十年代太行山地区社会调查与研究》，北京：人民出版社，2003年版，第1页。

于国民党军队采取消极抗日的方针，导致了国民党正面战场的失利。为了挽救民族危亡，中共中央发出《关于目前形势与党的任务的决定》和《抗日救国十大纲领》，号召全国人民团结一致，进行全面抗战。1937 年 11 月 8 日太原失守后，中共中央北方局和八路军一二九师（包括八路军一一五师三四四旅）在中共晋冀省委的领导下，根据中共中央和毛主席创建以太行山为依托的晋冀豫抗日根据地的指示，进入太行山区开始创建抗日根据地。1938 年春，日军由邯郸方向首次侵入晋东南。中共在坚持抗日民族统一战线政策的前提下，抓紧有利时机，积极发动群众，团结一切抗日爱国力量，开展人民战争，为抗日战争的胜利奠定了基础。

2. 太行抗日根据地的巩固和发展

尽管在抗日战争之前，太行山区就已经建立了党组织，并开展了一系列的活动，但由于当时的党组织力量薄弱，党员数量有限，且组织分布不均衡，无法获得多数群众的支持与认同。尤其抗日战争全面爆发后，一方面日军加强了对太行抗日根据地的"扫荡"程度，导致根据地的规模有所缩小；另一方面国民党与反共分子持续开展了一系列破坏抗日根据地建设的活动，使太行抗日根据地的对敌斗争形势日趋严峻。在这种情况下，中共中央北方局确立了"建党、建军、建政"的任务，并通过广泛发展群众的游击战争，建立地方群众武装，扩大正规军；开展民主运动，建立各种民意机关，在村、区、县等多个领域实行民选，改革各级政治机构；彻底实现减租减息、救灾救难、优待抗属，增加雇工工资，以适当改善民生；努力生产建设，本着自力更生的原则进行生产运动，收集物资，囤积钱粮，克服经济困难，给坚持抗战以物资保证；开展敌占区工作，摧毁敌伪政权，缩小敌占区域等措施巩固和发展了抗日根据地。

（二）太行抗日根据地的历史地位

地处华北屋脊太行山中的太行抗日根据地，是 70 多年前八路军总部、中共中央北方局领导指挥华北敌后抗战的中枢。在抗日战争历史上，太行抗日根据地具有非常重要的历史地位。表现在：

一是中共党组织发展的关键据点。与华北其他多数农村一样，太行抗日根据地的中共党组织在抗战爆发前非常薄弱，党员人数少、党组织的影响力很小。如："1934 年前后，整个山西省只有 13 名党员，加上其他外围组织如社联、共济会等，总共才几十人；曾经发生过砸县衙门、农民暴动的冀西赞皇，此时党员也只剩下简易师范学校内的几个党员；豫北的涉县、林县在抗战前始终还是党组织的'空白点'，不仅没有党的支部，甚至连一个党员也没有。"[1] 然而，全面抗战爆发后，中共党组织充分发挥其组织优势，在几年时间内迅速建立起太行抗日根据地的中共党组织网络体系，并成为动员农村的重要主体。太行抗日根据地中共党组织的建设是中国共产党在太行区发展的关键据点。

二是党群关系良性互动的主要典范。在太行抗日根据地，党群关系的良性互动是中国共产党有效动员农民的前提。在太行山区，以小农经济为主，文盲、半文盲的农民占据人口的绝对多数情况下，中国共产党能够赢得农民的规范支持，调动起农民参军参战的积极性为党群关系良性互动提供了主要典范。据抗战时期的调查显示，在全面抗战爆发前的太行根据地，识字不多或根本不识字的占 95%~97%。文盲在冀西有 43934 人、漳北51301 人、漳西 185418 人、太岳 111805 人，总计 470676 人。[2] 也就是在广大民众目不识丁、不知革命为何物的背景下，中国共产党始终站在人民立场上，采取多种宣传方式、动员手段，最终获得了民众的理解、认可和支持。

三是抗日战争胜利的重要支点。为了有效地钳制和消灭敌人，配合友军作战，保存和扩大人民军队，争取民族革命战争的领导权，中国共产党把发动和开展抗日游击战争的重大部署放在山西，其中太行革命根据地是中共开展抗日游击战争的重要战略基地，并成为抗日战争胜利的重要支点。

---

[1] 李秉奎：《太行抗日根据地中共农村党组织研究》，北京：中共党史出版社，2011年版，第44页。

[2] 石可奄：《晋冀豫区一九四〇年的冬学运动》，《新华日报》（华北版），1941年3月29日，第4版。

在抗日战争期间，太行抗日根据地军民在中国共产党的正确领导下，万众一心，同心同力，与日本帝国主义进行了长达八年的艰苦斗争，在经济、政治、组织、文化、教育等方面取得了显著的成绩，鼓舞了全国各阶层人民的抗战信心。

二、太行抗日根据地群众动员的内涵及研究意义

全面抗战爆发以后，面对国民党正面战场不断溃败的境况，毛泽东对中国国情进行了深刻分析。他指出："中国革命遭受失败的主要原因：一是敌人的力量太强，二是自己的力量太弱。自己的力量之所以太弱，主要是因为全国人民没有被充分动员起来，并且反动派总是反对和摧残这种动员。面对日本帝国主义的凶残侵略，中国将成为独立的国家，还是将变成日本的殖民地，这个结果不是取决于中国的大城市的丧失，而是取决于中国全民族的努力程度。"[①] 为此，毛泽东向全党发出了政治动员的指示，把发动人民战争作为抵抗日本侵略的主要战略。通过动员一切可以动员的力量，团结全国人民一致抗日，取得抗日战争的胜利。在动员过程中，毛泽东深刻认识到政治动员的关键是要把占全国人口90%以上的工农群众动员起来。工农群众，尤其是农民群体是决定抗日战争胜利的关键力量。因此，动员群众、依靠群众、组织群众、武装群众、实行人民战争，自始至终都是中国共产党进行抗日战争的核心思想。[②]

（一）太行抗日根据地群众动员的内涵

与许多政治学词汇一样，"动员"一词也是舶来品，最早诞生于普鲁士，后传入英国，译为 mobilization。19 世纪 80 年代，日本陆军大将儿玉源太郎正式将其译为"动员"，并于 1903 年传至中国。一战后，动员概念的外

---

① 毛泽东：《毛泽东选集》（第2卷），北京：人民出版社，1991年版，第293页。
② 史耀清：《太行精神》，太原：山西人民出版社，2005年版，第70—71页。

延不断拓展，逐渐延伸到政治、经济领域。① 根据《现代汉语大词典》的界定，"动员"一词包含二层含义，分别是：（1）军事术语，把国家的武装力量由和平状态转入战时状态，以及把所有的经济部门（工业、农业、运输业等）转入供应战争需要的工作。（2）发动人参加某项活动。

群众动员属于政治动员的概念范畴，是动员理论中非常重要的内容。关于群众动员的概念，最著名的表述是毛泽东在《论持久战》中的一段话："什么是政治动员呢？首先是把战争的政治目的告诉军队和人民。必须使每个士兵每个人民都明白为什么要打仗，打仗和他们有什么关系。抗日战争的政治目的是'驱逐日本帝国主义，建立自由平等的新中国'，必须把这个目的告诉一切军民人等，方能造成抗日的热潮，使几万万人齐心一致，贡献一切给战争。其次，单单说明目的还不够，还要说明达到此目的的步骤和政策，就是说，要有一个政治纲领。现在已经有了《抗日救国十大纲领》，又有了一个《抗战建国纲领》，应把它们普及于军队和人民，并动员所有的军队和人民实行起来。没有一个明确的具体的政治纲领，是不能动员全军全民抗战到底的。其次，怎样去动员？靠口说，靠传单布告，靠报纸书册，靠戏剧电影，靠学校，靠民众团体，靠干部人员。现在国民党统治地区有的一些，沧海一粟，而且方法不合民众口味，神气和民众隔膜，必须切实地改一改。其次，不是一次动员就够了，抗日战争的政治动员是经常的。不是将政治纲领背诵给老百姓听，这样的背诵是没有人听的；要联系战争发展的情况，联系士兵和老百姓的生活，把战争的政治动员，变成经常的运动。"②

事实上，群众动员或政治动员是现代政党的重要功能。它包括三方面功能：一是实现政治动员主体的目标；二是激发政治动员客体的参与；三是促使社会经济加快发展。③ 政治动员的功能既有建设性的，亦有破坏性

---

① 王旭宽：《政治动员与政治参与：以井冈山斗争时期为例》，北京：中央编译出版社，2012年版，第2页。
② 毛泽东：《毛泽东选集》（第二卷），北京：人民出版社，1991年版，第481页。
③ 杨小明：《政治动员的功能新探》，《浙江学刊》，2012年第1期。

的，其建设性功能主要有促进政治参与、提升决策执行效率、凝聚社会资源、促进心理认同等功能，而过度政治动员和网络政治动员都有可能对社会秩序和政治稳定带来较大的破坏作用。群众动员在中国共产党的历史上具有十分特殊的含义。从自身来看中共成功地将有力地组织与有效地动员结合起来，这是中国革命取得成功非常重要的一个原因。[①]

在太行抗日根据地创建、巩固和发展的过程中，群众动员是中国共产党赢得群众支持、获得群众认同、有效动员群众参军参战、支援前线的重要手段，也是人民战争路线的核心内容。

（二）太行抗日根据地群众动员机制的研究意义

习近平总书记在十八届一中全会上的讲话中指出："崇高信仰始终是我们党的强大精神支柱，人民群众始终是我们党的坚实执政基础。只要我们永不动摇信仰、永不脱离群众，我们就能无往而不胜。"[②] 组织群众、依靠群众都是我们党取得一个又一个胜利的重要法宝，是中国共产党带领全国人民实现民族复兴的重要力量源泉。在中国特色社会主义新时代，面对日趋复杂的国内外形势，如何赢得群众支持、保持党同人民群众的血肉联系是亟须破解的难题。为此，研究抗日战争时期的群众动员机制不仅具有重要的历史意义，而且在理论和现实层面都具有非常重要的价值和意义。

首先，研究太行抗日根据地的群众动员机制具有深远的历史意义。

马克思认为历史活动是群众的事业，人民群众决定历史的格局。[③] 在马克思主义指导下，毛泽东结合中国革命和建设的实际，创造性地提出了"一切为了群众，一切依靠群众，从群众中来，到群众中去"的群众路线思想。群众动员是中国共产党群众路线的实践机制，并在抗日战争时期得到了广泛的运用。

---

① 路阳：《国内学术界关于中共政治动员问题的研究综述》，《社会科学管理与评论》，2013年第4期。
② 习近平：《全面贯彻落实党的十八大精神要突出抓好六个方面工作》，《求是》，2013年第1期。
③ 陈君：《马克思论人民群众的历史作用》，《学习月刊》，2014年第20期。

在抗日战争时期，刘少奇、刘伯承、邓小平、朱德、彭德怀、左权、杨尚昆等老一辈杰出革命家不仅在太行抗日根据地挥师决战，领导太行军民取得了抗日战争的伟大胜利。同时，还深入群众，与群众融为一体，得到了群众的坚决拥护和广泛支持，赢得了民心，为党组织发展奠定了坚实的群众基础。研究太行抗日根据地的群众动员机制，对于深入理解抗日战争时期中共党组织的发展以及合法性的获得具有非常重要的历史意义。

其次，研究太行抗日根据地的群众动员机制具有重要的理论意义。

群众动员机制在中国共产党的历史上具有非常重要的地位，但群众动员具有正负两方面的功能，既有建设性的，亦有破坏性的，其建设性功能主要有促进政治参与、提升决策执行效率、凝聚社会资源、促进心理认同等功能，而过度群众动员都有可能对社会秩序和政治稳定带来较大的破坏作用[1]。在中国特色社会主义新时代，重新挖掘抗日战争时期太行抗日根据地的群众动员机制，对于凝聚社会发展合力，发挥群众动员的建设性功能具有非常重要的理论意义。

再次，研究太行抗日根据地的群众动员机制具有迫切的现实意义。

当前，我国进入了改革攻坚期、矛盾凸显期，面对当今世情、国情、党情的变化，习近平总书记立足解决党的长期执政、党群关系、"四风"等方面的问题，在全党深入开展群众路线教育实践活动，提出了"人民对美好生活的向往，就是我们的奋斗目标""要更加强化问题导向，注重解决实际问题"等重要论断，继承和发展了毛泽东的群众路线思想，开辟了马克思主义群众路线思想的新境界，具有重要的时代价值[2]。在中国特色社会主义新时代，群众动员机制仍然具有非常重要的现实意义，是密切党群联系、获得群众认同的重要手段，但也需要在对传统群众动员机制进行继承的同时，创新群众动员手段，构建适应新时代需求的群众动员机制，进而能够凝心聚力、团结合作，实现中华民族伟大复兴的中国梦。

---

[1] 杨小明：《政治动员的功能新探》，《浙江学刊》，2012年第1期。

[2] 孙岳兵：《习近平群众观对毛泽东群众路线思想的发展及其时代价值》，《湖南师范大学社会科学学报》，2016年第2期。

三、太行抗日根据地群众动员机制的研究方法及研究思路

（一）研究方法

太行抗日根据地群众动员问题是一个较新的课题。本课题结合历史学与政治学的研究方法，尊重历史事实，并通过田野调查，深入挖掘抗日战争时期太行革命根据地群众动员的方式及效果，进行总结与评述。

1. 文献研究法

文献研究法主要是指在充分占有资料的基础上，对资料进行科学分析的方法。课题组成员通过到山西省图书馆、山西省档案馆、武乡县档案局以及太行山相关县市档案局查阅相关资料，获得大量客观的一手资料。同时课题组成员还深入农村，收集了与课题有关的村志、石碑、日记等有价值的文字资料，为丰富已有的研究奠定了扎实的基础。

2. 跨学科研究法

太行抗日根据地的群众动员机制研究，涉及历史学、政治学、社会学以及人类学等多方面的理论知识。为此，课题组成员结合历史学、政治学以及社会学与人类学等学科的研究方法，收集、整理和分析了大量文献资料和访谈资料，为提高课题研究的客观性和真实性奠定了坚实的基础。

3. 历史与现实相结合研究法

群众动员是抗日战争时期中国共产党发展、壮大，太行军民克敌制胜的力量源泉。我们对太行抗日根据地群众动员机制的研究，既不是简单的历史资料的罗列，也不是拘泥于历史作用的研究，而是把研究历史与指导现实结合起来，研究群众动员机制在新时代的新内涵。我们试图在努力追寻历史事实的基础上，寻找历史与现实的契合点，并在这个契合点上，探索出当代中国共产党动员、组织群众的方法，以改善党群关系，凝聚发展合力。

（二）研究思路

本课题主要资料来源于武乡县，主要缘于两个方面的原因：一方面，

武乡是抗日战争期间的革命圣地，太原失陷以后，八路军一二九师挺进晋冀豫，依托太行山创建抗日根据地。八路军总部与中共中央北方局进驻武乡，这里成为华北抗战的指挥中枢。另一方面，武乡位于中共党组织发展较早的地区，在抗日战争前，这里就已经有早期党员开始进行组织活动。为此，本课题把武乡作为主要的调查点。

本课题主要分为三部分，引言、正文、结论。正文根据对已有文献档案资料、实地调查和口述资料的分析，总结了五种主要的动员机制，包括民生建设、政权建设、组织动员、文化宣传和思想教育。

第一章是经济激励机制。改善民生从抗战利益方面来说，它能够发动群众的参战热情，使民族利益与群众本身利益关系保持一致，保障起码的生活以至前线将士没有后顾之忧。同时，改善民生可以很好打击敌人的怀柔政策和欺骗，而且只有群众得到生活改善时才能加强团结。因此，这一部分课题主要围绕土地问题的解决和根据地生产运动的开展两方面，论述了中国共产党通过民生建设调动根据地群众参军、参战积极性的动力机制。经济激励机制主要是从农民的经济利益诉求和坚持统一战线政策，从清债、合理负担、减租减息和生产自救、军民抗灾五个方面展现了中国共产党对群众利益诉求的回应和维护。

第二章是民主参与机制。经济利益的获得需要以政治参与政权建设为前提和保障。民主参与是实现民生改善和廉洁政府的保障。民主政治是动员一切力量的推动机，只有实现民主政治才能调动民众参加根据地各种建设，才能提高政府威信；只有实行民主政治，把广大的人民群众广泛地动员起来，才能坚持进步、坚持团结、坚持抗战，给人民以一般的言论、出版、结社、信仰、居住的自由。为了保障党的路线方针被及时贯彻，同时也为了维护农民的利益获得，调动农民的积极参与，中国共产党自上而下开展了政权再造运动，包括反贪污、锄奸、县级和村级政权改造等等。

第三章是吸纳整合机制。吸纳整合机制主要是通过党组织建设和群团组织的建设来实现的。组织建设是中国共产党重要的动员手段和方式，一是自身组织建设，包括基层党组织的拓展，党员整风运动的开展。二是群团组织建设，通过组织手段激发妇女、青年和儿童参军参战的积极性，发挥其积极作用。三是经济组织建设，包括互助组、变工队，通过动员民众参与经济组织，增强民众的凝聚力。

第四章是教育改造机制。由于多数群众和党员处于文盲和半文盲状态，且对中国共产党和中共抗日的方针政策理解不够，甚至许多群众受日军和国民党的宣传影响，产生消极抵抗、冷漠和思想动摇的想法。为此，中国共产党在太行抗日根据地建设中，通过建设学校、建立培训班等多种机制加强对群众的思想教育工作，使群众团结起来，形成抗日的合力。

第五章是文化宣传机制。为了让太行人民接受抗日根据地的各项方针政策，积极参与抗日根据地各项事业的建设，中国共产党利用报纸、剧团、传统节日和民俗文化等多种渠道宣传抗日主张，获得群众对抗日的支持和参与。

第一章　经济激励：以民生建设赢得群众

从理论上来说，任何政治动员的目的都是使主体表现出政治参与的积极性。而任何战争参与，除表现对政治权力的需求外，更多的是源于其经济利益。[①] 革命伊始，中国共产党人必须用农民最迫切及具体的利益，而不是崇高的意识形态来动员农民。[②] 在抗日战争时期，宣传群众、组织群众和武装群众，必须联系群众的切身利益，从群众当前的迫切要求出发，通过群众当中的积极分子，带领群众斗争，在实际斗争中提高群众的政治觉悟，是把千千万万的普通农民发动起来，投身到抗日战争的根本方法。其中解决群众迫切需要解决的土地问题是动员群众参与的迫切任务。在抗日战争期间，根据抗战形势的变化，中国共产党主要通过清债、合理负担、减租减息、生产自救和军民抗灾以及优待抗属等方式维护群众的经济利益，通过关注民生、改善民生调动群众参加抗战的积极性。

一、抗战前太行地区的社会经济状况

太行山在20世纪三四十年代是一个落后的小农经济地区。山多地少，交通不便，农业生产技术落后，粮食不足，社会经济贫困，地理环境使其落后于华北平原地带的发展。据史料记载，除浊漳河沿岸的襄垣、武乡、潞城、黎城及长治等地生产比较发达外，其他地区多是地瘠民贫，粮食多

---

① 于建嵘：《岳村政治：转型期中国乡村政治结构的变迁》，北京：商务印书馆，2001年版，第165页。

② 张宏卿、肖文燕：《"边缘化战略"：中共动员与中央苏区民众的基本利益、社会感情》，《开放时代》，2011年第8期。

依赖附近平原地区接济。[①]20 世纪二三十年代，随着土地的不断集中，帝国主义入侵对小农经济的冲击，苛重的租税剥削、高利贷资本的榨取以及频繁的天灾人祸等因素，导致大部分农民陷入破产状态，社会矛盾一触即发。

（一）土地集中

土地问题是中国农村社会的根本问题，"农民抗争是要求得土地，中国所有可耕种的土地大部分是集中在地主手上，中国农民之中，至少有 3/4 是无地和地少的农民，这是历史上兼并的结果。土地的兼并过程就是使土地集中在非生产者手中的过程，也是农民失去最重要的生产手段和维持生活来源的过程，农民要求得土地，就是要求反对中世纪的农业关系。根据近几年公私机关发表的统计，可以雄辩地证明土地集中全是事实。"[②]在抗日战争以前，土地集中程度，各地区有所不同，表现为华南地区比华北地区要高，山岳地带较平原地区要高。[③]在山西，同样存在山区的土地比平原地区的土地较为集中的情况，据太行区 22 县 159 个村战前土地占有情况的调查，地主占总户数的 2.1%，占有土地总量的 24.3%；贫雇农占总户数的 62%，却只占有土地总量的 18.4%。[④]同时，太行区大部分是山地，人口多，除了山河以外，能种的土地较少。就太行抗日根据地来看，辽县（今左权）、黎北每人平均 2 亩地，武乡每人平均 5 亩，榆社每人平均 5 亩多点，所以对地主几种土地上受到某些限制，辽县地主土地最多的 7 顷至 10 顷，一般的是 3、4 顷地的多，武乡榆社最多的 60 顷，一般的也 10 顷左右，比起全国来不算集中，但相比本地情况，也相当集中了，特别是武乡。1935 年，武乡全县占人口总数不到 5% 的地主、富农拥有耕地占总耕地面积的 54%，

---

① 魏宏运：《二十世纪三四十年代太行山地区社会调查与研究》，北京：人民出版社，2003 年版，第16页。

② 何干之：《中国社会经济结构》，中国文化社，1939年版，第10页。

③ 河北省档案馆：《河北减租减息档案史料选编》，石家庄：河北人民出版社，1989年版，第72页。

④ 晋冀鲁豫边区财政经济史编辑组：《抗日战争时期晋冀鲁豫边区财政经济史资料选编》（第2辑），北京：中国财政经济出版社，1990年版，第1349页。

并且绝大部分是肥田、近地，而占人口总数76%的贫下中农，占地却不到耕地总面积的30%，且绝大部分是薄地和远地。抗战前武乡县土地面积为472 092亩，占有土地在500亩以上的地主就有20家，共占有土地22 670亩；平顺、黎城、辽县、和顺、昔阳等县每县占有土地在500亩以上的地主都在30家以上。

表1-1 1935年武乡县各阶级阶层占有土地表

阶层	户数		人口		占有土地	
	户数	占总计%	人数	占总计%	亩数	占总计%
总计	38 469	100%	130 918	100%	592 786	100%
地主富农	1894	4.9%	6467	4.94%	320 105	54%
中农	7501	19.5%	24 953	19.06%	97 810	16.5%
贫下中农	29 074	75.6%	99 498	76%	174 875	29.5%

在武乡，土地主要集中在"四大家、八小家、七十二个圪撑家"的大中小地主阶级手中，其中四大家占有的土地多达20多万亩，八小家拥有土地从几百亩到几千亩不等，至于七十二圪撑家（即为家中拥有一定数量的土地资产，能撑起门面之意）则都是某一地区和村庄的统治者，占有大量的土地。如赵家庄地主赵太和拥有土地5400亩。全县地主每户平均占有土地200亩，与中贫农比要高出10倍以上。①

与别的地方比，"武乡是商业高利贷地主集中地区。其特点是集中的速度快，如武（乡）东地主421户，土地769顷，占全县土地16%，其中1/5是民国以来特别是民国十五年以来集中的。这当中产生了一批新兴地主，占现在地主总数的1/4，其中最显著者如赵家庄赵太和在50年内从17亩地发展到34顷。"②

总之，在抗日战争前的太行地区，土地集中是当时经济衰败的一大特

① 武乡县县志编纂委员会办公室：《武乡县志》，太原：山西人民出版社，1986年版，第291页。
② 晋冀鲁豫边区财政经济史编辑组：《抗日战争时期晋冀鲁豫边区财政经济史资料选编》（第2辑），北京：中国财政经济出版社，1990年版，第1350页。

征。造成土地集中的原因除了自然灾害的影响之外，还包括人口增加，军阀的掠夺和兼并以及繁重赋役和高额地租对小农的打击，使小农不得不出卖土地成为佃户或流亡他乡。高利贷者乘机通过抵押借贷等债务关系夺取农民土地。

（二）租重利高

太行许多地区民国时期商业比较发达，如辽县山货多，又因土地少，靠地租剥削起家较慢，所以太行抗日根据地各县，地主都兼有商业高利贷，这就导致地主剥削农民更为残酷。在太行山区，地主阶级凭借着占有大量土地，对贫苦农民进行地租剥削、雇工剥削、高利贷剥削，加上苛捐杂税、摊粮派款、出劳役等，逼得农民逃离他乡。土地占有的严重不均衡使地主与农民之间形成了租佃和债权债务关系。其中租佃关系主要包括以下几种：

定额地租，其办法是订立契约，规定租额，不论丰年歉年，租额固定不变。佃农按夏秋两季交租。田赋和各种苛捐杂税，由佃农完全负担。这种租额每亩交三至四斗，有的甚至五至六斗。抗战以前，定额租在许多地方有上涨之势，如武乡地主裴玉澍1926年增租15%，1934年又增20%。和顺双峰一带山地，也因外来佃户增多，租额有所提高。①

份额地租，即佃农租种地主土地，以当年的收获物，按一定比例交纳地租。一般不少于五成，多达七成以上。

伴种地租，一般为中、小地主，将土地伴种给贫下中农，牲畜、农具、种子、肥料由地主供给全部或一部分，佃农出劳力耕种。租额有对半分、四六分、甚至为三七分。

认粮种地，地主拥有的薄地、赖地，其收成常不足交纳钱粮所需。为了转嫁交纳粮租，地主即推给农民耕种，虽不收租，却把钱粮负担转嫁到

---

① 晋冀鲁豫边区财政经济史编辑组：《抗日战争时期晋冀鲁豫边区财政经济史资料选编》（第2辑），北京：中国财政经济出版社，1990年版，第1354—1355页。

农民身上。

钱租，农民租种地主土地，以钱交租。粮价上涨时，则按定契时的粮价折收。这种地租形式，在物价不稳定的情况下，佃农所受的剥削尤为严重。且租额不断上涨：如武乡老封建地主裴玉澍比一般地主租额较轻，民国以来至抗战前也增租两次。一次是 1926 年约增原额的 15%，一次是 1934 年，又增 20%。地主加重租额，却不向土地投资，其田赋也由佃户负担。太行山流行的"带粮银"，即佃户租地以承担粮银为条件。

此外，高利贷也是地主剥削农民的一种形式，将高利贷与高额地租结合起来，是相当普遍的一种剥削形式，包括"驴打滚""卖青苗""印子钱""开当铺"和"包钱粮税"。除此之外，左权、武乡一带还有"行店""钱会"和"当铺"等高利贷形式。行店主要是有钱的地主在青黄不接、农民饥寒交迫的时候，将钱贷给农民，预收山货（核桃、柿子）价格为秋后地一半甚至 2/3，这种方式使农民吃很大亏。"钱会"在武乡、左权很普遍，这种形式原来是穷朋友们相互帮助的办法，议定每股钱多少，集中起来轮流使用，如："老人会""小儿会"等，但后来就发展成为剥削的形式，随会的穷富都有，急于花钱的投下重利，所以就形成了穷人为了早花钱就相互竞赛出重利的现象。"当铺"，是抵押实物（衣服、器具、土地等）的方法，当价一般不超过实物原价的一半，赎当时须付利息，否则原物为地主所有，这种剥削更为恶劣。如左权桐峪天兴成号以放高利贷起家，当时一债户侯有祥借了 24 元，利是"二八扣"，不到一年连本带利就涨到 125 元。该商号在左权、涉县、黎城等 3 县有债户和佃户 3000 余家。

高利贷与高额地租通常是结合在一起的，形成了一种相当普遍的剥削形式。地主同时是商业资本家，在山间开设商店，贩卖布匹、棉花、食盐等日用品。农民到商店买物，与商店建立"主家"与"户家"的关系。农民手头没有钱，可以记账，但记账的物品价钱特别高。到年关如不能归还，就把货价改成借贷关系，订立文书、抵押土地。至此，农民所产粮食、麻、木板、药材及其他各种山货，必须到"主家"的商店出卖，价钱由"主家"规定，特别低廉。如货价本利与地价相等时，"主家"可以把"户家"的土地收去，再将原地租给农民，实行高租剥削。如果是直接借钱，更须押地，利息多在 3 分以上，且均为"复利"；农民借钱后，也很少有能按期归还不被收土地的，因此，有句"二千吊钱，倾家败产"的谚语。农民想租地时，须有妥实押当，租额均在产物 70% 以上，并且还得"送礼""送工"，忍受超经济的剥削。

在如此残酷的剥削下，广大农民沦为佃户，受着高利贷的盘剥。广大的贫苦农民，将自己一年收获粮食的五成，甚至六成、七成交给了地主。地主为了保证其租息征收，恶毒地规定了"驴打滚""卖青苗""印子钱"等收租手段，迫使无数的农民抵押出自己的田产房屋，忍痛割舍青苗，租息猛增几倍，弄得家破人亡、一无所有。因此，不得不向地主借粮借钱，而利息又重，每元月息 3 分以上，有的高达 1 角 5 分。借粮利息更高，春借一斗，秋还一石。东方山一个姓杨的农民，借债 120 元埋葬母亲，腊月 27 日被债主没收家产和薄田，后来给做长工 12 年，还欠下债 40 元。墨镫村贫农有 85 户，被迫丧失土地，占总户 28%。石科村有 50 户人家，就有 40 多户租种地主的土地，每年出租 200 多石。总之，抗战前的武乡也和太行各地一样，封建地主和官府勾结，在农村占统治地位，以高租重利和苛捐杂税残酷盘剥农民。[1]

除了上述各种剥削方法外，还流行着所谓没良心利，如"老一分"，就是"借钱一元月利一毛"；"日夜忙"，就是一天按两天算；"现扣利"，就是一开始按钱先扣一季或一年的利；"孝帽利"，是有父亲的青年被地主引诱腐化或赌博落下债坑，就按签订的钱文约规定的"父在行剥，父死耕地"。

总之，地主用了以上的许多办法，迫使农民破产，因此在农民一时交不起利息就下房下地，使得农民尽产还账、扫地出门，甚至农民被迫上吊寻死的非常普遍，这就是地主发财的手段，也是起家的根源。商业高利贷地主与破产农民的对立，是这类地区的主要阶级对立。高利贷的土地集中

---

① 中共山西省武乡县委党史研究室：《中共武乡简史》，北京：中国财政经济出版社，1990 年版，第80页。

即是主要的问题，武乡共产党在战前组织抗债团，取得广大农民的仰望绝不是偶然的。

（三）农民破产

土地的高度集中，高租重利的榨取和苛捐杂税的盘剥，以及"军阀混战等关系，这种地区的负担是很重的，地主阶级将负担转嫁给土地经营者，加上地租的剥削，富农经济有衰落趋势，广大自耕农也日趋破产"[①]。如武乡的农村中，地主不但在揭借其钱钞时，科以重利，并且，在租种其土地时科以高租，高租重利剥削的结果使农民陷于极端贫困之地步。

地主不但以高租重利使农民陷于贫困之际，并且，以毒辣的剥削方式将农民从事劳作的田园夺走了，把农民从世代居住的房屋逐出去了，使各安其业的农民陷于无地种、无房住的境地。

本来农民在自己破产后，不想见人，怕人笑话不想遇旧交，怕人家嫌自己"挂站"（穷人向富人借东西的意思）。俗话也说："富儿霎穷羞于见人"，但事情竟不由他自己作主。贫穷的时光逼迫着他去找亲友，去求乞旁人。一家农民因一次亲戚有病，要打几个烧饼去看望，但其家里没有面粉，只好去邻家借，他明明知道邻家还有麦子，但全家都怕跌脸面不肯去，父推子，子推父。后来，还是儿子去了，结果没借上，先说没有，后说不多，人家用，左推右阻不借给。儿子跌脸啦，一家人说："要不是××，能落到这步田地。"还有借旁人家的房子住，孩子哭，惊动的房主不安，就不给好脸色看，因此，鸡鸡狗狗老婆孩子们争吵，总得自家吃亏、忍让。总之，"穷"字时常忘不了，"端起饭，出门子都想起他"，当然也就想起了坑自己的地主，仇恨之情焉不油然而生。[②]

---

① 晋冀鲁豫边区财政经济史编辑组：《抗日战争时期晋冀鲁豫边区财政经济史资料选编》（第2辑），北京：中国财政经济出版社，1990年版，第1352页。

② 中共太行分局组织部：《武乡农民阶级意识与民族意识的研究》，武乡县档案馆藏，1943年6月25日，档案号：3-2.1-47-1。

地主的剥削使大批农民离乡背井，向"毁项虎""脚踏蛇"的交城山、太谷山、和顺山，去冒着生命的危险去受苦和求生，这使农民在新的苦境中，回想着地主的剥削，使农民妻女在苦难的情景中恨着地主。如说："俺小××叫××谁逼上交城山啦，迟早逼死俺一口人，人家就高兴啦。"这是极普遍流行的话。

随着城市资本主义的发展，给破产农民以新的出路——上工去，但工人需要之数量甚少，不能大量地吸收所有的破产的农民，虽然这些破产后当工人的农民生活会好，但也忘不了仇恨，谈起来即说："×××想往死坑我来没有坑了。"

1931年农村急剧走向破产，一面是某些地主的暴发，一面却是大批农民破产。当时，一家地主一年坑倒70家农民，一家地主"堆土种地"，一家地主"插木棍"种地（按习惯地主的起债务转押之土地时，是用耙过但是收地太多了，耢不过来只好采用"堆土""插木棍"的方式来下地）。这给农民的是一个大感受，因此，有些人说："好怕呀！这年月闹人家是早晨不敢保到晚上。"所以在抗战以后，群众说："要不是遇上这个年月呀，俺们都得死啦。"谈起某大地主来说："是早死啦，要是再活几年呀，俺们这一片的人，都得叫人家坑死啦。"这些都证明破产农民的仇恨是得到广大群众同情的，形成了农民共同的仇恨。其中，山西的阎锡山，就是农民仇恨地主和官府的代表人物，如山西民谣：山西有了阎混蛋，三六九年遭荒旱，不是阎伯川（锡山字），而是阎龟羔。农民仇恨他，除了他的苛捐杂税外，更重要的就是他的官府助长地主权势压迫农民。

二、合理负担的土地政策

土地是农民的命根子，调动农民的关键在于进行土地改革，满足农民的土地诉求。旧社会农村负担的粮款，都是按照地主把持的旧政权掌握和编造的"银粮册"摊派，地主、富农经常把负担转嫁到广大贫苦农民身上。由于抗战前农民负担重，生活异常贫困，这严重束缚广大农民的生产积极性和抗战热情。1937 年抗日战争全面爆发以后，为了改变敌我力量的对比状况，中国共产党必须动员群众参与，走人民战争的路线。毛泽东就曾一针见血地指出："除非发动农民群众的人力物力，否则中国就不可能打赢这场战争，只有迅速地执行政治和经济的变革，才能得到农民的合作。"[1] 为此，在太行抗日根据地的建设中，中国共产党把土地政策调整作为动员群众参与的突破口。对于太行山区的农民而言，革除繁重的苛捐杂税，改革不合理的摊派制度，实行合理负担，是农民最迫切、最现实的要求，也比较易行。因此，野战政治部深入各地的民运工作队及时组织了反摊派斗争，纠正了不合理的摊派状况，废除了"国民党政府的一切苛捐杂税，田赋也暂时停止征收"[2]，实行"有钱出钱，有粮出粮"的合理负担办法，广大农民得到了实际的利益，群众运动广泛开展起来了。

（一）合理负担政策的提出

合理负担，是抗日战争时期中国共产党在敌后各抗日根据地实行的一项重要的财政政策。合理负担最早是第二战区司令长官阎锡山为了筹措战费而提出的一个临时向农村摊派款项的办法。当时，阎锡山提出的口号是："有钱出钱，大家出力，赚钱多的应该多负担。财产多的应该多多负担，得利钱的应重重负担。"摊派的办法，是按财产把村分为 11 个等次，户分为 19 等次进行分派，其中特等户按财产情况直接由县分派。阎锡山提出的这个摊派办法，本来只是为了宣传，并不准备实行。但中共认为这个办法比过去按田赋、按地亩摊派的办法好多了，而且和中共历来主张的统一累进税的原则基本是相符的，因而采取了这个办法，并在各个根据地推行开了。[3] 它的基本原则是：有钱出钱、有粮出粮、有力出力。

抗日根据地建立以前，农村负担的粮款，是按地亩摊派的。地主占有

---

[1] 毛泽东：《毛泽东选集》（第2卷），北京：人民出版社，1991年版，第480页。

[2] 赵宪：《从合理负担到统一累进税：访原晋察冀边区行政委员会主任宋邵文》，《党史博采》，1989年第6期。

[3] 戎子和：《晋冀鲁豫边区财政简史》，北京：中国财政经济出版社，1987年版，第18—19页。

一等好地和农民占有三等坏地平均摊派粮款的办法，实际上是将负担转嫁到了广大贫苦农民身上，更不合理的是，由于村政权被地主富农所把持，他们可以随意隐瞒土地，以多报少，以优充劣，再加上村长们的贪污讹诈等。针对这种不合理现象，抗日县政府提出了"有钱出钱，有粮出粮，有力出力"的合理负担政策。为了这项新政策的合理实行，还在全县统一丈量了土地，清查出那些地亩账上没有登记的"黑地"，评定了好坏地的不同产量。这一系列措施，受到了全县民众的热烈拥护。从此，广大群众抗日热情空前高涨，纷纷动员起来，向进驻武乡县的八路军总部、中共中央北方局等党政军机关和野战部队（包括决死队），提供军粮和其他各种军需品。①

合理负担首先在晋察冀根据地实行。晋冀鲁豫抗日根据地主要是在1938年实行了合理负担，具体办法包括：

征收原则：根据"有钱出钱"的原则，取消过去按间摊派、按户摊派、按人摊派、按地亩摊派等一切不合理的平均摊派的办法，同时也要严防在执行合理负担中，借口小户摊起而先征小户，结果大户迟出少出，或根本不出，这一种本质和改善人民生活相违背。

征收标准：依照财产及收入按累进率征收合理负担（财产不累进），最高不得超过其收入30%，只要合乎征收的标准，中农甚至贫农也可少负担一些，这是一种救国的义务，这样才能调剂各阶级利益。要严厉纠正过去把合理负担变为财主负担的错误，以长期抗战为着眼点，征收以能负担得起为原则。还要注意培养财源，不要竭泽而渔，一网打尽。要有定制，除指定之政权机关外，任何人或团体均不得征收。有定额（上级依照需要及地方实际情形分配），有定时（一年只征收一次）。此外，为奖励农村副业，调剂农村经济，改善农民生活，农村副业暂不征款。②

---

① 中共山西省武乡县委党史研究室：《中共武乡简史》，北京：中国财政经济出版社，1990年版，第46页。

② 晋冀鲁豫边区财政经济史编辑组：《抗日战争时期晋冀鲁豫边区财政经济史资料选编》（第1辑），北京：中国财政经济出版社，1990年版，第219页。

征收组织：合理负担征收，由联办命令各级政府行之；但在村概算独立之县，分村核算，根据村中编制、预算，按期经村行政委员会通过，呈报县政府核准后执行之。①

合理负担政策是一个有效动员群众的利好政策，尤其在太行抗日根据地，合理负担的实行有助于改变农民负担不均衡的状态，调动农民抗战的积极性。然而，在实际执行和落实过程中，由于各地办法不同，标准不一，在部分地区出现了许多偏差，影响了合理负担政策的有效实行。

（二）合理负担政策的实施

1. 建立合理负担审查委员会

为了保证合理负担政策能够真正实行，边区的广大农村中按民主的原则建立起合理负担审查委员会，保证负担的公平合理。如武乡县韩壁编村成立了审查委员会后，制定了详尽的规则，规定审查的标准为：尽量发扬民主精神，纠正不合理现象，反对逃避负担，对无力负担者可以免征等。在方法上规定，先由农救小组提出名单讨论，然后分配干事下乡实地调查，设立意见箱，审查农救小组意见，召开村干部与士绅联席会议提出意见，最后在群众大会上决定。还规定了惩罚条文，对审查委员有偏见者处以罚金，对审查委员的贪污行为交由民众大会公审。正是在这种民主监督下，确保合理负担政策的真正贯彻执行。②

2. 建立合理负担评议会

合理负担评议会，由下列人员组成：（1）七间以下之村庄，每间推代表2人，农工商会各推代表1人，与村长共同组成之。（2）七间以上之村庄，每间推派代表1人，农工商会各推代表1人，与村长共同组成之。（3）评议会是临时组织，不负执行责任。评议终了后，即行解散，不得开支公杂饭费，如遇民户之财产收入有所变更，经民户重新填表请求评议时，得村

---

① 晋冀鲁豫边区财政经济史编辑组：《抗日战争时期晋冀鲁豫边区财政经济史资料选编》（第1辑），北京：中国财政经济出版社，1990年版，第812页。

② 魏宏运、左志远：《华北抗日根据地史》，北京：档案出版社，1990年版，第131页。

长负责召集评议会重新评议。（4）评议评议员本身时，本人只有发言权，无表决权。（5）评议会无固定主席，开会时临时担任。① 把评议会的工作放在群众的督促之下，评议员必须民选，必须与自己所代表的群众保持经常联系，评议结果要及时公布，并由群众大会审查通过，那种只委之于"财政委员会"，由他们决定一切的错误必须改正。②

3. 宣传与动员

动员干部。干部决定一切，为了深入动员干部，使干部对合理负担有深刻的认识与了解，在未召开干部会议以前，县整委会即首先作了准备，搜集去年的经验教训、困难问题及在整理中可能发生的偏向与怎样克服的方法（如去年平衡发展、今年分期进行），专人负责检查督促等。利用八一纪念节等节日机会，召集县区干部进行革命竞赛，调动干部的工作热情。通过动员干部，许多基层干部带头示范，除通过主动提高自己的土地等级，如实填写山货等资产外，还通过农救会、妇救会、青救会等群团组织动员群众，激发群众参与的积极性。

动员群众。一是对比算账。给群众算账，使他们了解过去封建剥削负担不公正及包庇大户、计算遗漏对自己的不利。如通过召开自然村群众大会，进行宣传。以农会小组为动员基地，提出各阶层负担比，并给他们指出谁吃亏谁占便宜，贫农吃了大亏。这种不合理的原因是大家相互包庇财产调查的不确切，地主隐了20亩地，贫农隐了2分地，结果地主占了大便宜，贫农吃了大亏，在小组会上大家情绪也高，愿意参加斗争，并与清债退租订五年契约斗争相联系起来，各自有了明确的斗争目标，这样斗争更成功。通过开展群众会议，群众对合理负担有了新的认识，参加了各种斗争。在斗争中，群众认识到了过去相互包庇是对地主富农有利，贫农吃亏的。二是挤分。在实施合理负担过程中，共产党发动的穷户对大户挤分数、

---

① 晋冀鲁豫边区财政经济史编辑组：《抗日战争时期晋冀鲁豫边区财政经济史资料选编》（第1辑），北京：中国财政经济出版社，1990年版，第809页。
② 中共山西省委党史研究室、山西档案馆：《太行革命根据地土地问题资料选编》，平遥县印刷厂印刷，1983年版，第130页。

反隐瞒的斗争是负担工作关键，要先帮穷户算分，向他们讲清不挤出大户就减轻不了自己负担的道理，通过计算让穷户了解到在互相包庇之下，他们并没有占便宜，而是吃了很大的亏，要他们尽量揭发大户资产与收入上的各种隐瞒，必要时重新丈地和评定土地等级，调查各种副收入。[①] 三是重新丈量土地。在执行合理负担政策的会议上，许多群众提出了黑地的问题。为此，县政府重新彻底地丈量土地，以保证合理负担公平，如武乡县政府通过丈量发现 20 多顷黑地存在，仅牛白孩一户就有黑地 90 亩。全县对所有土地进行了重新登记，清查出地亩账上没有登记的黑地，评定了好坏地的不同产量，纠正了土地不实的问题。这一系列措施，受到了全县民众的热烈拥护。从此，广大群众抗日热情空前高涨。

4. 纠正执行偏差

合理负担政策提出之后，由于对政策把握不够，导致在执行上变了质，犯了严重的错误，违反有钱出钱的原则，不是成为财主负担，就是加重了穷人负担，没有按照"量力而出"的原则去进行，没有长期持久的观念，不知道培养财源，对调剂各阶级利益也有妨害。而且，征收无定额，无定制，无定期，县区村都可征收，军政民都可征收，一年四季都可征收，结果成了扰民的苛杂，亟须重新整理合理负担政策。[②]

抗日战争期间武乡合理负担问题 [③]

一是 1937 年至 1939 年中，由于负担不正规，畸轻畸重，影响富农地主及一部分中农生产情绪。自 1940 年执行合理负担，尤其 1942 年实行了统累税，各阶层的生产情绪逐渐提高。这说明能否正确执行合理负担政策，

---

① 中共山西省委党史研究室、山西档案馆：《太行革命根据地土地问题资料选编》，平遥县印刷厂印刷，1983年版，第130页。

② 李一清：《从太北财政经济建设中巩固太北抗日根据地：在太北区财经扩大会议上的报告》（1940年7月1日），《抗日战争时期晋冀鲁豫边区财政史选编》（第1辑），北京：中国财政经济出版社，1990年版，第215页。

③ 武乡县县长武光清：《武乡几年来执行政策的经验与偏向及群众反映》，武乡县档案馆藏，档案号：3-2.1-71-5。

将影响到各阶层的生产情绪。

二是合理负担办法，1940年已执行，但由于土地亩数和产量包庇，致不平衡现象非常严重。但自1942年秋后，经群众性调查评议和斗争后，土地亩数产量粮隐瞒和不平衡现象大大的克服。这说明合理负担政策要执行非发动群众不行。

三是当群众未发动前，隐瞒包庇现象严重存在时，我们应发动群众提高产粮，争取平衡增挤分数，但当群众发动后，包庇隐瞒基本克服，我们即不应过高提高产量，最高估计收入和硬挤分数，因为这样单纯死扣负担容易影响各阶层生产情绪，但这种精神还未在负担政策上体现出来。

四是在劳力负担上，几年执行缺点，主要在于不及时清算账，特别是基本群众负担过重，我们现在的克服办法是县府准备印发差票，随时付给支差人。今后在和平建设时期，在劳力负担上，更应注意平衡，特别为了调剂差务繁重地区，上级多用支差发行或代雇办法，以调剂地区上的平衡。

1940年8月1日，冀太联办（冀南、太行、太岳行政联合办事处）成立，为根据地财政经济建设开辟了广阔的道路，并根据晋冀鲁豫两年来实行合理负担的经验，参照《晋察冀根据地县村合理负担摊款办法》，于1940年9月颁布了修正的合理负担条令，并就1941年和1942年两年合理负担执行过程中出现的问题进行了若干修正和补充。

修正和补充的主要内容是：（1）这个负担条令已具有比较固定的税收性质，不是临时性的摊派办法了。（2）征收重点从依据财产摊派款项改变为依据收入征税，并以当年收入为准。（3）征收的对象，农业以户为交纳单位，按人口平均收入为计算征收单位，工商业缴纳和征收都以户为单位。（4）规定农村人口负担面，占农村人口70%~80%。农业人口以收入多少每人扣除一个免征点（例如一市石小米为免征点）后，分等累进征收，累进至最高限度（例如五市石小米）即停止累进。每户的负担额一般不超过其总收入的30%，如超过限额，要经县政府批准。这个比例，是抗日战争时期中共中央和北方局规定的。但按这个规定的限额执行中出现这样一种情况，就是部分地主的负担轻，相反，贫农、中农和富农的负担加重，同时，也完不成财政收入任务。因此，在执行中允许个别户超过30%，但要经县政府批准。（5）奖励生产。规定家庭副业不负担税款，新开荒地、滩地，在一定年限内减免负担。（6）保护工商业。工商业负担以当年纯收入计算征收，并以收入多少分等累进，最高不得超过纯收入的50%。（7）民主评议财产等级和收入等级。县、村两级成立合理负担评议委员会，委员会人选按"三三制"原则组成，即村评议会以贫农、中农为主，吸收个别富农、地主参加。[1]

武（乡）西县合理负担办法 [2]

一是用口号去发动贯彻负担政策。（1）负担要办公道，粮要清算，多退少补；（2）土地求真确产量，彻底摸清是4年不变的一件大事；（3）打破户与户、村与村的包庇，求全县合理公道与平衡。

二是用口号去改造干部为群众负责。颁发团结奖给群众办好事的干部，具体标准要求：积极带头；公道；统一负担标准，积极发动群众，在群众中建立政府威信；在合理公道平衡的标准下统一合理负担标准；要求各阶层的负担分划清楚。

三是着手对现状的检查，发动群众斗争。

四是进行的步骤：第一步，检查、动员、自报、组织、训练，时间为2天；第二步，土地测量初评、复评、总结，时间为20天；第三步，检查、调查，时间为10天。

五是进行的方法。用检查算账去动员；自报规定、日期、组织；评议土地分地断定标准，最高产量与平均产量由全县之村长、救联（救国联合会）主席等最熟悉的人来定。（1）方式上，评议土地、人员干部公开讨论、群众大检查；（2）调查要详细，调查结果要登记表格并公布；（3）要自下而上与自上而下结合好，随时出现随时反映，有问题有偏向及时纠正；

① 戎子和：《晋冀鲁豫边区财政简史》，北京：中国财政经济出版社，1987年版，第19—20页。
② 大海：《武（乡）西县关于合理负担工作发言及减租减息工作讨论材料》，武乡县档案馆藏，档案号：181-1-9-2。

（4）负担办法及时传达。

总之，在执行合理负担的过程中，经过宣传教育，一部分地主、富农都能够比较顺利地多出钱多出粮，并涌现出一些开明人士，愿意用多年积存的粮款支援抗日部队。但也有一部分地主富农需要经过说理斗争，才被迫执行合理负担。

（三）合理负担政策的作用

负担工作是抗日根据地财经工作的重要部分，在抗日战争中调动了根据地各阶层人民的积极性，巩固了抗日民族统一战线，为抗日战争的胜利打下了牢固的基础。同时，合理负担工作能刺激人民群众的生产情绪，增加产量，改善民生。但是，如果在合理负担过程中，没有建立起有效的群众动员机制，必然影响生产情绪，减少产量导致抗战困难。本着改善民生、团结抗日的目的，中国共产党深入群众，倾听群众心声，通过按田赋、地亩、人口摊派大大减轻了中小贫穷户的负担，改善了民生状况，调动了群众的生产积极性，激发了民众的抗战情绪。实行合理负担后，根据地的社会经济状况发生了若干变化：

土地变动，封建经济的削弱。从土地关系看，地主为了逃避负担，出典土地的不少。据1939年部分村庄统计，典地数额在土地变动中占一半以上。有的地主缩小经营，把雇工种的土地典出或租出。地主阶级以地租、高利贷为主的剥削方法受到冲击，许多地主的积蓄大量消耗，广大农民特别是中农、贫农扭转了破产的趋势，开始得到一些利益。据辽县、沙河、武乡3个县13个村的统计，1938年至1940年4月，地主、富农减少了973亩土地，中农、贫农增加了376亩土地，农村的封建经济开始有了一定的削弱。

财政整顿，人民负担的减轻。根据地颁布了合理负担条令，对合理负担进行了明确规定，并在民主的条件下实行。如晋东南的阳城县在实行合理负担后，人民负担比抗战前减少了2/3以上。据调查，1937年平均每年每人负担 1.733 元，1938 年则减至为 1.18 元，到 1939 年度锐减至 0.629 元。由于各地认真贯彻了合理负担政策，使抗日经费来源保持了稳定并能逐年增加。合理负担调动了根据地各阶层人民的抗日积极性和生产积极性，巩固了抗日民族统一战线，促进了生产力的快速发展。

生产提高，抗战基础的增强。合理负担政策出台后，各抗日根据地由于执行了正确的负担政策，在物资上支援战争的条件大大改善。一是群众觉悟大幅度提高，在开始合理负担斗争之前，广大群众存在较重的封建思想。通过宣传动员和群众斗争，使广大群众逐渐由反负担变成反封建，提高了广大群众的觉悟；二是发动群团组织的作用，如从解决问题着手吸引群众，利用负担工作的每一个步骤服务群众，组织农会调查计算，在定工分定产量时暴露某些人的抵抗行为；三是组织斗争，在每一个步骤上都要发挥模范作用，定产量定等级都要在农会上评议，让农会会员自己先提出，然后再斗争别人，洗脸见人等等。由此可见，合理负担政策的实行，增强了群众的思想觉悟和积极性，提高了生产力，为抗日战争的胜利奠定了重要的物质基础。但由于战争日益频繁，生产破坏严重，民力消耗过大，农业生产下降，越来越不适应战争的需要。要使根据地在日益频繁的战争中站住脚，必须继续调动农民的积极性，必须进一步调整农村阶级关系。为此，就十分需要进一步发动减租减息运动。

三、减租减息运动的开展

要发动群众参战，必须首先团结农村无产阶级骨干及农民大众。农民是抗日生产的基本力量，而农民的基本问题是土地，因此必须抓紧解决农民的土地问题。同时，大部分地主都有抗日要求，对于赞同民主政策的地主应实行减租。富农也是抗战中不可或缺的力量，党中央为此于 1942 年初在总结各地五年来发动农民经验的基础上，作出了《关于抗日根据地土地政策的决定》和《关于执行土地政策决定的策略的指示》，明确指出，减租减息政策的目的是扶助农民，减轻封建剥削，改善生活，提高他们抗日和生产的积极性；实行减租减息后，又必须实行交租交息，以联合地主阶级一致抗日；对于富农则削弱其封建部分，鼓励其资本主义部分的发展。同时也指出"联合地主抗日""必须采取先打后拉"，先"确立群众力量的优势"，后"说服农民争取地主"。如武乡减租减息斗争的有力发展，及其引起的群众性游击战争的开展和参军热情的高涨，使党的领导干部充分认识到以前不敢加强党的领导、放手发动群众的局限性，奠定了通过减租减息运动放手发动群众的决心和信心。

（一）减租减息政策的提出

为了发动广大群众，赢得群众支持，巩固抗日根据地的各项事业的建设成果，1937 年 1 月，中共中央发出《关于土地政策的决定》，指出："要承认农民是抗战与生产的基本力量，实行减租减息、减轻封建剥削，改善农民生活，以提高农民抗战与生产的积极性。" 1937 年 2 月，中国共产党在《给中国国民党三中全会电》中，公布了停止没收地主土地的政策，并立即付诸实现。1937 年 8 月 25 日，中共中央在洛川召开的政治局会议上，把减租减息政策列入《抗日救国十大纲领》中。减租减息政策成为在抗日战争时期解决农民土地问题的基本政策。1937 年 10 月 10 日，刘少奇又在《为发动华北广大群众的抗日救国运动而斗争》一文中指出："为了广泛地发展与充实群众的救亡运动，并发动广大的群众走上民族革命的战场，坚决地去发动与组织群众的经济斗争是一个最重要的关键。因此，我们必须用抗日救国、保卫华北山西等政治口号去直接动员群众，还必须同时用经济口号去动员群众。"①

1940 年 4 月 5 日，中共中央北方局发布了《对晋冀豫边区目前建设的主张》，要求在全边区范围内"切实实行减租减息"，并提出了"减租一般

---

① 《中共中央北方局》资料丛书编审委员会编：《中共中央北方局：抗日战争时期卷》（上册），北京：中共党史出版社，1999年，第56页。

以二五为原则"，规定了"减息减至一分半为标准"①。8月，"冀太联办"成立后，相继颁发了《施政纲领》和《减租减息暂行条例》，统一规定实行"二五减租"，租额不得超过土地正产物总量的375‰，年利率1分至1分5厘。1941年10月1日，晋冀鲁豫边区政府又公布了《土地使用暂行条例》，进一步统一了全边区的减租减息政策法令。1942年10月1日，晋冀鲁豫边区政府又发布了《减租减息公告》，指出减租减息的目的是为改善广大人民生活，发扬抗战生产之积极性，加强各阶层之间团结。

具体内容包括以下几个方面：

1. 关于减租规定

（1）一切租地一律执行二五减租，同时根据土地之肥沃作合理之伸缩。但计算时应把抗战前产量与租额算出百分比，比如抗战前产粮为1石，租额为4斗，为40%的比率。再把抗战后产粮从抗战前之租额比率抽出后减去25%，这样来计算，比如，抗战后产粮为7斗，那么按战前租额比率抽出为7斗×40%=2.8斗。今天减25%是从2.8斗内减，而不是从4斗内减，就是说，交租应该是：2.8斗−2.8斗×25%=2.1斗，而不是4斗−4斗×25%=3斗。（2）地主不得违规收回土地，遇有争执，可由政府与农会协议调解。（3）减租后须订立新约，为使承租人安心生产，租地应订立较长期之契约。（4）出租人因租约期满，收回之租地，再行出租时，非有特殊情形（如土质变好，产量增加）不得增租。原承租人有依同等条件承租之优先权。（5）出租人出卖或出典有永佃权或租约期限未满之土地，地主不得另出租他人或收回自种。（6）出租人出卖或出典租地时，承租人均有优先权，出租人须于一月前通知承租人。如承租人有特殊情况，由村公所证明，可提早一个月通知。（7）普通欠租，在二年以内者，按二五减租计算，不得计算利息，于五年内分期偿还，二年以外之欠租，一律免交。（8）庙地、社地、祠堂地等公地出租之租额，须较普通租地租额为低，应不超过租地正产物租额

---

① 中共山西省委党史研究室编：《太行革命根据地土地问题资料选编》（二），太原：山西人民出版社，1986年8月版，第300页。

250‰^①。

2. 关于减息规定

（1）减息系指清理过去旧债（一般指抗战以前）而言，过去旧债须一律清理，至今后人民借贷利息之多寡，由人民自愿决定，政府并不干涉，但如依旧作新，故意取巧多收利息者，当依法严办。（2）减息后须交出原文约退还押地。（3）凡依法已执行二五减租、分半减息者不再减，其有不遵守法令实行减租减息者，人人均可检举，向政府控告，当依法办理。减租减息后，须依法交租交息，如不依法令，故意不交租付息者，亦当依法办理。^②

减租减息是抗日战争时期中国共产党动员农民参战的重要土地政策，主要体现在：

争取和保护抗日力量。减租减息一方面要求地主债主减轻对农民的剥削，改善农民的生活，以调动农民抗日与生产的积极性；另一方面，又要求农民在减租减息之后，向地主债主交租交息，照顾地主的利益，保障地主的地权和财权，以争取地主阶级站在抗日一边。

逐渐打破封建专制统治的改良政策。减租减息不是取消封建剥削，废除地主土地所有制和消灭地主经济。但是这种改良，已经不是在反动统治下维护封建土地所有制和封建统治，更不是发展地主经济的改良，而是在中国共产党和抗日政府领导下，为了减轻和限制地主对农民的封建剥削，发动和组织农民群众的力量，打破旧的封建专制统治的改良，因而是一种有利于革命的改良政策。因为它在当时是减轻封建剥削和削弱地主经济的最直接最普遍的方法。

因此，实行减租减息政策，不仅能够减轻地主对农民的封建剥削，把广大农民发动起来，投入到抗日救国斗争中去。同时，也能够争取地主阶级的大多数站在抗日救国的一边。它有利于抗日根据地经济的发展，有利

---

① 晋冀鲁豫边区财政经济史编辑组：《抗日战争时期晋冀鲁豫边区财政经济史资料选编》（第2辑），北京：中国财政经济出版社，1990年版，第545—546页。

② 同上。

于夺取抗日战争的胜利，并为彻底解决农民的土地问题奠定基础。因此可以说，实行减租减息是对封建土地所有制的一种渐进性的改革。

（二）减租减息政策的初步实施

1942 年之前，由于各地发展不平衡、情况多样，太行抗日根据地只是在少数地区实行了减租减息，大部分地区还停留在一般的号召、宣传与鼓动上。这种不平衡现象的发生，是和各根据地处于开创和大发展之际分不开的。但由于减租减息是一项新的复杂的工作，没有任何现成的经验可循，只能依靠在实践过程中逐步探索。因此，即使在开展了减租减息斗争的地区，一般也是由政府及群众团体的领导机关，利用行政方式"自上而下的发动"①。

在初期的减租减息运动中，因为无统一发动主体、政策规定和缺乏经验，在少数实行减租减息的地区许多群众没有被调动起来：一是在发动方式上存在"恩赐""包办"的缺点，农民积极性不高。恩赐减租，就是指根据地不同程度地存在着干部通过行政命令包办代替，实行减租减息的错误做法。这种包办代替的恩赐减租，违反了相信群众、依靠群众、放手发动群众这个基本原则。其具体表现为：不是通过启发教育提高农民的觉悟，调动农民的积极性，经过农民群众的斗争实行减租减息，而采取行政命令的办法，由少数干部出面，包办代替群众与地主进行斗争，或者由少数干部出面去笼络"开明对象"。不管是真开明，还是假开明，都给"开明"称号，包办代替容易使农民产生依赖思想，使他们抱着观望甚至敷衍的态度参加斗争。二是缺乏阶级动员，没有从思想上启发农民起来揭发地主残酷剥削和压迫农民的种种行径，激发农民对地主的阶级仇恨。开展减租减息运动之后，一方面地主开始了对农民糖衣炮弹的攻击，麻醉与欺骗农民，如有的地主用"同一宗族或者亲戚关系"等去麻醉农民，还有的以给农民小恩小惠的方式收买佃户。为此，许多农民反而觉得"不合理"，是"讹

---

① 张国祥：《山西抗日战争史》，太原：山西人民出版社，2005年版，第275页。

人""良心上过不去",甚至出现了白天地主退租,晚上农民送租的现象;三是减租减息一开始就受到了地主阶级顽固分子的拼死抵抗。如有的地主以"退地"威胁与镇压佃户,向佃户说"出头橼子先烂""砂锅捣蒜一锤子买卖"等使佃户害怕,不敢出头减租增佃。有的地主禁止佃户与中国共产党工作队接近,并与佃户共同讨论应付工作队的办法。当工作队同志询问时,他们都说减了。有的竟然把减的和增的粮食数目,事前说好。① 在地主的威胁下,农民则畏首畏尾,欲减而又有所顾虑,有的竟在地主的威胁欺骗下,约定"明减暗不减,偷偷又把已经减掉的租息如数奉还"。地主采取种种办法,歪曲和抵制减租减息政策,最突出的是长期拖延,或威胁欺骗农民,用夺回租佃的土地来威胁农民,使农民不敢要求减租。

(三)减租减息政策的大规模开展

通过总结前期工作经验,初步克服了 1941 年群众运动中所存在的缺点,干部访贫引苦,群众自求解放,推动了运动的深入发展,涌出了大批积极分子。各种群众组织有了很大发展,共产党的组织也有了很大发展。

1942 年开展的大规模减租减息运动,是太行根据地发生转折、各项工作大为改观的关键。1942 年 1 月 28 日,中共中央作出《关于抗日根据地土地政策的决定》,指出发动农民和依靠农民是巩固抗日根据地的中心一环,建立农民政治上的优势,是进一步巩固根据地抗日民族统一战线所必需。当年 4 月 15 日,中共晋冀豫区党委召开由各地委负责人参加的扩大会议,总结了过去的减租减息工作,讨论了贯彻中央土地政策的问题,发出了《关于如何执行土地政策的指示》。决定和指示指出:减租减息政策的目的是扶助农民、减轻封建剥削、改善生活、提高他们抗日和生产的积极性;在减租减息政策实行后,还必须实行交租交息,以联合地主阶级一致抗日;对于富农则削弱其封建部分,鼓励其资本主义部分的发展,要求各地立即

---

① 晋冀鲁豫边区财政经济史编辑组:《抗日战争时期晋冀鲁豫边区财政经济史资料选编》(第2辑),北京:中国财政经济出版社,1990年版,第548页。

开展大规模的减租减息运动。5月，由于敌人发动了对太行区的大"扫荡"，根据地转入紧张的反"扫荡"斗争，减租减息运动难以开展，直到6月份才开展起来。这时，中共中央北方局结合各地学习贯彻中央土地政策提出的问题，发出了《中央土地政策决定的讨论提纲》，对解决地租、佃权、债务以及特殊土地处理等问题提出了具体意见，使贯彻土地政策有了详细的规定。

1942年，太行区的减租减息运动以减租、保佃、清债、退押为中心。由于各级干部对减租减息在解决农民土地问题、合理调整农村阶级关系中的重大意义有了新的认识，全党动员，开始全力以赴地发动农民群众，在全区普遍开展减租减息运动。而且，在领导方式和工作方法上也有很大改进，注意从各地的不同情况出发，采取不同的方式，使减租减息运动取得了显著成效。如1942年6月15日，武乡二区就积极开始清债工作，由农会与开明士绅成立清债小组，10天内，仅石门、韩壁两个村就清理债务、换约1100多件，绝大部分的债主慷慨退出旧约，如石门的张受书、卫振帮等人主动改了旧约，和农民续订新约，农民十分欢喜。①

1. 召开群众大会

群众大会是中国共产党针对地主威逼利诱农民的状况而采取的动员民众、宣传减租减息政策的有效方式。工作队的同志到一个村庄，不论减增与否，一定设法召集佃户开会。如果自己召集不起来，就叫村长去（发动）召集也可以。在佃户会上，要详细解释边区政府的土地使用条例，保证地主不能无故退地。地主无故退地，佃户有向政府控告之权。

为了搞好减租减息运动，中共太行区党委采用了典型引路的办法，首先选择了武（乡）东县等地作减租减息运动试点。这次试点主要采取群众大会的方式，在各村经过调查，抓住地主、富农、高利贷者拒不执行或破坏减租减息的事例，召开群众大会，进行说理斗争，让其清理旧债，退还抵押和借约，签订有永佃权内容的新租约。武乡县通过召开群众大会的方

---

① 郝雪廷、李绍君：《武乡抗战纪事》，北京：中共党史出版社，2013年版，第157页。

式，全县有 50 多个行政村解决了 12 000 多个问题，有 7000 顷典地订了年限，有 167 顷租地订了约，清债 226 000 多元、22 000 多吊钱、540 石粮，退文书 13 400 多张，欠利条 2800 多张，武乡县（东）由此成为区党委培养的减租减息模范县。

紧接着，各县的减租减息工作迅速发展起来。平顺县在中共太行四地委具体指导和帮助下，经过反复学习、训练干部、发动群众，减租减息运动搞得比较深入，效果也较好。平顺县杨威村发动减租减息运动时，斗争了该县最大的地主宋福禄、宋福祥兄弟。宋福禄当过国民党平顺县公款局局长、财政局局长，还当过两届山西省参议员，是个很有影响的人物。他一般不出面欺压群众，而让其三弟宋福祥用残酷毒辣的办法对付欠租欠债的农民。经过发动群众，佃户们揭露了宋家兄弟高利贷、高租、押租、强夺、讹诈、强迫写死契、放赌、贪污、罚款等 13 种巧取豪夺农民的方式，在群众大会上暴露了他们的面目，并揭发了他们反共反人民的政治问题，使宋氏兄弟被完全孤立，就连原来跟着他们跑的中小地主，包括他们的亲侄儿，也站到群众一边。经过 4 天的大会，打掉了宋氏兄弟的嚣张气焰，迫使他们交出 220 张契约，100 多户农民收回 158 亩土地、41 间房屋。在杨威村群众的斗争推动下，全县的减租减息运动很快发动起来。据 33 个村的统计，共减租 297 000 余斤。从三家大债主手中，抽回土地 2831 亩，农民群众得到了实实在在的经济利益。

一些地区把减租减息同退租清债、退罚款联系起来，一些地主把农民被抵押的土地折成租额退掉了，农民得到的经济利益更多。据统计，左权县退土地 2419 亩，黎城县三个区退土地 1531 亩，榆社县一个区退土地 1966 亩。

2. 诉苦与算账

针对地主的小恩小惠利诱，中国共产党采取了动员农民诉苦，并为其算账的动员手段。首先，从观念上扭转佃户的旧道德观念，主要采取了多种诉苦方式。通过给佃户充分表达的诉苦平台，让佃户亲自描述出在地主的压榨下，辛辛苦苦地干了一年，结果还是落得饿得老太哭、冻得孩子叫等悲惨情形，以此去激发他们的情绪。其次，为了使地主以小恩小惠来收买佃户麻醉佃户的办法失效，主要采取了干部与群众一起算账、讲道理的方法，向佃户解释，让佃户明白，做活时给好饭吃和春荒时借给粮食都是地主应该的，以及地主实行"二五"减租，更是应该的，这些并不是人情。同时，要向佃户解释，小恩小惠是不靠久的，实行"二五"减租是政府的法令，是靠久的。减租后所得的粮食，比小恩小惠多。以武乡为例，彭涛与县委领导同志决定抓住与群众切身利益紧密相关的"减租退押"，用算账的办法来发动群众，把干部分到各村发动群众算账。一算账农民才知道，按照抗日政府颁布的"二五减租""对半减息"的规定，过去交租交息、以田抵租、以田抵息是广大农民吃亏了，全县共查出多押的田地200多亩，接着又开了几个大会，当场烧毁契约，退还给农民多交的租息和田。通过诉苦与算账，群众心里很快就被发动起来了，各方面的工作也很快开展起来，消沉的局面迅速被打破。

3. 发挥农会等党团组织的作用

武乡县在抗战开始后，封建地主和官府勾结把军需和战勤任务加在农民头上，严重地窒息了农民的抗战积极性。针对上述情况，县委为唤起民众抗日意识，拯救中华民族危亡，支持人民获得自身解救，必须进行减租减息。于是，在县委干部中进行了深入的宣传动员之后，提出了"1939年红五月光荣的斗争精神"，领导群众展开了减租减息运动。要想使减租减息运动顺利开展，就需要加强组织平台建设。

首先，在1939年冬，加强了农会组织，明确了统一斗争的目标。在全县48个大编村，先后建立了各村农会组织，各村农会主席一般都由党支部书记或党员担任。县委明确规定，这次"双减"的对象是地主、富农，斗争的主方是农会。

其次，选取试点进行斗争。与区党委一道，在韩壁村进行了试点。韩壁最大的地主是武乡"四大家、八小家"之中的魏筱山。他家有土地1200亩，从秋收开始收租一直延续到年关。魏筱山非常刁顽，在执行减租减息政策时，处处与干部、群众对立。区分委帮助村里成立了减租清债委员会，利用民革室、救亡室等发动群众，向魏筱山清理旧债，退还文书，但几次要求都被他搪塞过去。因此，区分委做出了反霸的决定，以便打开局面。为了统一斗争目标，集中力量斗争魏筱山，争取魏文兰，彻底发动群众，村干部还发放粮食，救济贫苦农民，巩固基本群众力量，激发了他们的斗志。经过 20 多天的酝酿，群众对魏筱山拒退文书、不交公粮的劣迹的认识与愤恨更大了。在条件成熟后，就决定召开全村反霸斗争大会。在反霸大会上，魏筱山看到群情激愤，便将全部文书当场退出。经过这次斗争，他退出文书 1000 多张，退出银洋 3800 元，土地 10 亩，典出地 36 亩，还清了所拖欠的 70 石公粮。同时在试点中，注重统一战线，努力团结开明士绅。魏文兰是韩壁村的一个开明地主，1939 年曾自动献田 100 亩。在这次减租减息斗争中，农会提出了"拥护开明士绅"的口号，并且主动同魏文兰谈了话，争取他带个好头。在斗争大会上，魏文兰承认了民国 19 年"晋钞拍地"的错误，共退出本洋 3800 元、利 300 元，退地 30 亩、租地订 10 年，在实际行动上再一次作出了开明的榜样。

再次，在总结韩壁村减租减息反霸运动经验的基础上，县委迅速在全县展开推广。县委在全县广泛发动群众，实行"二五"减租、分半减租以及反霸清理旧债。各村农会组织，发动农民总诉苦、总算账，认识黑暗的旧社会，唤起阶级觉悟。各中心区组织大批民运工作队深入乡村，趁夏收、秋收之际，开展评租、减租、退租和换约的群众斗争。经过几年时间，到1942 年，全县有 75% 的村庄，实行了减租退租。如尚元村 1940 年全村交租 35 石细粮，而在 1942 年"双减"运动后，只交 25 石粗粮。减租减息引起了土地变化，封建土地制度有所削弱。

在太行抗日根据地减租减息过程中，中国共产党通过有力的群众动员机制，密切了党群关系，巩固了党的群众基础，为抗日战争的胜利奠定了重要的物质基础。刘少奇曾经把减租减息中的群众动员经验归纳为"三斗"思想，即"斗理""斗力"和"斗法"。所谓"斗理"，"就是进行说理斗争，造成不减租减息就没有道理的舆论潮流，增强农民斗争的信心和勇气"。所谓"斗力"，"就是较量力量的斗争，依靠有觉悟、有组织的农民群众的力量，去斗垮地主破坏减租减息的一切阴谋诡计。为了斗争的胜利，应讲究策略，一般可采用先易后难的方法，即先从开明的地主减起，以促成地主内部的分化，对那些抗拒的就和他斗。但要选择最顽固的大地主作为斗争目标，只要把他斗下来，其他地主的问题就迎刃而解了。"所谓"斗法"，"就是依据法律进行合法的斗争"。既要发动农民按照党的减租减息政策理直气壮地同地主进行斗争，又要依法保障农民的利益，适当照顾地主的利益，以巩固和发展农村中的抗日民族统一战线。

概况而言，党在减租减息过程中，采用的动员机制具有以下的特点：一是在群众运动中认真地贯彻民主精神，进行民主实践。二是保证政府减租减息与合理负担等政治任务在所有村庄的实施，并在丈量地亩、清查黑底、清理社地等具体工作中打下坚实基础。三是把群众运动与群众的生产运动结合起来。通过领导群众春耕夏耘秋收等生产运动，从生产中团结群众、教育群众。在减租减息、发动群众的地区，密切结合动员群众生产热情，解决生产的具体困难。在干部及广大党员中，要把劳动观念与群众观念结合起来，把积极领导社会斗争与生产斗争结合起来。四是在一切运动中不仅要充分发动群众，还需要切实地把群众组织起来。因为没有强的群众组织力量，特别是农会组织力量，是很难巩固斗争成果的。所以，必须把农会壮大与健全起来，动员一切农民加入农会组织，使农会具有雄厚的群众基础。五是把群众发动起来。不仅要组织群众，而且还要教育群众。教育群众的目的是要提高其政治水平，尤其要提高其阶级意识，必须从思想上巩固群众组织，提高群众自觉、自发斗争意识，为保卫自身而斗争。六是把群众发动起来，也就是要把群众武装起来。要深入群众中广泛动员青壮年来参加民兵，进行游击战争的民兵建设工作，武装保证群众利益，打击日军的蚕食和进攻。

（四）减租减息运动的实效

在根据地处于极端困难时期开展的减租减息运动，运动的发展还不平衡，少数落后区、边沿区没有开展；就是开展了的地方，也有程度上的差别。但总体来看，由于中国共产党采用了有力的政治动员手段，运动的规模声势很大，多数地区运动比较深入，减租减息运动在不同方面起到了一定的实效。

一是农民的觉悟和抗日积极性有了很大的提高，涌现出大批积极分子。在 1942 年的减租减息运动中，初步克服了之前群众运动中所存在的"恩赐""包办"的缺点，推动了减租减息运动的深入发展，干部访贫问苦，群众自求解放。他们以主人翁的态度积极参加斗争，为战胜严重自然灾害，进行艰苦的对敌斗争，打下坚实的基础。如武（乡）东县委根据太行区党委发布的《关于贯彻减租运动的指示》，在认真总结 1942 年减租减息运动经验教训的基础上，开展了全面彻底的减租减息复查运动。在这场复查运动中表现出干部深入发动和群众自发自觉的特点。在全县复查该项工作之前，县委召开了积极分子会议。会议期间，县委的领导干部主动检讨自己的官僚主义作风，而且毫不留情地指出干部党员在分配土地（官地、庙产及没收汉奸的土地）、负担、支差、合作社账目等方面的问题；提出抽回文书，租典地定年限；反对顽固分子造谣及没收分配汉奸土地的斗争纲领。这次会议后，各区还召开了 200 人的干部大会，进行了反复动员和深入贯彻。在放手发动群众的前提下，使得减租减息运动很快在全县深入展开。

二是推动了各种群众组织及党组织的发展，促进了村政权的改造。减租减息运动的开展，使农民群众真正意识到建立群众组织的强大作用和共产党领导的魅力。如黎城县经过减租减息运动，新吸收了 700 多名优秀分子加入共产党，党员人数增长了近一倍。新党员大部分是贫农和雇农，政治素质较好。民兵队伍也迅速扩大，群众参加抗日部队的热情空前高涨。群众组织和党组织的扩大，一扫过去扩军难、征粮难的局面，都超额完成了任务。同时，经过减租减息运动，那些勾结地主富农、领导斗争不力的村干部，都被群众改选掉了。

三是唤起了群众的阶级意识，提升政治觉悟。在党、政、军干部深入全县广大农村开展减租减息、清理旧债的过程中，各村农会组织发动农民总诉苦、总算账，认识黑暗的旧社会，各中心区都组织大批民运工作队趁秋收之际深入乡村，展开评租、减租、退租和换约的群众斗争。尤其中共晋冀豫区党委在武（乡）东等地领导广大群众进行了大规模的"清债退押"斗争，当场烧毁了地主高利贷契约，极大地振奋了农民精神，为以后大规模的减租减息运动奠定了重要基础。经过努力，在 1942 年底，全县有 75%的村庄，实行了减租、退租。减租减息引起土地变化，封建土地制度有所削弱。从 50 个村（占根据地行政村半数以上）的统计看。经过"双减"运动，共清债 247 000 元，钱 82 000 多吊，粮 540 多石，退文书 13 400 多元。武（乡）西县经过反贪污、反"维持"，共退款 53 400 多元。这样，随着减租减息的深入开展，逐步调动了广大农民参加抗战的积极性。[①]

四是统一了抗日战线，调节了地主与佃户的矛盾。经过减租减息，一方面适当地保证了佃权，另一方面适当改善了根据地人民的物质生活。不仅激起了人民群众的抗日热情，而且也使大批地主站到了抗日人民一边，抗日根据地得到极大的发展。这是在民族战争的条件下兼顾农民和地主两方面利益，把坚持统一战线和解决农民问题恰当地结合起来的政策。如1942 年 7 月中旬，武乡大有村士绅裴玉澍切实执行政府减租减息法令，自动清算旧租债，并通知四乡与他有租债关系的群众去结算，其办法是押解土地一顷以上者按政府法令清算，不足十顷者，特别轻算，没有押解的债款一律依法清理，得到群众拥护。

四、农业大生产与灾荒救济

民生改善是群众动员的物质基础。在抗日战争时期，为了充分发动群众参与抗战，中国共产党在日军经济封锁和国民党停止供给的情况下，领导群众自力更生，战胜了天灾人祸，为抗日战争的胜利奠定了物质基础和

---

① 中共山西省武乡县委党史研究室：《中共武乡简史》，北京：中国财政经济出版社，1990年版，第292—293页。

良好的群众基础。

（一）农业大生产

1. 开展农业大生产运动的背景

一方面，从理论上讲，"群众是从生活中学习的"，群众最基本的生活是生产，是经济生活。[①]农业大生产运动是支持战争最基本的环节，是根据战争实际提出的要求；同时也是继续改造社会经济和深入群众运动的中心一环，是社会经济发展的必然要求和群众运动的必然发展。就是说，大生产运动是社会和群众运动内部发展规律的必然结果，是群众运动继续发展的基本方向。只有在这个方向上才能继续深入发动群众、组织群众。

另一方面，开展农业大生产运动也是特殊实际所迫。1942年和1943年敌后根据地出现了严重困难局面。战争的消耗，水旱自然灾害的侵袭，以及敌人的烧杀破坏和封锁，造成土地荒芜，灾情奇重，生产力下降，许多地区人民以野果树皮草根为生，甚至逃荒他乡。[②]以武乡为例，不仅大量灾民从冀西、豫北地区流入武乡，而且连续两年的严重自然灾害，加重了根据地的困难。武乡县财政发生极大困难，加之疥疮、疟疾流行，大片土地荒芜，村落萧条，生产力受到严重破坏，太行区灾民达到36万人。加上日军更加疯狂地在太行区抢夺粮食的行为，如日伪军在武乡韩壁一次抢去十多万斤粮食，使太行区人民的生活状态雪上加霜。

1942年10月，为了战胜自然灾害，打破日军的经济封锁，保证抗战需要，华北抗日根据地在毛泽东"发展生产，保障供给""公私兼顾""组织起来"和"自己动手，丰衣足食"的方针指导下，根据中共中央北方局提出的"生产自救"的指示，1943年，晋冀鲁豫边区开始了农业生产运动，当时还只是初步组织劳动互助，厘定安家计划，发动群众开展大规模的秋种运动，为渡过本年度的灾荒起了重大作用。翌年3月2日，边区临时参

---

① 晋冀鲁豫边区财政经济史编辑组：《抗日战争时期晋冀鲁豫边区财政经济史资料选编》（第2辑），北京：中国财政经济出版社，1990年版，第15页。

② 魏宏运、左志远：《华北抗日根据地史》，北京：档案出版社，1990年版，第234页。

议会驻委会召开扩大会议，在讨论1944年的施政方针时，决定边区的中心工作是开展大规模的生产运动，并与度荒自救相结合。经过一年多的军民努力奋斗，边区生产运动取得了显著成效。[①]同时，响应太行区救灾委员会"不饿死一个人"的号召，各地开展了生产自救的大生产运动，军民一起开展大生产。

2. 农业大生产运动中的群众动员方式

一是"滕杨方案"与军队生产自给。在大生产运动中，为了减轻群众负担，实现军队生产自给，太行区的部队曾实行"滕杨方案"。1944年4月1日，八路军前方总部滕代远参谋长、杨立三副参谋长制定并颁布了《总部伙食单位生产节约方案》（简称《滕杨方案》）。内容包括《写在前面（前言）》《积极生产》《奖励节约》《提倡私人积蓄》《帮助群众生产问题》等5个部分的内容。坚持八路军总部伙食单位、个人生产节约奖励与分红原则，即凡年完成3个月粮食生产者，公家只收80%，其余20%作为单位完成生产任务的奖励，从事手工业生产者，以工资折合交足3个月粮食和全年菜蔬以上者自得70%，余者归伙食单位，在规定数内节约之办公用品，按市价公八私二进行分红，提倡私人积金，准许私有。由于妥善处理了集体与个人、生产与分配之间的关系，进一步推动了增产节约运动的开展。

为实施"滕杨方案"，第十八集团军总司令部领导除亲自动手锄麦种菜外，集总开荒队还议定了实施细则。1944年，第一二九师师部所属各部除种蔬菜外，每人还种1至1.5亩的粮食，土地以开垦荒地为主，这一年共开荒1万多亩，产粮512万斤，土豆、菜蔬1266万斤。部队还开办了煤窑、铁匠铺、烧石灰、织毛巾、酿酒、编席和造油墨等各种手工业作坊，畜养业也有了很大的发展。指战员也有了个人积蓄，据太行区部队统计，积蓄者多达9411人，总金额为167 348元。

"滕杨方案"实施后，部队的生活得到了很大改善，除自给3个月粮食和全部蔬菜外，还支援了地方和兄弟部队的粮食和蔬菜供给。

---

① 同上。

二是党政机关干部带头参加农业大生产运动。《滕杨方案》充分体现了大生产运动中党员干部的带头作用，对于动员群众起到了重要表率，增强了群众对中国共产党的信任和拥护，同时也对全区范围内的党员干部起到重要的带头作用。如边区政府成立了生产科，加强了机关生产，在大家动手的原则下把全部力量更合理地组织到生产战线上。各县开展生产互助，扩大耕地面积，在工厂、农村掀起了生产竞赛热潮。1944 年，据太行全区统计，党政民机关共种地 10 332 亩，其中包括新开垦的荒地 7629 亩，共生产细粮 21 万斤，蔬菜 150 万斤。从首长到一般工作人员，人人完成生产指标，实现粮食自给 3 个月，蔬菜全部自给的要求。①1943 年，地委曾提出"以开荒为主，扩大耕地面积，增加粮食总产量，减轻人民负担"的口号。各县委、区分委积极响应，许多同志挤出时间参加开荒，表现了极大的积极性。全区各县委开荒种地成绩均很显著，大部分能自给 3 个月的粮食和全年的蔬菜。武（乡）西县委的领导干部亲自参加领导生产，成绩突出，被评为全区第一名，地委号召全区干部向武（乡）西县委学习。太行抗日根据地大搞开荒种地的大生产活动，有效地减轻了人民的负担，同时极大地改善了当时领导干部严重脱离群众的倾向。虽然当时的组织活动收获不是很大，但是，分配公庙社地、发粮食救济春荒、贷给农具等活动，凡是事先宣传政策的基本上都办到了，对动员群众支持抗日起到了非常重要的作用。

武乡抗日县政府机关生产计划②

（1）方针：农业为主，工商业为辅，集体为主，个人为辅。

（2）任务：在农业方面：小米是 7875 斤合 55 石，折粗粮 110 石。蔬菜是每天以 40 斤计，共为 14 400 斤。全机关以 70 人计，每人每日小米 1 斤 2 两，两个月共需小米 4725 斤，每天多吃 2 两，12 个月计算共需米

---

① 魏宏运、左志远：《华北抗日根据地史》，北京：档案出版社，1990年版，第236页。
② 武乡县政府：《武乡抗日县政府机关生产计划（1944）》，武乡县档案馆藏，档案号：3-2.1-58.1。

3150 斤，2 宗共需小米 7875 斤。在工商业方面，共 300 000 元（工商业基金 100 000 元，农业投资 52 400 元）。计种子为 3200 元，农具为 7200 元，肥料 27 000 元，耕牛 1000 元，其他 5000 元。每月辅助公费菜金 12 000 元。全年 12 个月共为 144 000 元。其他为 3600 元。

（3）保证完成任务的方法：一是加强组织领导。由机关首长、总务科长、生产委员共同组织生产委员会，计划并组织领导生产，直接领导由总务科长负责；生产委员会下设农业生产股和工商业生产股两个股，农业生产股派干部 2 人，经常负责领导并直接参加农业生产。工商生产股派 3 人，主要负责领导计划并直接参加工商业生产，1 人负责会计与内部的业务事宜；两股直接受总务科长的领导，对生产委员会负责；机关人员全体组织起来，自己动手，在不误工作原则的情况下组织变工轮流交替服工；个人生产也可为单位负责执行。二是制定具体计划。在农业方面，集体开荒 150 亩，租菜圃地 3 亩，典好地 40 亩；圃地每亩收菜 1500 斤，三亩共收 4500 斤；荒地种山药 30 亩，每亩收 300 斤，共收山药 9000 斤。个人生产每人交公菜 30 斤，70 人共交公菜 2100 斤，总共收菜 15 600 斤；荒地种谷 70 亩，每亩收谷 6 斗，共收谷 42 石，种豆子 30 亩，每亩收 3 斗，共收豆子 9 石，种玉茭 20 亩。每亩收 4 斗，共收玉茭 8 石，统共荒地收粗粮 59 石；好地 10 亩种麦每亩收 7 斗，共收 7 石，2 亩种谷，每亩收 1.1 石，共收 2.2 石，10 亩种黍，每亩收 9 斗，共收 9 石，统共好地收粗粮 38 石。以上两项集体种地共收粗粮 97 石。三是个人生产原则。以 1/3 交公，每人争取交到 2 年以上，最少得交 2 斗共收 14 石。

以上农业共收粗粮 170 石。商业：在洪水开一门面做买卖，用来贩卖日用必需品，基金 4000 元。工业：在大有开设染坊，基金 10 000 元。在纸坊、草纸坊、铧子厂、草帽厂各投资一部分，另外由看守领导囚犯搞煤窑一座，以解决看守所粮食不足和生活困难的问题。

三是实行劳武结合与树立劳动模范。劳武结合是太行抗日根据地军民共同生产、保护和促进农业大生产运动的重要路径。1941 年 2 月 12 日，中共晋冀豫区党委，根据中共中央北方局和冀太联办的指示，发出《关于春耕运动的指示》，强调农业生产是 1941 年生产计划的中心一环，是坚持根据地建设的物质基础。在武装保卫春耕的问题上，要求解决群众后顾之忧，稳定群众生产情绪，在战争空隙中进行春耕，实行劳动力与武力结合。

由于部分民兵游手好闲、不事生产和浪费民力（据统计，1942 年群众花在民兵活动上的时间曾达全年参加活动的 1/4 至 1/3）等问题，造成群众和家庭的不满情绪，也对民兵的情绪造成了很大影响，有的要求退出，严重地阻碍了民兵的发展。1943 年，彭德怀在分局高干会议上，把劳武结合作为民兵建设条件之一提出来，要求在民兵中着重进行生产教育，把动员民兵参加生产作为政治工作重要内容之一。1944 年，又把参加生产和保卫生产作为民兵的中心任务，提出了一系列的口号，如"不努力生产的不是好民兵""杀敌英雄、劳动英雄一样光荣""争取当战斗、生产结合的模范"等，并实行了民力计算，规定腹地民兵除反"扫荡"情况外，全年训练、开会和各种勤务不超过 45 天。由于民兵积极参加了生产和保卫生产，劳动观念大大增强。许多脱离群众的现象逐步克服了。特别是克服了认为"当了干部、民兵再劳动是丢人"的观念。干部作风有所转变，和群众及家庭的关系密切了，民兵本身也更加巩固了。①

劳武结合使生产与战斗相结合。经过生产运动，把根据地的群众组织起来进行生产，建立起一条新的生产战线。它不只是普遍地把战斗与生产相结合，用战斗掩护生产，监视敌人，而且通过组织生产，组织了群众，培养了一批优秀的劳动英雄和杀敌英雄。如武乡县后沟村民兵班班长张寿孩因在蟠龙围困战中的出色表现，后沟民兵班被太行军区授予"劳武结合、英勇杀敌"的特等模范单位和"太行模范民兵班"称号。在 1944 年 11 月召开的太行区首届群英大会上，后沟村民兵班荣获边区"坚持劳武结合，围困蟠龙敌寇"锦旗一面，班长张寿孩被授予"杀敌英雄"称号。武乡县李峪村民兵自卫队队长王来法在任村民兵自卫队队长期间，常年在本村附

---

① 山西省档案馆：《太行党史资料》，太原：山西人民出版社，1994年版，第383页。

近的蟠武公路上埋地雷伏击敌人，既保卫了家乡，也保卫了根据地，在太行军区首届群英会上荣获"地雷大王"英雄称号。

四是发展生产与建立互助组。1943 年 11 月 29 日，为了发展边区生产，克服经济困难，毛泽东同志在中共中央招待陕甘宁边区劳动英雄大会上作了题为《组织起来》的重要讲话，高度评价了农业互助组和合作社在调动农民参与农业大生产运动中的作用，并给予合作社以极高的评价和地位，明确指出："目前我们在经济上组织群众的最重要形式就是合作社……我们有了人民群众的这四种合作社（指农业生产合作社、综合性合作社、运输合作社和手工业合作社）和部队机关学校集体劳动的合作社，我们就可以把群众的力量组织成一支劳动大军。这是人民群众得到解放的必由之路，由穷苦变富裕的必由之路，也是抗战胜利的必由之路。"① 彭涛在阐述毛泽东关于"组织起来"的思想时，认为毛泽东组织起来的思想是引导农民走向富裕之路的方向。同时，具体指出了组织互助组的诸多好处与提高改进互助组的办法，如开展技术改良活动，提高农作物产量。互助组在发挥组织起来优势的同时，要兼顾农民的自由活动，妨碍自由就是破坏自愿组织互助的原则。彭涛还就模范村干部和劳动英雄培养成长的问题，告诫劳动英雄不要骄傲自满，要不断进步，要在生产工作中，坚持先公后私、先人后己的原则，以自己的模范行动推动和感化别人的工作；要坚持先做后说、多做少说的工作方法；要坚持密切联系群众、和群众打成一片的作风；要把积极分子团结在党的周围，不断培养新的典型，提高原有的积极分子，并不断发现和培养新的积极分子，不要把积极分子固定化。

太行抗日根据地根据毛泽东"组织起来"的指示，按照不同地区的不同情形，采取多种合作形式，建立互助组和合作社，从一个组发展成为几个组或是一个队，从一个村的互助推动几个村都组织起来。上级提出生产是中心任务，在农业方面全区组织起来，参加互助组，有临时的、经常的。

① 中共中央文献编辑委员会：《毛泽东选集》（第3卷），北京：人民出版社，1991年版，第932页。

据武乡等31个县不完全统计，共有23 000个组。武（乡）东县1943年全县只有3个劳动英雄，而到1944年就涌现出300多个劳动英雄；1943年互助组很少，而到1944年发展到1300多个；1945年庆祝本县"组织起来"一周年时，全县共有20 861人参加了互助合作运动，成就了武乡全县在生产运动中所取得的成绩。

下广志南岭村模范互助组张拴纣 [1]

在正月，张拴纣听上级号召组织起来，他个人在民革室号召组织互助组，并马上和本村农民郭元庆等3人组织起一个变工组，开始担粪。在担粪时赶出好多工来，后来开始修地，修了四道石沿，又赶了15个工。其他人看这个小组非常赶工又省工，张朴孩、张大孩等3人报名参加张拴纣的小组。下广志南岭村变工组在这时候就改变成互助组，他们民选了正副组长，亲定各种制度纪律。又过了一段时间，他们全村人看见这个互助组很好，后来，又有5个人参加进去，南岭村互助组共6户25人参加。

巩固的办法、制度。他们开会利用吃饭休息时间不用整工，纪律上不管组长组员去哪里都要执行请假制度，如果有组员犯错，第一次说服，第二次批评，第三次就要被小组开除，特别是在从前赶集，每次总有四五个人去，自组织起来后，他们隔一集赶一集，或者去一人把要买的东西完全买回来。

他们的成绩赶了96个工，把往年的石沿豁子完全修起，全村有一户赤贫，三口人，起春就无吃的，完全是互助组解决的。

他们能和生产战争结合，有一次敌人包围广志，他们能互助支援，配合上广志民兵打敌人，特别是组织起来以后全村都未发生过问题。

---

[1] 武乡五区区委会：《武乡五区下广志南岭村模范互助组张拴纣》，1944年6月15日，武乡县档案馆藏，档案号：57-6。

五是发动妇女参与，激活妇女作用。在劳动互助的过程中，吸收了一部分妇女，改造了一批懒汉。其中激活妇女劳动生产积极性作用是抗日根据地克服经济困难、充分利用根据地人力资源的重要手段和方式。抗日战争时期，中国共产党在抗日根据地内组织发动了一场声势浩大的妇女大生产运动，引领女性重新回归社会经济生产的主体地位，在巨大的社会变革中，将女性的作用发挥到了极致。[①]在抗日根据地，面对农村劳动力的缺乏，调动农村妇女参加生产是非常重要和必要的，一是把妇女参加生产的范围集中在锄苗、播种，及拾石头、送饭、抬水等劳动内容上；二是通过细心耐心进行说服教育，使家庭与社会人士认识到妇女参加生产是与家庭和抗日的利益一致的，并改正妇女过去不劳动的习惯和错误的劳动观点。三是在组织妇女参加春耕中，要与实际解决妇女问题密切联系起来。

在农村妇救会和其他党群组织的动员下，多数农村妇女从家庭中走出来，参加到农业大生产运动中，并涌现出了众多劳动模范，为抗日战争的胜利作出重要贡献，如武乡纺织英雄石榴仙不仅送儿子上前线，而且主动承担了家务和田间生产劳动，种地、锄苗、拾粪、驮煤卖炭，做一些一般妇女不愿干和不会干的活。村妇救会一成立，她就加入了妇女组织，积极组织妇女做军鞋，碾军粮，样样工作数她第一。村里一住下部队，她就和妇救秘书组织妇女们送柴、送水、找房子。部队打了仗她们就在窑洞里做好热汤面送到战场。1943年冬，她们还建立了"茶水站"，专门接待来往部队和伤病员。石榴仙最拿手的就是纺织技术，她的纺织速度远在一般人之上，别人一天纺四两，她就能纺半斤（八两）以上。在1942年至1943年大灾荒时，她这种本领得到了最大限度的发挥。以自己的模范行动带动和组织了村里的妇女们人人参加纺织运动。她主动帮助妇女们解决纺织技术问题。对单身汉也采取变工办法给他们解决了穿衣问题，当时一斤土布可换二斤棉花，也可换二斗小米，妇女们通过纺织都解决了家庭的经济开

---

① 徐爱新、李玉刚：《抗日战争时期河北农村妇女的大生产运动》，《社会科学论坛》，2014年第11期。

销问题，所以参加纺织的妇女越来越多，妇女为抗日根据地渡过经济困难作出了重要贡献。

六是大生产的奖励制度。第一种办法是政府通报奖励：如1945年农历三月间，县府以四五六区开展模范工作等自行计划运动的通报推动了各区。之后，县府又以四区北社村、龙滩村妇女王改兰、王鲜兰发明土染布办法11种通报并奖给了锦旗各一面，大洋各100元，该奖励对全县使用土染布办法起很大的推动作用。七区在领导上也运用这种通报办法推动全区生产。

第二种办法是奖红旗：这是武乡县韩壁村在1945年农历二月间创造的，他们称这种办法为"死旗活牌牌"的办法，就是为了鼓励大家把春耕生产搞好，隔十天半月检查总结时，大家认为数哪一队好，就在红旗下挂了那一队的牌牌，同时奖给他们一个五角星记工，到将来谁家红五星得的多，红旗就给了谁家。这种鼓励集体英雄主义，而又不固定，又可避免对落后队过分刺激的办法，之后又推广到了一区寨坪、五区广志、四区活庄、六区马村等地。特别是马村把这种办法又进一步发展了，把挂"活牌牌"的办法改成为给各队制表格打分数的办法，这样对任何队的功劳都不埋没、大家竞赛的方向更明确。

第三种办法是纪念模范组织单位：这是1945年武乡二区东堡村的创举。他们用庆祝红旗队成立一周年纪念的办法，把红旗队一年来的生产总结了，并且奖励了各种模范英雄，特别是红旗队给一年来帮助他们有功的籍西俭同志（时任三区政委）送了牌，他也成为群众爱护干部的好榜样。后来这种办法推广到全县，全县各地在准备召开庆祝胜利大会时，就结合庆祝"组织起来"一周年纪念活动总结生产，推动生产。

第四种办法是大众的新文化奖励：如武乡二区陈家垴用连环画的办法描画了张发祥同志转变劳动，刘田明同志努力给互助组耕地等故事，群众很受感动；又如东堡韩壁一区北响黄七区马汗留村的一名小学教员用编歌、编剧、编农民周刊等办法获得群众敬仰；另外如贾鏊镇的广播台，洪水镇的竞赛亭，也都对群众生产的积极性鼓励很大。

第五种办法是群众性的鼓励表扬：如武乡二区群众给送牌送字，四区下刑堂群众在会议上对劳动有功的人叫"好"，八区群众也是一样对劳动英雄口头夸奖，三区羊家庄妇女给劳动模范组和劳动英雄分别送小红旗和红五星，四区活庄妇女给劳动英雄发红五星和臂章。这些群众的奖励表扬办法，都给英雄们很大鼓励，使英雄们劳动的劲头更大。

3. 大生产运动的效果

农业大生产运动是抗日根据地面对敌人经济封锁而动员群众进行的重要的生产自救、自力更生运动。这场运动不仅取得了经济的发展，缓解了根据地经济困难的局面，而且在密切联系群众、组织群众和改造群众等方面也取得了显著的成果。

一是克服了抗日根据地的经济困难。如太行山是药材重要产地，在大生产运动中也获得了恢复和发展。据 1944 年统计，全区共卖药材 130 万斤以上，仅左权县药材收入达 400 万元。在武乡砖壁村，八路军领导群众开展的生产自救运动，不仅解决了军民的生活困难问题，而且密切了军民关系，建立了深厚的军民鱼水情。

1940 年的砖壁村，日军疯狂"扫荡"华北，敌占区人民不能安居生产。在太行抗日根据地，由于日军的频繁"扫荡"、杀人放火，扰乱了人民生产，再加上天旱，人民生活非常困难。八路军为减轻人民负担，带领全体官兵，开垦荒地。这不仅解决了部队的粮食问题，而且还救济了许多村民。由此，有一首民歌在太行抗日根据地流传起来：

毛主席延安一声唤，转战华北惊贼胆。军民开展大生产，要使太行变江南。开荒好比上火线，朱司令指挥咱永向前。

1941 年，武乡决死第三纵队曾开展了轰轰烈烈的大生产运动，取得显著成绩。一是种地 715 亩，其中开荒 301 亩；二是养羊 71 只，养猪 283 头；三是种豆 94 亩，白菜 30 亩，山药蛋 234 亩，瓜 18 亩，葱 4 亩，蒜 2 亩，茄子 5 亩，韭菜 1.5 亩，萝卜 48 亩；四是开油坊 2 座，食品合作社 3 个，粉坊 2 座，物品合作社 3 个；五是植树 7350 株①。

太行抗日根据地的农业大生产运动，不仅使八路军带领群众克服了严重的经济困难，为抗日战争的最后胜利奠定了物质基础，同时也密切了军民关系，为根据地军民带来了抗战胜利的无限希望。

二是发展了农村合作社。以武乡县为代表，其特点是经过一年来的大生产运动，干部和群众的计划性与组织性有了很大的提高，但存在地多、人力畜力缺乏、群众无秋垡地习惯等问题。他们首先于九月底在区级干部会和村级活动分子会上，以一个干部家庭合理组织使用养种人力畜力分工计算的例子，打通了干部与活动分子对"一面秋收、一面秋耕"和"毫无例外秋垡一遍地"的抵抗（这里指抵触情绪），同时以战争观点说明"野外踩场"的好处；在村里结合了民兵检阅备战动员，进行了秋收秋耕的酝酿，由技术老师说明秋垡的好处（一般去年秋垡过地产量大和去年未秋垡地产粮少的例子说服最有力量），由劳动英雄号召秋收秋耕竞赛，用生产积极分子与模范互助组的实际行动来推动一般群众行动起来。如洞上魏文秀工队讨论秋收秋耕，提出四光——场光、地光、家光、人光，选出好把式张师文专门耕地，成立耕地组。魏文秀领导收割组都订了计划，收割组 15 天完成秋收任务，耕地组 24 天完成 384 亩垡地任务，所余 12 亩秋地，由收割组组织人耕完。这一计划公布在贾豁集广播台上，引起全区群众讨论，仿效订计划，秋收秋耕运动随之在全区、全县展开。②

三是加强了对群众的改造。最突出的表现为对妇女的动员和改造。通过大生产运动，转变了农村妇女传统观念，提高了男女平等的意识，使农村妇女摆脱了传统不劳动只围绕灶台转的生活习惯，提高了妇女的政治和经济地位。同时，充分发挥了农村妇女的作用，推动了根据地经济的发展。

---

① 郝雪廷、李绍君：《武乡抗战纪事》，北京：中共党史出版社，2013年版，第140页。
② 晋冀鲁豫边区财政经济史编辑组：《抗日战争时期晋冀鲁豫边区财政经济史资料选编》（第2辑），北京：中国财政经济出版社，1990年版，第42—43页。

劳动女英雄——王四孩 ①

1944 年 6 月 15 日

劳动英雄王四孩，50 岁，朱家垴人。

从 5 岁死了娘，6 岁死了爹，跟姐姐长大。订婚男人是个拐子又家穷，20 岁才结婚。在广志、河西、宋家庄做过 15 年长工，在这个时期，就学会担水和煤，男人是个病容，卖油，不能参加重劳动。家里 2 亩地就是她种的，家里不够吃，除了纺织外，农忙时还给别人打短工、卖煤。朱家垴白河、窑上摆、斗黄岩卖，每天能卖一次，一次担 40~50 斤。

在 1943 年召开的拥军会上，王四孩被授予"劳动英雄"的称号。她在会上表示今后不但自己劳动，还要领导两个小孩过去。用纺织挣的钱买了地 5 亩，连家里 2 亩共 7 亩。这 7 亩地从担粪下粪到刨耕都是自己干的。下种和别人变工，她除了给自己干还给别人变工、打短工，还在农业上是个全把式，典麦子、匀粪也干得好。

她每天从地里捎菜，自己担水担煤，还要纺织。她领导大家、教育大家，亲自参加一个小组还影响其他组，她也领导组织全村妇女担水、推碾、打疙瘩送饭。她的纺织组 5 个人，每人从最初的 2 斤到后来成了 60 斤。妇女们干不了担水的事情，王四孩就帮她们担，锄草妇女干不了，她就在前面教大家。政府号召捉黑婆（一种害虫），她又领导捉黑婆，朱家垴妇女捉了 4 斗多，影响全村妇女参加生产。在奖励大会上，她提出在全村进行担煤、担水、送饭、锄草、割麦、纺织比赛，大家经过讨论，各组提出应战规则，这种比赛实际上是动员妇女参加农业生产。

（二）军民抗灾

1942 年至 1943 年，太行抗日根据地发生了严重的旱灾和蝗虫灾害，大片禾苗枯死或被蝗虫吃掉，通过抗灾救灾解决粮食问题就成为太行根据

---

① 武乡县政府：《武乡劳动女英雄王四孩》，1944 年 6 月 15 日，武乡县档案馆藏，档案号：57-4。

地的当务之急。另外，大量的灾民流入根据地，日伪特务也乘机混入，刺探情报，破坏捣乱，使根据地的斗争更加复杂，面临着更为严峻的考验。为此，区党委召开了紧急会议，部署抗灾救灾工作，全区党政军民齐动员，投入到这场斗争中，抢种补种庄稼、安置灾民、征购粮食度过灾荒，同时开展锄奸反特活动，展开对敌斗争。经过太行军民的共同努力，抵住了自然灾害，夺得了农业的丰收，改善了人民生活，使革命根据地得到了巩固和发展。

1. 思想教育与政府救济相结合

灾荒发生后，在群众中普遍产生了悲观失望情绪。为此，太行根据地在干部群众中进行了广泛深入的思想教育，指出灾荒是自然造成的，要战胜灾荒，须与灾害作斗争，担水浇苗，修整和合理使用水利，开小渠。对于蝗虫则是发动群众进行大规模的扑杀运动，告诉群众祈雨求神是不济事的，只要自己生产努力，政府一定全力帮助克服困难。而大吃大喝则是自杀作孽的办法，政府不救这种颓废人。为了停止宰杀牛羊，给灾民准备生产、生活资料，政府一面下令禁止宰杀耕牛、种羊，一面给灾区合作社贷款160万，提供收买衣服、农具、牛羊贷款，让他们抵押，以备秋后再赎给或贱价卖给灾民。关于小偷盗窃之案犯，只要没有政治背景，一般是从宽处理，进行教育。同时，给他们介绍各种工作，发给一定的急救粮食，以使其生活下去。只有对于屡犯不改、专以偷窃为事的个别分子，才加以严厉处治。调整阶级关系，提倡人与人之友爱互助及家庭互爱，严格离婚限制，因灾荒离婚者一般不准。实行普遍救济，安置流亡灾难民，严防自杀事件。酌量提高利率，发展社会借贷关系，民间借贷月利可到3分，以免堵塞私下贷借来源。并由公家有计划地低价调剂给小手工业工人一定粮食或贷款。恢复停业煤矿和作坊，开辟推销道路，如磁武煤窑由政府贷款，恢复了20多座，有500工人复工。对瘟疫方面发放了3万元医药费，军队、政府各系统都组织了医疗队、卫生队，携带医药前往灾区减费或免费治疗，并组织奖励当地中西医生进行社会卫生工作。仅春季在武北经公家种痘防疫的就有3661人，治好各种杂病59人，病势减轻及医活生命者69人。其次是传播各种治时疫、急症、肿病的药方，如避瘟方、消肿方等，让灾民自己医治。这些药方被群众大量采用，还有相当效果。对汉奸及特务分子等的破坏造谣，灵活运用宽大镇压政策，着重从政治上揭发汉奸、特务分子的欺骗捣乱阴谋，在群众中进行广泛防奸教育，提高警惕，勿上其当。经过以上种种努力，社会秩序就逐渐安定起来，为大规模持续的生产救灾运动准备了条件。[①]

2. 组织建设与党员带头相结合

1942 年 11 月，太行救灾委员会作为党政军民的联合权力机关在各地建立起来了，各县有威望的人士全力领导生产救灾运动，边府杨、戎正副主席及各政府委员都亲临灾区，视察灾情，倾听灾民意见，答复人民提出的要求，宣布救灾的办法。在政府作出"不饿死一个肯自救的人"的保证后，群众的愁眉立展，灾民们的情绪开始安定下来，有了信心："到底咱们抗日民主政府不同，跟着政府走，准有活路！"[②]

同时，通过建立大量的合作社，以合作社形式救灾。太行抗日根据地的合作社以 1942 年 10 月到 1943 年 6 月这一阶段发展得最快，而且灾区占的比例较多。1943 年 6 月底，太行共有 416 个合作社，而灾区就有 297 个，占总数的 70%。合作社基金一部分是社员入股，一部分是公家贷款，一部分是村公产转来的。这些合作社的增加，虽然得益于上级之提倡，但主要还是由于群众要求和灾荒的发生，市场和人民生活均发生了很大的变化。合作社组织起来后，平素不买卖的东西，现在要买卖了，往常可以夏买夏卖，现在要零买零卖了。大大改变了以往凡灾民们卖的就贱、买的就贵的市场现象，解决了散漫的敌后农村经济、交易往来很不方便的困难。[③]救灾

① 晋冀鲁豫边区财政经济史编辑组：《抗日战争时期晋冀鲁豫边区财政经济史资料选编》（第2辑），北京：中国财政经济出版社，1990年版，第397页。
② 晋冀鲁豫边区财政经济史编辑组：《抗日战争时期晋冀鲁豫边区财政经济史资料选编》（第2辑），北京：中国财政经济出版社，1990年版，第408页。
③ 晋冀鲁豫边区财政经济史编辑组：《抗日战争时期晋冀鲁豫边区财政经济史资料选编》（第2辑），北京：中国财政经济出版社，1990年版，第393页。

委员会和合作社的普遍建立，替代了分散小农经济抵抗自然灾害能力差的问题，有效地团结了群众，提高了中国共产党在群众中的威信。

武乡防旱杀黑婆指挥部动员令①

民国三十四年五月卅一日

——紧急动员起来预防旱灾剿杀黑婆——

各区村长救联会主席政委武委会主任：

目前，天旱和黑婆吃害杂田很是严重，由于我们过去总觉得不需要总动员大力量去消灭以至损失了三百斤豆籽、廿多万个工和一千亩的棉花。我们为了打破这种错误思想，为群众利益作打算，特组织各级防旱杀黑婆指挥部，动员全区群众展开防旱杀黑婆运动。

第一，组织各级防旱杀黑婆指挥部，县里由县长武光清担任总指挥，救联会常子云任副总指挥，姜一任政委任建设科长，金重冶任情报股长，委员由李尚春、赵子云、胡新志等七人组成，区村有区长救联会、政委、武委会、民教助理员、秘书、建设助理员参加，村有村长、救助会、政治主任、武委会、教育主任、义务教员参加，自然村有自然村干部三至五人组成指挥小组。

情报：自然村向行政村每天一次，行政村向区指挥部两天一次，区指挥部向县四天一次（至六月六号起）。

第二，纠正干部中以为打黑婆是小事情的错误认识，打通群众等待侥幸和迷信思想，例如四区在政治主任打黑婆保护下，保留豆苗二亩多，道行沟有个老乡看到黑婆吃苗回去写上给好蚄爷说神书，第二天去看一大圢豆苗被吃了个净打净，就是很好的证明。如果侥幸等待下雨去扑灭黑婆，也会和说神书的老乡落一样的结果。

第三，我们应当发动群众创造更多的扑灭黑婆办法，取消单纯使用瓶

---

① 武乡防旱杀黑婆指挥部：《武乡防旱杀黑婆指挥部动员令》，1945年5月31日，武乡县档案馆藏，档案号：69-2。

瓶钵钵手捉办法，展开大量的剿杀运动，例如，下合分区分组进行剿杀展开竞赛，四区道场抽杨柳榆茅嫩树枝在有禾苗地内进行诱黑婆上枝，移起掸在簸箕装入大罐取回以火焚烧。陌峪男女老少全体总动员在晚上按组分固定地区剿杀，我们应学习这些办法，今后奖励应以剿杀完一个地区为标准，不应以捉的多少为标准。

第四，进行防旱应展开突击下种运动，打破等待下雨的侥幸想法，其次组织担水（或利用水渠）浇棉花和南北瓜等，同时我们还应实行节约储存粮食准备歉收克服灾荒。

第五，为了把这个动员工作发展为群众性的运动，由县指挥部武光清（到五区）、金重冶（到四区）、常子荣到（七区）、李尚春姜一（到三八区）、并特委托严马元（到二区）、成家英（到一区）、张金虎（到六区）分头到各区传达指导这一工作。

同时，党员干部带头，军民共同抗灾也是动员群众的非常重要的方式，如在这次抗灾过程中，太行革命根据地党政军都直接参加了生产和抗灾活动，在春耕、夏收、锄苗工作以及人力、畜力等方面，给群众提供了很大帮助。早庄稼如春菜、南瓜、豆荚等大都于9月以前种好，5月初下了雨以后，看到敌人快要"扫荡"，太行革命根据地的党政军就决定在一周内各机关停止一部分时间办公，并派出2/3人员到驻地附近去帮助老百姓送粪下种，有的还借给种子。北方局、总部直接参加指导左权七区麻田附近各村下种。因此在战争之后，灾民们感激地说："没有八路军、抗日政府，我们不死在灾荒中，也死在鬼子手里。"武安西井一个老人说："八路军，好处说不完，他们真正是我们的救命恩人。"①

在旱灾方面，各地区在面对自然灾害时互通情报、互相联系、紧密配合，共同渡过难关。为了解决太行革命根据地的干旱问题，1940年，太行

---

① 晋冀鲁豫边区财政经济史编辑组：《抗日战争时期晋冀鲁豫边区财政经济史资料选编》（第2辑），北京：中国财政经济出版社，1990年版，第393页。

三专署联合三分区以及武乡监漳民众齐心协力，最终修成长达 1000 多米的自流渠。通过引水灌溉，有效缓解了当地的干旱问题，增加了粮食产量。后三专署人员刘亚雄为自流渠渡桥的"人力胜天然"题词，就是太行抗日根据地的党政军民在面对自然灾害时不自暴自弃、顽强斗争的真实写照。

除了旱情，蝗情也是当时太行抗日根据地党政军民面临的重要问题之一。为有效缓解自然灾害，中共武（乡）东县委、县抗日政府大批干部下乡组织生产，帮助农民战胜灾荒、瘟疫等。一旦发现蝗情，四处调人，展开会战。当一批批蝗虫被扑灭，一片片庄家被保住时，人们开始积极起来了，事实教育了群众，也动员了群众，广大军民自觉积极地参加剿蝗战斗，取得了良好的效果。1943 年 8 月 21 日《新华日报》（华北版）以《武东干部全体下乡，组织群众克服灾荒》为题作了报道，并配发了《一致起来，克服严重灾荒》的社论。

在政策方面，为提高农民生产情绪，稳定生产关系，继续解决土地问题，1943 年 9 月 29 日，中共太行三地委总结了在生产运动中贯彻执行各项政策的经验。总结认为，在贯彻执行政策中，采取了以下办法：一是对于地主无力耕种的熟荒地，免租让给贫苦农民耕种，并订立 3 年期限的使用合同；二是对于荒山荒坡，不论公私，均可自由开垦；三是对于无主土地，分给农民耕种；四是对于公地、庙地，无租或低租租给农民耕种；五是把没收汉奸、特务的土地分给农民。为帮助农民克服生产中的困难，政府贷款 150 万元（大部分以实物贷给）给农民。

在具体帮扶方面，全区从各个方面对受灾民众给予帮助。如 1943 年 9 月 11 日，五区胡庄、岭上、大岔沟、宋家庄、温家沟一带遭受严重雹灾，给农民造成巨大损失。为此，区上立即组织干部，深入灾区进行调查，认真查对灾情，登记受灾亩数，并号召大家尽快种晚熟庄稼，以减少损失。同时，向县政府呈报灾情，县政府派员核对，并表示给予粮食救济、减免负担。武（乡）东、武（乡）西、襄垣、榆社 4 县为帮助农民渡过灾荒，从公粮节余中拨出和借出 4090 石，救济了缺粮灾民。除此之外，全区军政民普遍开展节约粮食运动，糠菜混吃成为风气，采集野菜山果等代食品形成高潮。在劳工政策上，适当降低雇工工资，雇主得到益处，基本解决了雇工失业问题。组织互助生产，提高了生产效率，解决了生产中的实际困难。在负担政策上，实行统一累进法，负担任务减少了，使地主、富农、中农和贫苦农民都感到满意。

在救灾过程中，除了各种救济办法外，最主要的是注重群众的生产自救。戎伍胜在 1945 年 3 月 8 日关于《太行区三年来的建设和发展》报告中提到，广大民众在灾难中积极进行生产自救，如担水浇苗、采集野菜、突击补种秋菜、大量种麦等，群众自觉运动的力量很大。

在抗灾救灾中，武乡党员干部动员全体军民人人动手，生产自救，部队开荒种地，掀起了一个规模空前的大生产运动。晋冀豫区武委会主任彭涛深入到群众中，每到一个村都挨家挨户访问。同时，抓住典型，推动全分区的工作。当他发现武乡县树辛村的党员李马保开荒种地，一年中不仅收粮 200 多担，而且还种了不少蔬菜，支援了地方驻军的先进事例后，就立即到树辛村，住在李马保的家中，同他促膝谈心，给他讲搞好生产的意义，进一步启发他的觉悟，激发他的生产热情，使李马保生产劲头更大。在两年的时间里，彭涛到李马保家 40 多次，总结了李马保的先进事迹，进一步推动了大生产运动。李马保光荣出席了太行区第一届群英大会，被授予"劳动英雄"的光荣称号。

太行军民在党的领导下，经过英勇顽强的斗争，战胜了敌人的进攻和自然灾害，胜利地渡过了严重困难时期，迎来了抗日战争反攻阶段。当时在彭涛同志培养的典型——树辛村的带动下，武（乡）东县又涌现出东堡红旗大队、韩壁红星大队和窑上沟劳武互助组等先进典型。还在马堡村和响黄村树立了石榴仙和王桃梅等纺织女英雄，使武乡成为名震太行的模范县。灾荒的顺利渡过，使太行区的党政军民空前的亲密团结，政府的威信在群众中大大提高，同时也进一步发展了生产。

3. 以工代赈与社会互济

为了避免灾区人民坐吃山空、片面依赖的心理，根据地要求救灾工作一定要与生产结合起来进行，通过以工代赈与社会互济，在充实灾民物质基础的同时，号召群众共同抗灾。

在以工代赈方面，具体表现为男的参加运输，女的参加纺织。当时政府给民众算了一笔账："一个人担上65斤，来回两天，每天赚7元5角的脚价，除去2斤米的吃喝和起伙费9元5角，每天还可剩3元，1斤救济粮价1元8角，可买1斤7两救济粮，就是说还可养活2口人，你在家里闲着干什么呢？"基于经济算账的基础，以及出于防止敌人抢粮的考虑，1942年冬天，救联会的人员与年轻的灾民一起组织了太行区庞大的运输队。年青的灾民们都说："有办法，不能光躺着吃政府的救济粮。"[①]村民的积极性得到有效调动。

在男性搞运输的同时，女性利用自己的优势开展纺织运动。当时政府规定由公家贷花贷粮，每斤花纺成线，发工资米2斤，线织成布，发工资米1斤。工商局派了90多个干部，专门下去指导，经半年的努力，得到了很大的成绩。如武安县，共贷花104 590斤，纺妇所获工资达268 652斤粮食，解救了将近8000人的生命。由于纺织工作的开展，家庭生产关系也得到有效改变，表现为妇女不仅在家庭的经济地位得到提高，政治社会地位也得以提高，增进了家庭的和睦。有的老汉们说："过去是男人养活女人，如今女人倒养活起男人来了。"纺妇有了钱，参加了合作社，变成了合作社的有力股东。由于实行自纺自织，停止洋布入口，在全根据地等于每年减少了25 000石小米出口。救灾期间对妇女参加纺织的动员，为今后在太行抗日根据地广泛开展纺织运动打下了坚实的基础，对边区经济的发展作出了重要贡献。[②]

社会互济主要指灾区农村中的互相借贷，其做法是使存粮富户，在灾情紧急严重时，把积存的粮食，在供自己食用还有剩余的前提下，就可由政府负责保证低利借予灾民，含有救济与调剂两种作用。其具体办法，包

① 晋冀鲁豫边区财政经济史编辑组：《抗日战争时期晋冀鲁豫边区财政经济史资料选编》（第2辑），北京：中国财政经济出版社，1990年版，第409页。

② 晋冀鲁豫边区财政经济史编辑组：《抗日战争时期晋冀鲁豫边区财政经济史资料选编》（第2辑），北京：中国财政经济出版社，1990年版，第391—392页。

括组织低利借贷所（信用合作社）、义仓、自由借贷、募集、政府转贷等方式。从地区上讲，有村与村、区与区的借贷等形式。这里必须注意的是方式问题，方式不好会增加许多不必要的困难。如果用斗争大户的办法，强制公决，集体借，集体分，没有手续，也没有保证，则会使不论贫富都将积蓄藏起来，都要求买粮，都要求救济，社会的经济周转更加停滞，灾情假象扩大，救灾工作无法下手。所以，必须坚持自愿借贷的原则，"有手续、有定期、有保证"。在自愿方式下，互济工作自然活跃起来，各村富户就会纷纷表示保证本村不饿死人。然而，民间自由借贷不易普遍，发生作用的还是低利借贷所、义仓、政府抵押借贷（政府用公粮作抵押，向富户借转贷于灾民）、借粮还工等等。而在暗中住往又流行着高利贷，造成贫苦群众的新痛苦。另外还要注意的是：必须教育群众以借来的粮钱用于生产，既能解决当前的吃饭问题，又能保证今后生活，并可以如期还账（不管农会与政府如何保证，如灾民不生产，所借款必无法偿还）。①

社会互济在救灾中起了很大效果，磁武县做得较好。其布置与进行的步骤是先调查存粮有多少，粮食能借出多少，利用谁的关系去打通等，然后召开农会与灾民会议，具体讨论每一存粮户能否借出及借的方法。再召集存粮户告之社会互济目的，在高度发挥现有社会财富力量的基础上，以应急需，在一定时间之内补偿。该区曾依靠此方法解决群众粮食约占20%。

五、拥军优属与拥政爱民

拥军优属、拥政爱民是在中国共产党领导下，在长期革命斗争中形成和发展起来的优良传统，是根据地加强军政、军民团结，实现军政、军民一致，夺取抗日战争胜利的重要保证，也是根据地深入进行大反攻战略准备的重要组成部分。开展拥军优属活动，对于保障军烈属的生产和生活，

---

① 晋冀鲁豫边区财政经济史编辑组：《抗日战争时期晋冀鲁豫边区财政经济史资料选编》（第2辑），北京：中国财政经济出版社，1990年版，第409页。

激励群众参军参战，保证源源不断的兵员补充，巩固和扩大根据地发挥了不可估量的作用。

（一）拥军优属政策的提出

1942 年，晋冀鲁豫边区政府颁布优抗公约。1943 年 6 月 22 日，根据《晋冀鲁豫边区政府指示》，开展了"纪念七七与发动拥军爱民运动"。优待抗属政策是中共军事动员思想的重要组成部分，也是中共壮大武装力量、巩固抗日根据地政权、抵制日本侵略的有效措施之一。[①] 为使优抗工作贯穿在一切工作中，做任何工作要照顾抗属，各级政府多次指示并颁布各种办法以使拥军优属制度化。

优待抗属是拥军运动和拥政爱民的重要内容之一。地方党政机关、支部和村政权必须领导群众，亲切地照顾抗属，解决其当前困难，帮助订春耕生产计划，不让他们的土地荒芜，不使他们在战争时期遭受特殊困难，不使他们生活遭受不应有的威胁，献给他们高尚的荣誉和热情，把他们的生活状况和照顾的情形，写信告诉他们的子弟。军队方面，应该慰问抗属，帮助驻地抗属生产，把他们子弟的生活状况，写信告诉他们。[②] 在武乡，抗战一开始，武乡县委、县抗日政府和各救会始终坚持做好拥军优属和拥政爱民工作。全县各区、村政府，根据边区政府制定和颁布的《追悼英烈，褒扬忠贞纪念办法》和《优待抗战军人家属条例》《荣誉军人退伍后参加地方工作应享受之待遇的规定》等文件，号召根据地军民开展拥军优属活动。

首先，抗属分类。经过细致的群众调查，根据抗属可估计财产及劳力情况，主要分为以下几类：第一类是有土地有劳力或其他足以生活，须受精神优待者；第二类是有土地无劳力，须受劳力优待者；第三类是有劳力无土地须受物质优待者；第四类是无土地又无劳力须兼受物质劳力之优待

---

① 李军全：《军事动员与乡村传统：以晋察冀抗日根据地优待抗属为例》，《历史教学》（下半月刊），2011年第1期。
② 中共河南省委党史资料征集编纂委员会：《太行革命根据地史》（一），郑州：河南人民出版社，1986年版，第332—333页。

者。其中又有土地与劳力的情况不同，又有全部优待与部分优待之差别，须经过群众细查，使之享受得当待遇。

其次，制定详细的优待办法。精神优待——每逢春节、中秋、端阳等重要传统节日和"七七""八一"等抗战及建军等重要纪念日，发动群众向抗属致敬慰问；遇其婚丧大事，政府派人庆贺或致哀，各区发动群众无条件帮助；政府人员下乡应登门拜访慰问，逢有会议，应请其首先发言，演剧时，请其坐首位等，各地可根据地方上的风俗习惯，具体拟定之。

劳力优待——一年的耕种锄草收割，经常的柴水供给，及战时的转移等，此项劳力基本上应当作为社会事业，公民之义务，无任何代价，必须使群众有此思想认识，但个别落后村庄的劳力优抗工作，一时困难很难进行，可由县政府斟酌，将抗属耕种收割之劳动时间折成半支差（每二日顶支差一日），由村政委员会经村代表会或村民大会讨论执行。同时，可以由抗属自己找代耕对象，参加代耕队者，可以顶抗战勤务；劳动纪律要明确，如不足收成者，由代耕人负责补够，代耕者每人生产不得超过二亩地，以免荒废抗属土地。

物质优待——如公产土地的优先耕种及汉奸财产的优先分配（取得所有权），粮食的补充（补足一石）及临时的各种粮食衣物钱财的优先救济（如荒年"扫荡"损失等）。如果发现没有得到优待，当地村干部受处分，区长受批评，并通报全边区。同时对于抗属必须给予粮食、布、盐、家具等，一般必买品按市场九折（购买粮食，以抗属所持之购粮证，再行九五折作价，但没有购粮证者，无此优待）；在救灾方面，纺织借贷、运输队，购买粮食须保障抗属的优先权。凡维持后的土地，及一般的公地，应将收益多需要劳力少的土地，优先分配给抗属，特别是缺乏劳力的抗属。

（二）拥军优属政策的实施

1. 尊敬抗属，提高抗属社会地位

每逢重要节日，军政民机关、团体发动群众向抗属致敬慰问。抗属遇有婚丧大事，政府可派人庆贺或致哀，群众团体应发动群众无条件帮助。

首先在保证战士与家庭的通讯上，为抗属代写信件，抗属往来信件一律免费邮寄，村公所负责传递信件，抗属信件发出时，由村公所证明，但冒名顶替者不宣传不证明，使抗属以外享受到此项权力者，村干部受处分。战士寄家属信，由所属部队团级以上政治机关证明，如被区村政权机关延误或丢失者，该区村干部受批评。其次在享受医疗方面，享受粮食优待者可以免费治疗，享受精神优待者，药费照原价或减半，没有手续费，除边区及公家医院负责外，专属治疗所亦须负责，（经费酌予增加）先负责诊断补贴药，医疗队等亦同样执行以上的优待。再次，子女教育方面，抗属子女享受免费上学权利。最后，全方位给予抗属优先权，如在救灾方面，纺织借贷、运输队，购买粮食须保障抗属的优先权；一般的公地分配，应将收益多需要劳力少的土地，优先分配给抗属，特别是缺乏劳力的抗属；司法案件方面优先处理抗属案件。

2. 帮助抗属，渡过生活困境

抗属有参加各种公营事业之优先权。对于失业之抗属，各机关及民众团体均应负责代为介绍职业，抗属到合作社买的东西，得按社员优待。贫寒抗属得依照贫寒抗属生产贷款优待办法，向政府贷款从事生产。无劳力之贫苦抗属，区村政权与群众团体，应切实组织代耕工作；缺少人力者应帮助其解决人力；缺少牲口者，帮助其解决畜力。代耕土地之收获好坏，由代耕人负责保证，不得敷衍塞责，并依照实际需要，帮助其担水泥、建房等。贫寒抗属有无偿居住下列房屋之优先权：政府保管或经营之空闲房屋；没收之汉奸房屋；已由政府代管后之逃亡户房屋。但在原主回家时，应找得新屋后，全部交还原屋主。同时还包括粮食优待。如系妇女及长期疾病残废不能操作，或年迈55岁及18岁以下之男子，而生活仍不能维持时，根据具体情形，予以一定之粮食优待。

所受粮食优待之抗属，应按其全家每人平均地亩多少，照如下规定行之：（1）正规军（分区级以上武装）抗属，每人平均有地5分以下者，年给小米150斤。地方军（县基干大队以下）抗属每人平均有地5分以下者，年给小米135斤。（2）正规军抗属，每人平均有地逾5分者，每增地1分少发 10 斤。地方军抗属，每人平均有地逾 5 分者，每增地 1 分少发 9 斤。凡抗属平均每人有地合 2 亩者，不予粮食优待。① 如抗日战争时期，武乡东庄编村组织了慰问抗属运动，并发起捐献，几天募捐米麦 1.6 石，南瓜豆荚 1800 斤，都由村干部送于抗属家中。各村干部及小学教员，率领儿童，抬大批蔬菜、挂面等，到部队及其抗属家中慰劳，军队则分别在驻地召开军民联欢会。武乡五区优抗委员会组织优抗工作，积极为抗属代耕，并组成代耕小组，提出了"保证不荒抗属一分地"的口号。1944 年 1 月下旬，武（乡）东县拥军优属工作达到高潮。各村给抗属、烈属代耕挑水担煤，过春节送春联、挂光荣灯，和当地驻军举行"拥军爱民"联欢会，给部队送慰劳品。同时武乡县对于荣退军人，县政府也组织力量进行了妥善安置，帮助他们解决衣食住行等困难，据 1945 年全县统计，抗战中先后在武乡安家的荣军达 1106 人，共拨给土地 3649 亩。

抗战初期，武乡砖壁村根据边区政府的规定、指示，实行了代耕优抚制度。长期给抗属李子范、韩好存、武先来、吴焕梅等 4 户和烈属李海瑞、牛培良、牛陪成、马根林、韩梅则、李甫玉、关改秀等 7 户代耕土地，挑水担煤，过春节送对联，组织文艺队进行慰问等优属活动。同时先后安置了荣退军人和退伍军人王金纠、李春牛等 14 人，给他们解决生产和生活困难，生了病，派村民前去问候。②

（三）拥军优属的重要作用

抗战之初，大批青壮年参军入伍后，其家庭的生产、生活受到影响，生存状况恶化，已威胁到部队的巩固和扩大，影响到敌后抗日根据地的社会稳定。对于抗属的生存状况，中共给予高度关注，并通过制定和完善相

---

① 晋冀鲁豫边区财政经济史编辑组：《抗日战争时期晋冀鲁豫边区财政经济史资料选编》（第1辑），北京：中国财政经济出版社，1990年版，第1321—1323页。
② 肖江河：《砖壁村志》，太原：山西人民出版社，2006年版，第56—57页。

关法令、进行思想政治教育、健全优待抗属组织、开展优待抗属活动、发挥模范人物的带动作用等应对路径，改善抗属生存状况。政府改善抗属生存状况的努力，取得了积极成效，有着重要的历史意义。①

由于武乡县委、县抗日政府做好了拥军优属工作，也由于艰险的战争环境和共同的命运把八路军和武乡人民紧紧地联系在一起，使根据地军民结下了鱼水般的情谊，拥军拥政成为武乡人民的自觉行动。青壮年担负着战勤任务，配合部队作战，妇女则推碾军粮、给军队送饭、救护伤病员、做军鞋、缝洗军衣，涌现出许多的拥军模范。1940年关家垴战斗中，县妇救会组织当地妇女和民工一道参加了支前，她们抬伤员、送茶饭、捐炒面和炒玉米花给前线战士吃。马牧村妇救会秘书郝品峰，积极动员妇女协助八路军筹集粮食，成绩出色，荣获十八集团军总部上书"妇女楷模"的奖旗。1940年前后，八路军后方医院和一二九师卫生部驻扎在距离窑湾村四五里地的左会村，部队伤员从战场上下来，要路经窑湾村，窑湾村妇救会秘书胡春花就组织妇女在村里成立了一个接待站，主动承担烧水、转送和护理伤病员的任务，动员妇女们把家里的鸡蛋、小米、黄豆拿出来给伤员吃，还组织妇女织了500多尺布，为伤员缝衣服。

禄村妇救会秘书、共产党员暴莲子，在反"扫荡"中，先后3次冒着生命危险，在敌人刺刀的威逼下，机智勇敢地掩护了3个八路军伤员。沁武战役开始后，八路军前方医院在禄村驻扎下来。八路军进攻沁县和解放段村后，400多名伤员被运来禄村，因住房紧张，她把自己家的房子全部腾出来，住进了40多名伤员。她除了领导全村妇女参加救护外，还把自己的3个女儿都动员起来，给伤员擦洗伤口、喂饭。她一家先后护理过80多名生命垂危的八路军战士，不久她还送女儿参加八路军，在八路军前方医院当了护士。她的模范行动多次受到县抗日政府和上级党委的表彰。

武乡人民热爱八路军，也热爱抗日干部。武（乡）西县大良村有个姓

---

① 郑立柱：《华北抗日根据地抗属的生存状况与政府应对》，《抗日战争研究》，2013年第2期。

张的老妈妈，在敌人长期占据武（乡）西县大部分地区时，武乡县和区政府没有一个固定的地方，干部们经常在异常险恶的环境里活动，张妈妈的家就成了干部的秘密联络点和接待站，接待和掩护了大批抗日干部。1943年，这个联络点被敌人发现，敌人对她施行种种酷刑，却没能使她屈服，没有暴露一个抗日干部和共产党员。1944年因被敌折磨成疾，不幸去世，县政府为她召开了追悼会。武工队和敌工站人员隐蔽在故城镇做敌区工作时，女公安员李馥兰不仅协助他们工作，而且多次在敌人搜捕时，冒着生命危险，掩护转移地下工作人员。武（乡）东胡峦岭村75岁的郝爱则老人，在1943年敌占蟠龙后，因没有来得及转移而落入敌手。敌人软硬兼施，逼她交代八路军和民兵的去处，供出村里粮食的埋藏地点。她坚不吐实，宁死不吃日军饭，最后不屈地饿死在窑洞里。

在艰苦的抗日战争中，武乡人民把八路军战士当成自己的亲人，子弟兵则把武乡当作自己的故乡。这种鱼水关系，在当年的老八路中，一直留有深刻的印象和炽热的感情。通过有计划地给抗属送粮食，或者政府积极统筹想办法使之能进行些副业而维持生活，使前线的战士能够安心杀敌，并且能够鼓励一般群众也愿意参加部队物资供给。在抗日战争中共建了210多个拥军招待站，救护伤员10 000多人，每个妇女每年做3双军鞋，共做军鞋156 000双、慰问袋15 000个、米袋12 000多个。从1937年至1945年，先后共参军12 125名。在战争中出现了许多可歌可泣的动人事迹，涌现出了大批英雄人物，为抗日战争的胜利作出了重大的牺牲与贡献。[①]1945年，抗日战争胜利后，村村为烈士举行追悼会，并挂了"抗战功臣"的金字大匾，建起了烈士纪念碑，宣传先烈英雄事迹，以激励后人。据统计，全县建起烈士碑多达325座。

总之，改善民生是抗战时期八路军动员群众参与的根本方式，主要包括以下几个方面的内容：一是从抗战利益方面来说，改善民生能够发动群

---

① 中共山西省武乡县委党史研究室：《中共武乡简史》，北京：中国财政经济出版社，1990年版，第150页。

众的参战热潮，使其家族与他们本身没有后顾之忧，使不上火线的群众提高生产热情。再从别的方面来看，被剥削的群众在今天抗战中应当改善生活，提高生活水准。我们是拥护群众利益的，我们要求地主资本家不要过分剥削群众，从而影响抗战。同时，改善民生还可狠狠打击敌人的政策和欺骗。只有群众生活得到改善时，根据地的阶级矛盾才能缓和，也才能加强团结。二是改变合理负担，实现所得累进税。合理负担虽然在改善民生上发挥了重要作用，但它毕竟还不是彻底的最合理的负担办法，后来也产生许多流弊和毛病，除了执行方法上的毛病外，它本身有缺点。因此要在不能根本取消合理负担的条件下，尽量采取民主方式，经过大家的调查，作出负担等级定额数的决定，严格调查虚报欺骗和营私舞弊者，进行严格处置。宣传和开始实现累进税的基本原则，是按地方标准决定一个人的生活费最低限度，对于根本不够维持生活的家庭，不仅要免税还要设法从积极意义方面救济。三是减租减息、动员群众。对于当时进行的减租减息工作，收成应该实现四一减租和一分利息，但按地方收成的情形可再减低，不过需要对地主老财放款者进行说服和斗争才能办到，同时这种减租减息的工作也应当经过调查和民主讨论，召集大会来决定。四是优待抗属与救济灾难民的工作。在扩兵的时候，为了鼓励前线战士安心杀敌，并给愿意并可能参加部队的群众最起码的生活保证，在群众秋收时，发动大家有计划地给抗属送粮，同时通过政府统筹给抗属发展副业，维持生活等。

第二章　民主参与：以政治建设团结群众

政权是革命的首要和根本的问题，也是抗日根据地的首要和根本的问题。没有抗日民主政权，便不会有抗日根据地的存在、发展和巩固。如果没有有力的政权，就不能发动一切力量来支持抗战，并使战争得到最后胜利。而且，政策是通过政权才能实现的，有了政权才能保证政策的实行。因此，要建设根据地，首先要建设一个巩固的政权。抗日民主政权建设，是一个长期、复杂和艰巨的任务，经过了一个长期、复杂和艰难的斗争过程。①抗日民主政权的建立对于团结人民群众、发动人民群众具有非常重要的价值和意义，是中国共产党进行政治动员的政治机制。

一、抗日战争前太行革命根据地的政权概况

抗日战争前，太行地区主要处于国民政府统治之下。国民党政权以国家根本大法的形式，初建了"以党治国"的政治体制。此后，党务组织和行政系统双轨并进，开创了中国政治发展的一大特色。但在实际的运作过程中，国民党却采取了中央层级以党统政、地方层级党政分立的制度设计。由于国民党地方组织权力的虚化，其对于民众的吸引和对于党员的控制都缺乏实际的效果。②以太行革命根据地武乡为例，抗日战争前，主要处于军阀阎锡山的管控之下。

---

① 杨圣清：《新中国的雏形：抗日根据地政权》，桂林：广西师范大学出版社，1994年版，第29页。

② 孙岩：《南京国民政府时期地方党政关系研究》，南京大学博士论文，2011年。

（一）抗日战争前政权概况

1. 县政

1911年，辛亥革命结束了2000余年的封建专制。中国进入到国民政府统治时期，开始实行县级官吏委派制。以武乡为例，辛亥革命之后，武乡县政府机构改为县公署，设知事（相当于明清时期的知县）1人，总管全县民、刑、财、教、建等一切事务，挂陆军营务处衔，是一县的最高统治者。县公署下设7个科棚，分别为管理政务的民治科，管理文化的教育科，处理民事纠纷、民刑诉讼、审理案件等事宜的司法科，管理财政收支的财政科，负责保护县署和地方治安的巡警营，设警察负责听候公署传唤、拘捕人犯之责的司法棚，专管传送公文的行政棚；并设有监狱，设管狱员，专管判刑后的在押犯人。

1927年（民国十六年），县公署改为县政府，知事改称县长，警察所改为公安局。后又将公款局改为财政局，农桑局改为建设局，其职能如旧。1931年（民国二十年），废六政人员，设第一科、第二科和承审，增设教育局。1933年（民国二十二年），政府机构又进行裁局并科之变更。设民政、财政、教育、司法、建设等五科，后又增设武装科（亦称国民兵团）[①]。由于县长的任命必须经过阎锡山亲自传见审查决定，县级政权也被阎锡山牢牢控制。

2. 区制

在国民政府时期，根据国民政府1929年颁布的《县法》有关规定，1930年冬季以来县以下设区公所、乡镇公所，但这只是名义上实行，实际上在广大农村仍然推行闾邻制。上述山西各级政权组织机构，集中体现为阎锡山高度集权、个人独裁的政治制度。

以武乡为例，1916年（国民五年），武乡开始实行区村制度。全县分为3个行政区，第一区以城关（今故县）为中心，东至下型塘、陌峪，西

---

① 武乡县县志编纂委员会办公室：《武乡县志》，太原：山西人民出版社，1986年版，第260页。

至涌泉的中间地带，区公所设于城关警察所，领编村34个；东部蟠龙、洪水一带为二区，区公所设在洪水镇九龙庙，领编村28个；西部涌泉、故城、分水岭一带为三区，区公所设在故城镇大云寺，领编村22个。各区设区长1人（由省委派），助理员、文书各1人，区警6至8名。区长权力极大，独揽本区民政、司法等各项事务。[①]

3. 村治

在农村社会，阎锡山效仿日本的市町村制，以自然村为基础编制行政村，并在县以下的农村基层社会设立区、村两级行政机构。经过5年的实践和改进，在村一级形成了村—闾—邻三级管理体制。同时，从上到下建立了一个严密的行政统治网络，使军阀政府的权力不仅延伸到村，而且渗透到以5户为单位的邻，最大限度地强化了军阀政府对农村社会的控制。[②]同时，也带来了政府机构膨胀、农民负担加重等后果。[③]如武乡从公元1916年（民国五年），开始实行区村制度，全县化为3个行政区，区以下设编村。全县860多个自然村，分编为84个编村。编村设村公所，村长1人，村副若干人，书记1人，村警3至5人。村公所所在地叫主村，所属自然村叫副村，每个副村设村副1人。主、副村都分设闾邻。5户为一邻，设一邻长；25户为一闾，设一闾长。组织极为严密，层层节制，便于摊派钱粮和进行统治。此外，村公所还附设息讼会，配公断员一人，处理、调解一般民事纠纷。在冬闲时，规定18至45岁的男丁参加保卫团，进行训练，加强对人民的统治。[④]1935年（民国二十四年），区村制进行了变更，划为5个行政区，编村缩为48个。区村的职能如故。

---

① 武乡县县志编纂委员会办公室：《武乡县志》，太原：山西人民出版社，1986年版，第261页。

② 董江爱：《山西村治与军阀政治》，北京：中国社会科学出版社，2002年版，第100页。

③ 董江爱：《山西村治与军阀政治》，北京：中国社会科学出版社，2002年版，第110页。

④ 武乡县县志编纂委员会办公室：《武乡县志》，太原：山西人民出版社，1986年版，第261页。

（二）抗日战争前的政权特征

1. 军阀政治

军阀政治是指民国一代军阀和军阀集团以武力为后盾操纵和控制国家政权，并借助资产阶级民主政治形式实行统治的政治形态。[①] 军阀政治的首要任务就是为军阀统治筹募足够的军饷，为其控制国家政权奠定经济基础。所以，军阀要维护其在国家政治生活中的权力和地位，就要控制一定的区域，拥有一块自己的地盘，使自己有一个较好的防御和发展基地，有一个可靠的财经来源，以豢养、补充和强化其军事力量。军阀首脑不仅要主持军事，而且要抽饷养兵，装备军队，这就必然要干涉民政。所以军阀政治的形成，需要有一个军政统一的金字塔式的政治体系，其首脑人物位于金字塔顶，不仅掌握军政大权，而且掌握民政大权，他手中的武力通常是其权力分配和制定政策的决定性因素。[②]

山西反阎快板

同志们都听俺，听我说说阎锡山。民国十九年，他和老蒋打内战，又派粮又派款，把咱人们逼了个干。他在山西抖威风，苛捐杂税压迫人，山西票子跌了价，一块不值半文分，坑了山西几百万，跑到大连湾靠日本，偷偷摸摸跑回来，又来统治老百姓。

2. 恶绅治村

在传统村落中，农民除了在经济上受着残酷剥削外，还在政治上受着一套行政机构的压制。在农村就具体表现为"社"。社内有社头、乡首、村首等，都是由相当财富者担任，所以村政权等又被地主土豪恶霸所把持，因此村上的一切大小事情都得经过他们才能办，比如谁家办个婚丧大事，或卖房分家等都得请这些人吃饭。这就是当时农村所谓的"吃黑食"。如

---

① 王续添：《地方主义与民国社会》，《教学与研究》，2000年第2期，第57—63页。

② 董江爱：《山西村治与军阀政治》，北京：中国社会科学出版社，2002年版，第179页。

山西军阀体系的高层官吏多为阎锡山的亲戚、亲信、同乡、同学，这些人的家庭或家族都是有钱有势的地主士绅。村治组织的基层权力，从县知事、区长到村长副、闾长也大都掌握在地主士绅手里，他们在基层社会的权力受其在军阀政府中所依附对象权力大小的影响。[①] 这个社又结合了许多迷信如迎神进社、求神祈雨、唱戏赶会等，而地主们又利用或提倡这些东西，来愚弄农民上钱粮、上布施等，最重要的是地主们趁此机会向农民们以地亩摊派，把负担转嫁到农民身上。不仅如此，社内还规定严格的社规，有随便打罚捆等特权，如农民稍有不服，就开除出社，禁止牛羊上道，几十里以内的水不能吃，并且农民的财产庄稼也无保障。因此农民吃了亏只好忍气吞声，敢怒而不敢言，到无可奈何的时候，只好把自己的一切都寄托在将来再生或命运等不可捉摸的地方。

二、改造与摧毁旧政权

日军侵占华北后，国民党军队大部退走，原有的国民党省政府和县政府人员的大多数亦携带金银财宝及其家眷逃跑，旧政权土崩瓦解。同时，日本侵略者勾结少数汉奸，在平、津、张家口以及其他占领的铁路沿线和据点建立起伪临时政府、伪县政府和"维持会"，导致汉奸横行，鱼肉百姓。土匪乘机而起，趁火打劫，社会陷入了无政府状态，人民惶惶不可终日。八路军、新四军和一些地区党组织便是在这种情况下，开始了创建抗日根据地和建立抗日民主政权的工作。[②]

（一）改造旧政权

全面抗战爆发后，在共产党统一战线和抗日救国主张的号召下，国共达成了第二次合作，《抗日救国十大纲领》成为双方进行合作的主要依据

---

① 董江爱：《山西村治与军阀政治》，北京：中国社会科学出版社，2002年版，第181页。
② 杨圣清：《新中国的雏形：抗日根据地政权》，桂林：广西师范大学出版社，1994年版，第36页。

和方针。但在抗日根据地，由于国民政府和一些地方军阀对抗日政权的控制，导致共产党的工作难以开展。为此，中国共产党通过人员委派、群众动员等途径对旧政权进行了改造。以武乡为例，在抗日战争初期，太行抗日根据地的政权基本受阎锡山控制。在行政区划上，一直沿用编村制，从县长、区长到编村村长均由阎锡山政府委派或确定。他们对抗日救国态度不一，减租减息、合理负担等许多工作都不能开展。这些旧政权的领导成员，从其政治身份来说，分为三种类型：一种是地下共产党员和进步知识分子，另一种是本地地主阶级的上层人物，还有一种是顽固派。在比例上，中间势力比重较大。根据旧政权的实际情况，中国共产党首先进行了旧政权的改造。

1. 改造县政权

一是直接委任中共党员担任县长。根据地初期，一些地方的国民党旧政权完全瘫痪，民众陷入无政府状态。为此，中国共产党通过八路军地方工作团、牺盟会等组织平台直接委任中共党员担任地方最高管理者。如一二九师任命张适如（中共党员）担任赞皇抗日民主政府的县长，冀西民训处委任赵进扬（中共党员）担任临城抗日民主政府的县长等。

二是发动群众赶走旧县长。在一些旧政权依然活跃和存在的地区，中国共产党则主要通过发动群众力量通过反贪污、反浪费、反土豪劣绅的办法赶走旧县长，转移权力。如牺盟会与八路军发动青年学生扣押辽县原县长田齐卿，同时委派何公转为黎城县长等。在武乡，1938 年 12 月 12 日，县委书记刘建勋指示，以牺盟会出面在县城（今故县）东门外河滩召开以"拥蒋抗日"为名的全县人民代表大会，来智斗旧县长，并结合纪念"西安事变"两周年的活动，牺盟特派员张烈作为大会主席主持了大会。这次大会是武乡县抗战以来的首次大集会，赶走了旧县长，标志着党在武乡改造旧政权斗争的初步胜利，作为一个重要的里程碑，揭开了全县民众在统一战线内部改造旧政权、建立抗日民主新政权运动的序幕。

三是以政权替换全面改造旧政权。中国共产党通过直接委任中共党员和赶走旧县长夺取了政权之后，首先以团结、联合和斗争等方式，对县政

权和各区政权的机构与人员进行了统一调整。如武乡县政府的四个科，在
赶走旧县长后，全部由共产党员和进步人士任科长，五个区公所中的区长，
也都是共产党员和进步人士。县、区两级废除了旧的"俸给制"，开始实
行供给制。其次按照统一战线原则召开行政会议，建立民主政权，如在武
乡，行政会议由县长任主席，吸收牺盟会、各抗日救亡团体负责人，以及
士绅代表等参加，县政府各科科长均列席参加。在行政会议上，每一项决
议案都要吸收各方面人士的意见，使决议案能够代表广大人民的利益。经
过改造的抗日县、区政府，一反过去旧衙门习气，工作人员厉行俭朴廉洁
的作风。

2. 改造村政权

与县政权改造相比，村政权的改造步履维艰，其原因主要在于两个方
面：一方面，在中国传统县政村治的政治格局下，乡村社会层面的治理力
量庞杂，非正式治理机制发挥着主要功能。另一方面，乡村社会是军队和
赋税粮款的主要供给来源，各种势力对乡村控制较强。在这种情况下，中国
共产党要取得对乡村的控制具有一定的难度。然而，对于中国共产党而言，
人民的力量是无穷的，只要能够动员起群众参与的力量，就能够打破旧政权
的垄断，取得改造旧政权的胜利。为此，中国共产党通过动员群众反贪污、
反压迫，推翻了旧政权的统治，实现了改造村政权的目标。如在太行抗日根
据地，一些地方农民反映，他们那里的村长还在贪污、按地亩摊派、坐堂打
人等。为此，中国共产党动员群众反贪污，通过清算当权者的账目和摊派，
推翻其统治，并通过民众投票选出新的代表农民利益的村民代表，建立村政
委员会进行管理，实现村庄的民主管理。

旧政权的改造和抗日民主政权的建立与巩固，是在党的领导下，经过
长期斗争取得的，为更加广泛地动员民众参加抗日战争奠定了基础。这是
太行敌后抗日根据地走向巩固发展的重要标志，也是开展减租减息、反奸
清算、生产运动和赢得抗日战争最后胜利的根本保证。

总之，在旧政权改造过程中，最初发动普通群众起来反对旧政权困难
重重，尤其在改换村长的请愿运动中，多数农民开始都不敢站出来发表意

见，更不要说提出更换村长的请愿。在此情况下，党组织主要通过党员带头、农会组织、召开农民会议等方式动员群众。一是党员带头。一开始，农民的反抗活动并没有多少力量，没有见过世面的农民根本没有经验，"群众不敢说话，不会呼口号，常常得外力援助"，并且需要有组织支持的党员干部从中领导。在更换村长过程中，有着组织背景、敢说话的党员往往在其中扮演重要的角色。请愿队伍中受八路军、牺盟会、党组织支持的党员，多为见多识广的读书人。他们能喊口号，敢于同县长、区长理论。并且，如前文所述，这些党员当中，富裕中农、富农出身者往往占多数，他们由于在政权改造运动中表现活跃而得到赏识。如武乡古台编村在党员的带领下，几乎天天都有人到县政府请愿，并发动万人驱逐县长郭腾蛟的大斗争，结果也胜利了，县政权被共产党掌握。这在当时产生了很大的震动，在古台编村的影响下，各地斗争继续展开，大体完成了村政权的改造。二是农会组织。有几个斗争是选举农会，也是为了争取有一个人到村公所办公。斗争方式是请愿，请愿的人总是先到牺盟会打打气、作作主，然后由农会干部带上见县长、区长。三是召开农民会议。群众大会是动员群众的有效方式。1939 年 8 月 20 日，在太行抗日根据地武乡地区，土河编村农民召开会议，300 余群众参加，由武乡二区区长张滔主持，包括：选举审查合理负担的代表；公审 3 个表现极坏的村长、村副，主要有破坏抗日、阻止群众参加会议的坏村长连兆祥和经常仗势欺人、威胁群众的坏村副樊进贵、魏连生。通过群众斗争，坏分子当众认错，群众抗日热情极度提高。1940年黎城会议召开前，中国共产党通过八路军、牺盟会、冀西民训处等力量委派县长，采取改造旧政权的方式掌握基层权力，最终使中共初步实现抗战初期的各种动员。

（二）摧毁日伪政权

在敌人的文件中说，要想华北明朗化，除非把山地的抗日政权摧毁，否则是不可能的。中国共产党从一开始创造根据地，就有建立政权与敌人作斗争的决心。敌人每到一地，就建立伪组织，中国共产党到了，就一定要把它摧毁，建立我们自己的政权，也就是在离敌人很近的地方，建立我们的政权，用我们的县长、区长、村长。

1. 日伪政权

日伪政权组织的建立。抗日战争期间，日本侵略者根据"以华制华""以战养战"的方针，在其占领区扶植起各级伪政权，从而建立了一整套完整的殖民控制网络。①以武乡为例，1939年，日军入侵南关、权店后，就在这一区域建立以日本人为主体的，网罗汉奸组成的宣抚班，后来又把这种反动组织发展到故城镇。宣抚班的职能是指挥、操纵伪政权，统治、奴役敌占区人民，以期达到以华治华的罪恶目的。

1940年2月，大地主郝泉香（南沟人）投敌，到省城接受伪省公署的训练后，在权店成立伪治安维持会。同时，大地主苗秀实也当了汉奸，受日军指使，在故城成立伪故城治安维持会。6月29日，日军侵占东村。7月，将权店和故城两个治安维持会合并，改为武乡维持会。这是日伪在武乡县设立的最高行政机关。武乡维持会的组织机构一开始设在东村，1941年2月又迁到段村，在南沟设一伪区公所。维持会的组织机构随着敌占区的扩大与缩小不断发生变化。1941年2月至1944年7月，武乡维持会的下设机构有：第一科（总务科）、二科（财政科）、第三科（建设科）、第四科（司法科）、第五科（教育科）、事务处、合作社、情报室、警察所、警备队、军警联合稽查处、税务室、差务处、收发文印室、段村区公所等。1945年7月15日，郝泉香已至穷途末路，经日军同意将县维持会机构迁至南沟。

维持会受宣抚班控制。1941年后，宣抚班改为新民会，总会长先由郝泉香兼任，后由褚风仪、张润淮担任，次长为西田定信和寺井宗田。新民会是日寇在武乡县的政治、宣传、组织、情报等领导机构。总会下设顾问室、参事室，顾问、参事均由日本人担任（先后由松木军次、伊腾信、前

①　郑亚红：《河北沦陷区日伪基层政权研究：以定县为研究对象》，河北师范大学硕士论文，2006年。

岛一半、渡边等担任）。设有事务部，负责日常工作，部长由麻蒙担任，部下设第一科（政治科）、第二科（自卫科）。区、村设有分会，设正副会长。新民会还设自警团、电击队、先锋队及其他情报、间谍、武装组织。新民会员的入会年龄为：男 18 至 50 岁，女 17 至 40 岁。武（乡）西县敌占区的 27 个村（多系维持村）有新民会组织，会员约 4100 多人，但除极少数甘心投敌的汉奸外，大多数的新民会员都是未经本人同意，按年龄造册登记的充数者。

日本宣布无条件投降后，阎锡山全盘利用了汉奸组织，将维持会改为县政府，委任郝泉香为武乡县县长。伪县政府下设教育、财政、民政、建设四个科，设秘书、承审员各 1 人。在南沟设区公所，设区长、助理员等。不久郝泉香离职，先后由王广珍（沁源县人）、薛连壁、许杰三（屯留县人）任伪县长。1946 年，南沟解放，伪县政府遂迁至太谷、太原等地苟延残喘，1949 年随着太原解放而彻底垮台。

日伪政权组织的统治方式。（1）敌人利用落后腐化分子、地痞流氓作为其政权的支柱，通过政权来进一步统治群众，设立正规的县政府、区政府、村公所，县长、区长、村长都有薪饷和各种税收，田赋的征收、学校教育都走向正规化。（2）积极地创造地方性的政权组织作为其统治的助手，建立伪警察作为其统治爪牙，维持治安，清查户口；建立自卫警备团作为敌军之助手，侦查我方消息，捕捉我方配合打游击的抗日干部等。组织先锋队帮助敌人养路，每月进行查路，建立特务队到根据地进行侦查和破坏活动。（3）积极地开展奴化教育。通过开办青年训练班、妇女训练班、教育训练班，奴化青年妇女知识分子，达到其消减抗日思想与民族意识的目的；建立伪新民小学，教学内容主要是强调反共与消减民族意识；到处进行欺骗宣传。（4）在经济上封锁反倾销，包括：大量印刷伪钞；大量推销消耗品，禁止必需品到抗日根据地来；竭力向抗日根据地内倾销消耗品、毒品；用各种方法组织市场。（5）毒化淫化赌化，包括：强迫种大烟土，公开允许人抽，结果致使敌占区普遍地抽起大烟土；开妓女馆传播花柳病；各据点建立俱乐部进行赌博。

2. 反蚕食斗争

日军对付敌后军民的手段是多种多样的，在"扫荡"根据地的同时，大力推行蚕食政策，逐步安设据点，建立维持会和伪政权，进行伪化活动。[①] 以武乡为例，日军推行蚕食斗争后，中国共产党带领群众进行了艰苦卓绝的反蚕食斗争，为抗日战争胜利扫除了障碍。

日军的蚕食策略。日本帝国主义进入武乡之后，在进行军事骚扰的同时，加强了政治进攻（如利用特务门会），最典型的策略就是通过威逼利诱扩大维持村，将维持公开化，削弱群众的斗争意志。具体而言，敌人的蚕食策略包括以下几点：（1）建立维持村。在太行抗日根据地，日军通过不断的军事进攻，占据多个村庄据点，使许多村庄处于日军的军事包围之中。在敌人大言恫吓下，使共产党的工作难以开展。（2）吸纳反动地主、汉奸等。日军占据据点后，并作势在据点内召集村长会议，一方面扶持一些汉奸地主把握村政权，另一方面由反动政权组织宣讲班，对群众进行思想奴化，动摇群众的抗日意志。（3）利用反动门会。在传统村落，各种会道、门道较多，敌人利用这一点，将一些门会的组织者吸纳到维持组织中，并利用会道、门道的吸纳机制对群众进行吸纳。

事实证明，敌人用这种办法蚕食收到了良好的效果，敌人的维持和蚕食策略导致许多村干部，尤其是维持村的村干部不能工作，被维持会束缚了手足，陷入恐慌。在敌人蚕食范围逐渐扩大的形势下，一些党员和群众的斗志消沉了，对汉奸、维持会甚至不敢公然反对了。干部脱离群众，不了解群众问题，群众埋怨干部，躲干部，不谅解干部，民兵将枪埋起，对敌我观念常常是模糊的，虚伪横行。群众没有发动起来，政府的许多新法令特别是工地条例等的一类改善民生及维持抗日社会秩序的初级保障人权的法令没有真正及正确地执行，造成许多地方陷入严重危险的局面。

开展反蚕食斗争。一是利用敌方合法的组织打入坚强的干部进行争取与瓦解。二是挑选当地的抗日积极分子给予短期的个别教育，慎重地打入

---

① 王聚英：《八路军抗战简史》，北京：解放军出版社，2005年版，第225页。

伪军中进行活动以谋生活，找到敌据点去开小铺子作联络点；同时利用亲戚朋友的关系到敌伪组织内给敌方做一些成绩，取得敌方相信进而争取合法地位。三是利用敌伪军家属、亲戚、朋友、爱人对他们进行争取。包括：分别去与伪军家属亲朋谈话，激发其民族意识，以便通过他们达到我们争取的目的；经过他们不断给敌伪军写信，用恳切之言辞说明今后我们的态度和将来他们之前途；经过抗日积极分子和敌伪军接触谈话。四是利用已有关系进行活动与争取。包括：广交朋友、结弟兄，将点线区青年团结在自己周围，作为活动的帮助与掩饰；待人接物要周到，取得群众的敬仰与尊重，提高自己的威信，扩大开展工作的有利条件；关心群众的利益，解决群众的困难，取得群众的爱戴与拥护，帮助开展工作。五是用军政民首长的名誉直接通信争取。六是用包围式的方式进行争取。包围式的争取方式是确定了争取的对象后在统一的布置之下从各方面进行争取工作，即是利用能利用的争取力量来达到争取的成功。包括：利用亲戚、朋友、家属、爱人等私情的关系以相亲相见的方式悔过自新；利用军政民名誉直接通信，以大家灭亡的厉害促其觉悟；利用内部已有关系的人很机敏灵活地随时随地抓紧敌伪的弱点，特别是敌伪对于他的侮辱压迫来激发他们的矛盾，说明咱们没有出路只有死路一条，中国必胜、日本必败的理论与中国人所受的痛苦激发其对敌伪仇恨心进行争取。七是利用男女的感情进行活动，利用妇女干部或进步妇女与伪军、伪组织人员的感情拉扯接触接近，乘机获取敌人的一切秘密，由感情的接近逐渐提升到政治上的接近，达到敌伪工作最后目的（投诚反正等）。

武乡 1942 年 6 月份反蚕食斗争的宣传鼓动 [①]

一是反蚕食斗争的宣传鼓动口号。第一，维持会是汉奸组织，主张维持会就是汉奸；第二，没收死心塌地的汉奸财产，分给贫苦农民及抗属；

---

① 武乡县政府：《武乡1942年6月份反蚕食斗争的宣传鼓动》，武乡县档案馆藏，档案号：3-2.1-0029。

第三，反对贪污浪费，清查维持会账目，退还群众；第四，彻底贯彻减租减息与土地政策，解决农民痛苦；第五，优待抗属，抗日最光荣；第六，参加民兵保卫妻子，保卫自己。

二是根据斗争口号，根据不同地区分别宣传，在根据地 6 个村宣传以后三条为中心。打垮维持会是以前五条为中心，宣传方式以村为单位，专门召开反蚕食大会。有的利用群众斗争大会，有的利用各种小型会来宣传，如调查会、佃户会、农会活动小组会等，文字宣传有传单与标语、街头黑板。得到的收获：

一区：群众动员大会 11 个，共参加人数 710 人，群众斗争会 9 个，共参加人数 100 人，各种小型会 16 个，共参加 359 人。标语写了 40 多条，散发宣传品 360 份，写了 3 次壁报，发现土地问题 75 件。端午节慰劳了抗属 250 个。

二区：群众大会 12 个，共参加人数 1930 人。群众斗争会 9 个，共参加人数 1100 人。标语 9 个村写了共 150 条，发放传单 50 份。发现土地问题 143 件。

反蚕食斗争的效果。反蚕食斗争是中国共产党领导人民群众摧毁日伪政权的重要手段，反蚕食斗争的出发点是保护群众利益，内容是从日伪汉奸手里夺回群众的利益，方式是走群众路线。在武乡，从 1941 年 1 月开始到 5 月底，日伪每月"扫荡"一次，全区被武（乡）榆（社）公路分割为两块，维持村增加 100 多个。在这种严峻的形势下，群众迫切要求进行反蚕食斗争与开展除奸工作，并且从根本上还需要解决土地纠纷及恶霸、贪污等问题。为此，地委和专署把群众运动与反蚕食斗争密切结合起来，到 1941 年 7 月底，群众运动取得了显著成效，主要表现在配合八路军主力部队上，摧毁新旧维持村 134 个行政村。在执行土地与负担政策上，深入解决了群众问题。据不完全统计，共解决 2 万件土地债务、租息、贪污、盗窃、赌博等问题。在 7 月份迅速扩大了地方武装，群众在参加独立营保卫家乡的浪潮中，除襄垣县区基干队尚有缺额外，各县都从数十人增加到数百人，武（乡）东县甚至超额。民兵也有大发展，并且质量高，这些群众武装打击了汉奸特务及坏分子，赌博、腐化迅速停止或减少，使社会生活走向了正常化。武（乡）西县进行反蚕食总结：一个月摧垮敌维持村 18 个，逮捕伪人员 112 人，枪毙汉奸温木林等 3 人，没收"良民证"2550 张，维持会分子主动自首者 178 人，反动会道门成员自动悔过者 884 人。反蚕食斗争必须经过群众路线，不能单单视作群众问题，捕杀几个维持犯，即等于取消了维持，过去反维持失败的原因就是自上而下的强制方式，应把群众调动起来，并成为抗日力量。群众参加反蚕食斗争，解决群众问题 1000多件。经过反蚕食斗争，动摇了群众只有维持才能活的观念。逮捕主犯，经群众公审枪决，则能调动群众情绪，增加抗日力量，并可镇压坏人、敌人爪牙。但必须做得适当，不乱杀好人。经过群众教育，群众说"反正两年能胜利，咱熬也熬过去，抗日政府替咱想事，咱还维持干什么"，揭露坏分子的造谣，发动算账等实际运动。反蚕食斗争在领导上取得统一，使党政军民相互配合，但这种统一应以地方党委为核心，政权作为这四种力量的结合体而表现，军队用武装斗争去掩护政治斗争的开展，结合得好，政权的威信就高。①

3. 开展锄奸工作

八路军总部移驻晋东南之后，日军猖狂进攻，国民党军节节败退，军政官员纷纷逃跑，地方政府陷于瘫痪，日伪特务乘虚而入，社会秩序一片混乱。国民党特务利用统一战线乘机混进共产党、八路军，进行破坏捣乱，他们甚至与日特合流。为了坚持抗战，使群众坚定抗战的决心和信心，八路军在太行抗日根据地开展了锄奸工作。

锄奸机构的建立。八路军政治部设立以后，在政治部下设保卫部，1937 年 10 月又改为锄奸部，杨奇清任锄奸部部长。总部锄奸部以全军的内部保卫为重任，主要负责内部保卫和反叛徒、反奸细斗争，保卫总部与北方局首长和直属机关安全为中心任务，并同一二九师锄奸部相配合，担

---

① 《关于太行区反蚕食斗争的总结报告》，山西省档案馆藏，档案号：A220-01-013。

负根据地的公安保卫任务。为了加强锄奸保卫工作，1938 年春，野战政治部还设立了总部保卫委员会，由傅钟、陆定一、杨奇清 3 人组成，后改由朱德、彭德怀、罗瑞卿、周桓、杨奇清 5 人组成。锄奸部主要负责内部保卫，巩固部队和反叛徒、反奸细的斗争。杨奇清将其归纳为 8 个字："锄掉奸细，保卫自己。"1939 年 12 月底，发生了"晋西事变"，许多县公安局遭受了严重破坏。事变发生后，野战政治部积极组织指挥各专署、县公安局，把消极抗战的反共顽固分子清除出去，组织上进行了大整顿，各县公安局确实变成了中国共产党领导下的新型公安保卫机构，进一步明确了锄奸反特的策略路线，加强了对根据地群众的锄奸教育，使党的抗日主张和锄奸政策不断深入人心。这期间，锄奸部与地方公安组织联合，先后破获了阎锡山派往武乡的"敌工团"案、辽县反动组织"精建会"案、黎城特务收买公安人员案……

为适应根据地对敌斗争的形势，晋冀豫区党委决定组建全区范围的公安保卫领导机关。锄奸工作方面，边区有一个公安总局，县区都有分局，军队中有锄奸部。部队管部队中的锄奸，公安局只管地方上的锄奸，与之前的公安局是不相同的，公安局的基本工作是锄奸工作。晋冀察边区中有些地方在"七七"事变以前，日本的特务机关就早已建立起来，各种封建团体都利用（名目繁多，差不多有七八十种）。公安局是专门来对付这些组织的。中国共产党工作真正能够深入到村里面去把工作做好，汉奸是不容易活动的。

锄奸工作的开展。锄奸工作的一般程序应该是：发现奸细，支部即应隐蔽监视，收集材料并立即报告区分委、县委，由县委、区分委指示公安局党团为原告，再由政府公开逮捕。对死心塌地的汉奸要及时逮捕，处决要报批，并由政府以布告形式公布。对奸细既可公开自首，也允许其秘密自首，以利于扩大战果。对被敌人掳去的人民群众，放回后要做细致的思想与组织工作。锄奸部针对部队中发生的特别情况，分别进行审查和处理：一是负责审查内部有嫌疑的人，审查案子的过程和手段都比较单一，基本上依靠本人的交代去判断是非真伪；二是对来历不明的人进行甄别，根据客观形势和本人交代来分析判断是好人还是伪装的敌人，没有条件从容不迫去做调查取证工作；三是对被俘跑回来的人，基本上依靠政策教育，消除顾虑，动员讲实话，然后根据本人的坦白作结论。

锄奸目标的实现。锄奸工作有力地保卫了初创时期抗日根据地各项工作的顺利开展，不仅保证了八路军、新四军的纯洁巩固，为保卫抗日根据地民主政权和人民群众的安全、巩固抗日民族统一战线、战胜日本帝国主义作出了重要贡献，而且开创了人民军队保卫工作的新局面。[1] 抗日战争时期的锄奸斗争，从政治上给予反动势力以打击，粉碎了"变天"思想，巩固了根据地建设的初期成果。

三、建立抗日民主新政权

抗日民主政权是在同日伪政权和国民党一党专制政权的激烈斗争中发展和巩固起来的。抗日战争时期，中国存在着三种政权：国民党一党专制政权、抗日根据地的抗日民主政权、日伪汉奸政权。中共领导的人民抗日力量、国民党统治势力和日伪势力三者之间斗争的核心问题是政权问题。[2] 建政工作是一切工作的发动机，只有将建政工作做好，才能保证一切工作胜利完成。抗日根据地的政权是统一战线的各抗日阶级联合的民主政权，是要建设一个圆满的、平等的、模范的抗日民主政权。这个政权是由各个抗日革命阶级、阶层以及每个抗日而又赞成民主的人组成的统一战线的政权，不只是形式的，而是形式与内容一致的。抗战是全国人民的事，建国也是人民大众的事，只要是抗日而又赞成民主的人，不论何党何派、男女老少、士农工商都可参加，使他们能真正代表各阶层的主张、意见与利益，通过政权来运行其职能，决不能为任何党派所包办。

---

[1] 郭耀武：《浅析抗日战争时期锄奸保卫工作的成功经验》，《军事历史》，2012年第4期。

[2] 杨圣清：《新中国的雏形：抗日根据地政权》，桂林：广西师范大学出版社，1994年版，第272页。

（一）抗日民主政权建设的政策与方针

　　建立抗日民主政权，是建立敌后抗日根据地的根本问题和重要标志。抗日战争一开始，中国共产党在《抗日救国十大纲领》中，对抗日民主政权及政策就提出了明确的原则。中共中央在指示八路军挺进华北敌后开展游击战争和创建抗日根据地的同时，就明确提出建立抗日民主政权的问题。1937年9月25日中共中央草拟的《关于共产党参加政府问题的决定草案》中指出："在日寇占领地区，共产党更应公开成为统一战线政权的组织者。"当时担任北方局书记的刘少奇，在他10月16日以陶尚行名义撰写的《抗日游击战争中各种基本政策问题》文章中，详细地阐述了建立敌后抗日民主政府问题。他说：在华北"各省边区、山地及广大的乡村"，"有的还存在着原来的政府，这些政府或者继续抗日，或者准备投降转变为汉奸政府；有的原政府人员逃走，汉奸们准备建立维持会等"。"我们的方针是：要在这些区域中建立人民的抗日政权。我们的口号是：打倒汉奸政府、维持会，反对投降，改造原来一党专政的政府成为人民的抗日政府。为了在这些区域中建立真正有工作能力的、有群众基础的抗日政府来领导战争，原来的政治机构必须实行民主的改造。"为此，他认为："首先应该召集这些区域中各党、各派、各民众团体、各武装部队、原来政府的代表和民众大会选举的代表举行会议，选举临时政府委员会。在该区域政府领导下，各县、区、乡、村的政府，同样召集会议，实行改造。这个临时政府除开执行政府一切职务外，还要筹备正式政府的建立；起草政府的组织纲领、选举法，并办理各级政府的选举。待民选的该区政府代表大会召开后，正式政府产生，临时政府的职务即行终了，将政权移交于人民选举的正式政府。"[①]

　　1937年10月22日，北方局指示一二九师和各地区，建立或改造当地的政府成为抗日民族统一战线的政权，首先成立临时的县和区、乡、村政府委员会。11月15日，北方局在《独立自主地领导华北抗日游击战争》

---

① 刘少奇：《刘少奇选集》（上），北京：人民出版社，2018年版，第88页。

的指示中又指出："在游击战争中，我党应以华北最大政党的资格出来建立统一战线的民主的抗日政权与新的抗日武装部队。在各根据地成立边区政府、军区司令部，改造与建立各县、区、乡政府。"1938 年 4 月 5 日，中共中央发出《关于建立晋冀豫边区抗日根据地问题的指示》，提出了对政权建设的指导意见，各地普遍加强了抗日民主政权的建设。民主专政是新政权的一个特点。抗日民主和专政不是对立的，而是统一的，只有高度发扬民主，才能高度发挥强有力的专政，否则就是独裁专制。所谓抗日民主专政，就是除日寇、汉奸、投降派或亲日派外，凡是抗日的人民，不分阶层、党派，在抗日民主政权下都是一样受到保护的。[①]

（二）抗日民主政权机构设置与职能

抗日民主政权采取了立法和行政并列的"一元化"领导体制。它的组织结构基本上是由边区（相当省）、县、村（乡）三级组成；同时，在边区和县之间又设行署和专署作为边区政权的辅助机关，在县和村（乡）之间设区署（公所），作为县政权的辅助机关，这就形成三级三辅制或三级两辅制的层级结构。这种政权体制，既保留了当时中国国民党政权组织结构的一些特点，又继承了苏维埃政权体制的优点。具体而言包括：

1. 边区（省）政权机构设置与职能

边区或相当省的行政区政权，是抗日根据地的最高地方政权。它由边区、省和行政区（相当省）参议会、行政机关及其派出机构组成。边区、省和行政区参议会是最高地方民意机关，也是边区、省和行政区的最高权力机关。边区、省和行政区的参议会由参议员组成。参议员的产生有两种办法：一是人民直接选举和聘任相结合；二是抗日党派和群众团体进行选举。[②] 各抗日根据地的最高行政机关是边区政府或行政委员会。各根据地名称不统一，如在陕甘宁边区、晋冀鲁豫边区、晋察冀边区叫边区政府，行

---

① 戎子和：《戎子和文选》，北京：中国财政经济出版社，1991 年版，第 6 页。
② 杨圣清：《新中国的雏形：抗日根据地政权》，桂林：广西师范大学出版社，1994 年版，第 77 页。

署和专署虽然大多是边区或省、行政区政府派出机关，但行署为边区行政委员会分驻各战略区的代表机关，代表边区行政委员会掌握各地区的形势变化，贯彻执行各项工作方针和政策。各专署和县的请示报告，一般都通过行署进行。

2. 县政权机构设置与职能

县政权是抗日民主政权的一级基本政权，它在抗日民主政权中占据着十分重要的地位。因此，各抗日根据地参议会和政府对县一级政权的建设十分重视，都曾发表过一系列关于县政权建设方面的文件。[①] 县级参议会是民意机关，也是县的最高权力机关。县参议会由县议员组成。县议员一般是由县公民直接选举产生，但县政府认为必要时，同样得聘请本县抗战有功之人士为县议员。聘任议员名额各地不同，陕甘宁边区规定"不得超过参议员总数十分之一"。在武乡，1939 年 7 月，八路军总部来砖壁、王家峪村驻扎，以太行山为支撑开辟抗日根据地。1940 年初，为适应长期抗战的需要，将全县的 5 个区划分为 13 个行政区。6 月日军占领东村，后又占段村。次年夏，以段村为界划分为武（乡）东、武（乡）西两县。此后，武（乡）西县的大部地区成为敌占区、游击区；武（乡）东的大部地区为抗日根据地。武（乡）东县辖 8 个区，武（乡）西县辖 4 个区。这一时期，除伪县维持会外，武乡同时存在武（乡）东、武（乡）西两个抗日县政府，县长由专署任命、委派，下设秘书室和民政、财政、教育、建设、武装等科。1942 年 7 月，为适应斗争形势，根据"一元化、群众化、军事化、简单化"的原则进行了变更：县政府设县长办公室，负责计划、推动、组织、领导综合性的中心工作，下设一、二、三科，分管民政、教育、财政、司法工作。粮食局兼管支差、义运工作。撤销建设科，增设农林局和农业指导所。1943 年初，除保留原办公室和一、二、三科外，又改设了承审科、总务科和训练班。行政区设区长、副区长各一人，文书一

---

① 杨圣清：《新中国的雏形：抗日根据地政权》，桂林：广西师范大学出版社，1994年版，第84页。

人，抗勤助理（文书兼）、民政助理、财粮助理、公安干事各一人。1943
年底，县级行政机构又进行了调整。政府设办公室（内设秘书室）、财粮
科、民教科、建设科（工商合作并入）、承审处、总务处、训练班。区公
所设正、副区长和建设助理（副区长兼）、民教助理、财粮助理、建设助
理、公安干事（亦叫特派员）等。1945年2月，将承审处、总务处改名
为承审科，增设了工作队。

　　1945年8月27日，八路军光复段村，全县基本解放。武（乡）东、
武（乡）西重新合并为武乡县。县政府设办公室（移书兼主任）、民政科、
教育科、财粮科、建设科、司法科、总务股。区制也适当进行了调整，仍
为12个行政区。区公所设区长、秘书、民政助理、教育助理、财粮助理、
建设助理、公安干事。在上述时期，武乡、武（乡）西两县的县、区两级
政府，根据战争需要，流动各地，没有一个固定的处所。[①]

表2-1　武乡县政府组织结构

武委会	公安局	司法科	案业科	工商管理局	教育科	财粮科	民政科	武（乡）东县政府县长武光汤
武委会	公安局	司法科	案业科	工商管理局	教育科	财粮科	民政科	武（乡）西县政府县长王子清
武委会	救联会主任	公安员	教育助理员	案页助理员	武装助理员	财粮助理员	行政助理员	各区公所区长副区长秘书

表2-2　抗日、解放战争时期武乡县县长一览表

姓名	性别	籍贯	任期	备注
朱理	男	五台县	1937—1938	阎派任
郭腾蛟	男	五台县	1938—1938.12	阎派任
谭永华	男	四川省	1939.1—1939.12	三专属派任
史迁麟	男	本县南台村	1940.1—1940.4	代理

---

① 山西省武乡县县志编纂委员会：《武乡县志》，太原：山西人民出版社，1986年版，第262页。

姓名	性别	籍贯	任期	备注
王杰三	男	河北省	1940.4—1940.10	
徐林汉	男	临汾县	1940.10—1941.3	
武光汤	男	本县段村	1941.3—1943.8	
武光清	男	本县段村	1943.8—1946	

表 2-3　抗战时期武（乡）西县长一览表

姓名	性别	籍贯	任期	备注
武光清	男	本县段村	1940.6—1941	办事处主任
李超周	男	昔阳县	1941—1942.12	
郝培苗	男	河南省济源县	1943.1—1943.5	
任时	男	晋南人	1943.5—1944.6	
宁云程	男	榆社县	1944.6—1944.8	
王子清	男	本县南垴村	1944.8—1945.10	

3. 村政权机构设置与职能

抗日民主政权的基层组织或细胞组织是村政权。村政权一般叫村公所，抗日民主政权初建时也有继续沿用国民党的称谓，叫编村（山西）或乡保（华中）。有的抗日根据地在村上面还建有乡一级政权组织，有些则由县区直接领导村。前者如陕甘宁边区、山东和淮北等抗日根据地，后者如晋察冀、晋冀鲁豫、晋西北等抗日根据地。武乡村级机构，先后多次变动。1942 年 5 月实行村选后，设村长一人，由群众选举产生，并组成了村政委员会（相当于村公所）。大村下设民事、抗勤、财粮、锄奸、教育等各种委员，小村只有民教、抗勤、财粮三个委员。

晋冀鲁豫边区村政权组织暂行条例草案 [①]

民国三十年六月一日公布，民国三十二年七月修正

第一章 总 则

第一条：本条例依据国民政府建国大纲第八九两条之基本精神，适应本边区敌后抗战之具体情况制定之。

第二条：村级政权为政权之最基层组织与民意机关（权力机关）、行政机关（执行机关）分设之以彻底发扬村政民主。

第三条：村级政权由村民大会、村民代表会及村公所组成，均以民主集中制为组织原则。

第二章 村民大会及村民代表会

第四条：村民大会为村政最高权力机关，村民大会闭会期间由村民代表会行使其职权。

第五条：村民代表会于村民大会中由全村村民选出代表组织之，选举法另定之。

第六条：村民代表任期一年，得连选连任。

第七条：村民代表会设主席一人、秘书一人，主席由代表用不记名投票法互选之，秘书由主席聘请之，主席、秘书均不脱离生产。

第八条：村民代表会之职权如下：

一、督促并检查村公所及村级行政人员之工作。

二、选举并罢免村长、副村长及各村政委员。

三、处理村民大会及上级政府交办事项，决议村民小组请议事项，关于处理或决议后，分别情形向村民大会报告或向村民小组传达。

四、检查本村各种重大政策法令之执行

1. 评议与决议总系统（或合理负担）之分数并检查过去负担之执行合

---

① 《晋冀鲁豫边区村政权组织暂行条例草案》，山西省档案馆藏，档案号：198-2-8。

理情况。

2. 检查土地劳工法令执行情形，并依法令精神，具体规定本村租情、租率、利率、工资之租减标准。

3. 在法令范围内检查并决定本村优待抗属、拥军抗属、民兵，供给、救济等动员之执行总则与具体办法。

4. 掌握本村春耕救灾等货款之分配原则。由村长督促集体生产资金（如开渠、修滩、打井等）。

五、依法处理本村公产社地、生产学田之保管及分配事宜。

六、创制决议村公约并检查督促其实施。

七、听取村公所之工作报告，并对每一个时期重大工作及重大问题，（如春耕运动、拥军爱民、囤粮报失、调剂粮食等）作必要之检讨。

第九条：村民大会每三个月开会一次，村民代表会议每月开常会一次，必要时开临时会议均由代表会主席召集之。

第十条：临时村民大会经村民五分之一以上之请求或村民代表会之决议召集之，必要时推举临时主席主持会议。

第十一条：临时村民代表大会经村民十分之一以上或经村公所之请求召集之。

第十二条：村民大会及村民代表大会，无论其常会或临时会均经须有过半数之出席，开会请案之决定须出席者半数之通过。

第十三条：村民大会及村民代表会议不得违反法令之决议。

第十四条：村民大会及村民代表会议之决议，送请村公所执行，仍有与上级政府法令抵触或村公所认为不当时，村公所转送请议，联系后仍不能解决时，由双方呈请上级政府解决，在未解决前，仍按原法令行之。

第十五条：村民代表违法失职时，应由其所代表的村民单位罢免另送之，但当送为村民代表会时，村长、副村长及村政委员者须经过村民大会或村民代表会罢免之。

第十六条：村民代表在会议时所发表言论及表决对外不负责任。

第三章　村公所

第十七条：村公所为村政权之执行机关，在村公所之行政监督下，村民大会及村民代表会议之决议，执行其任务。

第十八条：村公所之领导干部，按委员制由委员七人组成村政委员会，其行政负责人为村长及副村长。在村政委员会之下，分任务之工作组，由各委员分工领导各组工作并兼任各组之组长。

第十九条：村公所之组织机构及分工情形如下：

一、设村长、副村长各一人，总理全村行政工作。

二、民选工作组管理本村选举、户籍土地，管工作调解、民事纠纷、优待抗属、抚恤救济、统计调查以及宣传事项。

三、财粮工作组，管理本村兑换税（或合理负担）之执行，公粮之征收、村财务之掌管以及村公产之保管等事项。

四、抗战工作组，管理抗战事务之管理及战争动员等事项。

五、生产工作组，管理春耕秋收组织及互助合作运动等生产建设事项。

六、公安员，管理治安与检察除奸等事项。

上列各工作组须因不同村庄不同之发展情形调整增减，在一般情况下村公所之分工，村长不兼其他职务，副村长兼生产组长，其余各组长由不同之村政委员分别兼任之。

第二十条：村公所在工作中其总的领导为村政委员督促检查各工作组，对外由村长负责。

第二十一条：村长、副村长及各村政委员由村民代表使用不记名投票法选举之。另执行工作组按工作需要各设干事二人至四人，由村政委员会决定聘请之。

第二十二条：村政委员会每七天至十天开会一次由村长召集之。开会时村长为其当然主席，村长不在时副村长代行其职务。

第二十三条：关于人民武装工作由本村人民武装抗日自卫委员会负责，其主任委员为村政委员会当然委员，出席村政委员会有发言权及表决权。

第二十四条：为行政上之便利，人口众多之村得分设若干街，各设街长一人，村民分散为若干小村者，每村设村副一人，其街长或村副均由各设街或小村之村民代表内互选之。

第四章　附　则

第二十五条：本条例如有未尽事宜须经边区政府参考修改之。

第二十六条：本条例于修正公布之日施行。

（三）抗日民主政权机构特点

列宁在 1917 年 4 月所写的《论两个政权》一文中指出："一切革命的根本问题是国家政权问题。"[①] 太行抗日民主政权的建立，使根据地人民的政治生活发生了巨大的变化，与旧政权有很大的不同，其特点表现在：

1. 坚持抗日的主张

因为日本帝国主义要占领全中国，中国共产党在敌后抗战，就必须把广大人民组织起来在统一的领导下去反抗日寇的侵略，所以这个政权必须是抗日的。共产党在根据地全范围内开展了广泛的抗战动员工作，通过合理负担、减租减息、优待抗属等民生建设赢得群众支持，通过统一战线和民主政权建设团结群众，并通过文化宣传教育和影响群众。这些动员工作坚定了群众抗日的决心，同时也密切了党群关系。

武乡县政府的抗日工作动员 [②]

敌人灭亡中国的阴谋是一贯的，不但永远不会改变而且天天变些新的花样残酷手段来加速对我们的进攻，尤其对我华北更不放弃。四年抗战中完全证明了不抗日活不成。……可是敌人不管怎样残害，我们总有办法把他打走。

---

① 列宁：《列宁全集第二十四卷》，北京：人民出版社，1963年版，第18页。

② 武乡县政府：《武乡县政府的抗日工作动员》，武乡县档案馆藏，档案号：3-2.1-295-2。

我们有四年的经验，有子弟兵，有民主政府，有民兵，有不愿做亡国奴的老百姓。只要我们早些准备，大家努力粉碎他的阴谋"扫荡"是不成问题的。

2. 坚持人民当家做主

在旧政权中，由于政府是统治人民的工具，人民是专政的对象。因此，各级政权机构，都是由服务于这个反动宗旨的人员组成，劳动人民根本不可能参加。过去山西一个当权人物就说过，"政权是一把刀子，刀把子要拿在自己手上，若把刀把子交给人民手上，那是太危险了"。过去各级政府官员全部由上级政府直接命令委派。要发动广大人民起来抗日就必须实行民主制度，就必须给人民以抗日民主自由并保护他们的利益。只有这样才能激发人民的抗日积极性，因此，这个政权必须是民主的。新的抗日民主政权坚持人民当家做主，实行民主选举制度，政权是由那些真正代表人民利益的人组成的。

武乡抗日县政府通令：各区村按月公布账目[1]

区长财政助理员：

下合村长财政主任：

临参代表大会决定各区村每月公布决定一次，并将公布的办法如下：

本区村公布每月的开支；

本区村公所每月的收支（如田赋、合理负担、村教经费等，某村交来多少，区村负担多少，村以户为单位，每户交来田赋合理负担前后多少，共交区多少）；

本次通令目的不但使老百姓明白今天的区财政收支状况，而且可以使老百姓更进一步地关心政权和监督政权，希即遵照办理为要。

县长武光清

民国三十年七月九日

---

[1] 武乡县政府：《武乡抗日县政府通令》，武乡县档案馆藏，档案号：3-2.1-0015-2。

3. 坚持统一战线

因为抗日是大家的事，要一起抗日，人民就不分阶级一起联合起来建立自己的政权和进行抗日的大事业，所以这个政权不能为一个阶级所把持，而要各个抗日阶级共同管理。在这个政权内一定要包括各个抗日阶级的代表。只有这样，才能团结一切阶级、一切抗日人民共同抗战，所以这个政权必须是统一战线的。抗日民主政权是在抗日战争的背景下建立的，它与国民政府政权和苏维埃政权不同，是包括一切赞成抗日民主的阶级、党派、民族在内的广泛的抗日民族统一战线的政权，也就是抗日革命阶级的联合专政。在抗日战争期间，只要是抗日的党派应该承认其合法地位并以法律去保障其存在。这种统一战线的性质，一方面表现在政权人员的组成上，既有共产党员，也有国民党员、无党派的爱国进步人士；既有工人、农民，也有地主、富农中的开明人士。大家携手合作，共商抗战大计。另一方面表现在施政方针上，在坚持抗日这个总的目标下，既要坚决镇压汉奸和亲日分子，又要团结一切可以团结的人；既要维护工农基本群众的利益，又要注意调节各抗日阶级的利益。

四、大规模开展民主运动

抗日民主政权实质上采取的是人民代表大会的组织形式，即是民主集中制。这种制度的建立，与真正普遍平等的选举制度密切相联系。毛泽东在《新民主主义论》中明确地指出这一点。他说："没有适当形式的政权机关，就不能代表国家。中国现在可以采取全国人民代表大会、省人民代表大会、县人民代表大会、区人民代表大会直到乡人民代表大会的系统，并由各级代表大会选举政府。但必须实行无男女、信仰、财产、教育等差别的真正普遍平等的选举制，才能适合于各革命阶级在国家中的地位，适合于表现民意和指挥革命斗争，适合于新民主主义的精神。这种制度即是民主集中制。只有民主集中制的政府，才能充分地发挥一切革命人民的意志，也才能最有力量地去反对革命的敌人。"①

（一）推行参议会制

为了使政权组织形式适应政权性质的转变，陕甘宁边区从 1937 年 10 月起，开始在所属各县、区、乡组织普选，参照国民党地方政权的咨询机构，召开各级参议会。1940 年 3 月，中共中央发出通知，要求其他革命根据地按照"三三制"原则建立各级参议会制政权。根据中央要求，太行抗日根据地，相继选举了参议员、召开了参议员大会。② 参议会作为抗战时期中国共产党创建的最为完善的实行民主政治的主要组织形式，在团结抗日力量、教育民众、动员群众参与抗日战争方面发挥了非常重要的作用。

1. 参议会性质

参议会是经过人民代表选举产生出来的。由民主选举产生的参议员组成的区、县、乡三级参议会是各级政权的最高权力机关；法院受参议会监督，政府领导，独立行使司法权；各级政府则对该级参议会负责；而参议会则对人民负责，受人民监督。抗日民主政权的这种运行模式和权力约束机制有助于决策的民主化、科学化。③

在太行抗日根据地，从边区行政委员会到每个村政权都处于统一战线，参加政权的有国民党员，有共产党员，有牺盟会员等。行政会议讨论问题时，工农青妇各救亡团体都派代表参加，大家共同讨论法令、公粮、动员等一切重要问题。在各县成立县行政会议，由群众团体代表、士绅、科长、县长等组成，成为县的最高权力和执行机关，这是 1938 年 4 月至 10 月的事。接着便开始区村的改选（普选）。如晋东南第三专署制订出《1940 年建政计划》，根据各县的工作发展情况，确定武乡、黎城、辽县、榆社、和顺 5 县为实验县，襄垣、昔东、昔西、平东为一般县，榆次、太谷、祁县、寿阳、平西为薄弱县。对实验县的县、区级政权建设的要求是：在一个月

---

① 毛泽东：《毛泽东选集》（第 2 卷），北京：人民出版社，1991 年版，第 677 页。
② 赵宏强：《从参议会制度看中国人民代表大会制度的孕育过程》，《人大研究》，2007 年第 1 期。
③ 张顺昌：《抗日民主政权的特点及其影响》，《贵州社会科学》，2007 年第 1 期。

内完成改造缩编，两三个月内完成建立参议会和各种委员会，吸收 1/3 的民主人士和开明地主参加参议会和各委员会；严格执行预算决算，肃清贪污，整顿田赋，实行所得累进税负担政策；建立锄奸组织和机关；培训干部和培养模范干部。实验县的村级政权分为基点村、一般村、薄弱村 3 种类型。要求彻底改造政权并建立各种民主制度，进行民选村长，一般县、薄弱县的建政内容与实验县基本相同，并将中共武乡县委改称为中共武乡实验县委。1941 年 6 月武乡开展了竞选边区参议员动员，为参加晋冀豫边区参政议政，在全县形成民主浪潮。竞选者高沐鸿、魏文兰、姜树祯、李步云、陈舜英等人进行演说，发表政见。

参议会充分体现了党的统一战线的政策，是党领导下的多党合作形式的雏形，展现了中国共产党与非中共人士的关系，是具有鲜明的中国特色的民主政治。如在武乡第一届参议会选举活动中，参议会主席团是筹委会提出表决的，中共党员占一半以上数目，并分别领导参议员资格审查委员会与提案审查委员会，每天开两次以上的主席团会议。按会议日程与工作性质的不同，将主席团分 3 个小组，包括时事研究专门小组、政府工作批判与决定专门小组、讨论提案选举专门小组，同时按组分工，并轮流当主席团，因此参加主席团的非党同志，特别是中间人士都感到有职有权，表示满意，并就每一个问题讨论发言，展开自由讨论。各小组又设小组长 1 名与主席团联系。

表 2-4 武乡第一届参议会参议员的成分统计表

性别		区别		成分		年龄		出生		文化程度		职别	
男	65	一区	12	地主	5	18~30	20	工人	5	不识字	16	县级干部	10
		二区	12					农民	30	粗通文字	24	区级干部	4
女	6	三区	9	富农	15	31~40	28	兵	3	初校	3	村级干部	25
		四区	10					学生	17	高校	10	高校教员	4
共计		五区	9	中农	39	41~50	25	商人	1	中学	6	初校教员	3
		六区	8							师范	9	合作干部	5

续表

性别	区别		成分		年龄		出生		文化程度		职别	
71	七区	6	贫农	12	51~60	6	纺织	6	大学	2	各种英雄	5
	八区	4							秀才	1	医生	2
	营兵	1	雇工	1	60~71	2	教员	9			不参加工作	9
											不详	4

2. 参议会宣传

一是文化宣传。包括编印通俗的推选手册一种，凡各种有关文献，具体的推选方法以及各种宣传材料，均将收集在内；向各文化团体机关和个人，大量征求以推选运动为题材的剧本、话报、歌曲、新旧诗词、歌谣等作品，且备有奖金奖品多种，准备奖给优秀作者；随时编印小型的号外，经常反映各地的实际推选工作。

二是组织动员。晋东南青总、农总会先后发出指示，号召全体会员，为拥护中共中央北方局对晋冀豫边区建设"十五项主张"及拥护、筹备推选边区临时参议会参议员而奋斗。在青救指示中，他们响亮地提出了发动青年向边区临参会提出议案，采取各种方式进行临参会工作宣传及庆贺临参会的成立等5项具体要求。

晋东南妇救总会推选太北区妇女参议员时规定妇女参议员候选人的标准为：（1）忠实于抗日与民族事业的；（2）忠实于妇女解放事业，能为广大妇女同胞谋利益除疾苦的；（3）能倾听妇女呼声，并根据群众的意见，向临时参议会提出各种有利妇女的提案的；（4）在妇女中有相当威信的……凡合乎以上标准者，不分党派、阶层，均可提名为候选人，参加竞选。

3. 参议会的召开

选举参议员时，候选人详细介绍自己的情况，提出竞选纲领，选举又采取差额选举办法。晋冀鲁豫边区选民们充分表达自己的意愿，选举出来的参议员体现了"三三制"原则，除了专区、县、行业的不少领导人和开明士绅当选外，许多英雄模范也当选为边区和县参议员。由于战争频繁，交通困难，晋冀鲁豫边区第一届边区参议会于 1945 年 3 月上中旬分别在太行、太岳、冀鲁豫三处召开。三个会议一致选申伯纯为边区参议会议长，邢肇棠、晁哲甫为副议长；选杨秀峰为边区政府主席，薄一波、戎伍胜为副主席。这次边区参议会的召开和各县参议会的建立，使晋冀鲁豫根据地的民主政治制度更加健全和完善。武乡第一届参议会于 1945 年 6 月 19 日召开，参议会情况如下：

武乡第一届参议会总结 ①

武乡第一届参议会应出席参议员 68 名，又聘请 3 名，共 71 名，因故缺席 10 人。参议员的成分统计表讨论后，上午举行预会通过大会三大组织。主席团 11 人，党员 6 人，中间力量 4 人，进步力量 1 人；资格审查委员会 5 人，党员 1 人，中间力量 2 人，进步分子 2 人；提审审查委员 9 人，党员 4 人，中间力量 3 人，进步分子 1 人，会议中间病者 2 人，到前线工作 1 人，因人数少，又添 6 人，党员 1 人，进步力量 2 人，中间力量 3 人。下午举行开幕典礼，20 号到 22 号 3 天里，时事座谈，23 号到 25 号是政府工作报告与讨论批判，26 号进行选举，27 号闭幕。大会开始时参议员们的情绪很高，热烈发言，只有一二人没有说过话，因为时间比较长一些，情绪稍有低落，原因是怕耽误了生产。

……

在抗日战争时期，参议会选举的胜利召开真正做到了"三三制"，团结了各个阶层，做到了党员不超过 1/3，因此，在选举后，大部分中间人士感到满意，同时参议会的召开也吸引了周围村庄村民的关注，一些地区"周围百十里各村的民众，成千成百，不辞跋涉之劳与酷热之苦，前来献旗献花，送礼庆祝，足见民众拥护临参会之真诚。在敌人包围的敌后，居然能实行新民主主义，还政于民，创造空前未有的盛举，实在是军民力量

——

① 《武乡县第一届参议会总结》（1945年7月14日），武乡档案馆藏，档案号：3-2.1-64-3。

的伟大之处。"①

（二）普遍开展村选运动

1941 年，鉴于经济斗争的不彻底（如合理负担变成摊派，减租减息阳奉阴违，优待抗属漠不关心等等），根据地决定加快政权的改造，并把改造的重心放在村级，在根据地普遍开展村选运动，彻底改造村级政权。这是抗日根据地政权改造过程中的一件大事，也是华北敌后实现真正民主政治的一个重要点。1941 年，抗日根据地的村选运动蓬勃开展，群众欢呼雀跃。人民民主政府制定了村选方针，根据地村选活动进一步实行了劳动人民当家做主，使村政权真正成为抗日政权，新的农村政权是群众利益的代表者和对敌斗争的组织者。

1. 宣传动员阶段

宣传教育。由于中国无民主的经验，民主的宣传教育是个非常重大的问题。谁忽略了它，民主的工作就必然失败，民主工作中，宣传教育要占最主要的地位，要费最多的时间，也要真正使群众了解。宣传教育的方式，主要通过座谈会、晚会、公民小组、壁报、演剧等，或者经过各群众团体对会员的教育训练，以及发动各群众团体的互相竞赛。此外发动试选：以基点村的选举，发动其他村有组织地参观。群众团体为了教育自己的会员，发扬会员的积极性，并以影响广大人民，首先通过本组织内的民主改造，实行民主选举。②宣传动员是进行群众教育的重要手段，为此，抗日根据地通过使用小学教员等有文化、有群众基础的人掌握小报及时迅速反映，统一力量做好民主宣传。

一是宣传内容。广泛进行教育、说服、村到户民主教育。包括：宣传今年选举的意义，纠正过去选举的不足和问题；民主政治与村选问题，即什么是民主政治，为什么今天要实行民主政治（包括"三三制"）；实行村

---

① 皇甫建伟、霍彦明：《民主的火花》（下篇），太原：山西人民出版社，2012年版，第498页。
② 皇甫建伟、霍彦明：《民主的火花》（下篇），太原：山西人民出版社，2012年版，第178页。

选是建设民主政治的基础，村选是使人民运用实行"四权"；村选是为了选举好村长，把村组织的事情做好，能改善人民的生活，保护好大家的财产；宣传公民权利与义务；宣传选举方法与步骤，让群众了解选举基础知识；引起群众热烈的讨论，民主地想一想群众自己所选的人。

二是宣传口号。根据不同事情不同地区的实际情况制定宣传口号，激发群众的斗争情绪，运用群众的民主力量。包括：反对一党专政，实行民主政治；实行"三三制"团结抗战；公民有选举、复制、罢免、创制权；选举好村长带领咱们抗战；选好村长领导咱们改善生活；实行村选，建立、巩固民主政治基础。

三是宣传手段。为了使村选活动顺利进行，根据地广泛组织各种力量深入宣传，教育广大人民。宣传的办法包括：召开各种座谈会动员社会各种力量，组织宣传队用通俗方式到处宣传，集中各种宣传机构的力量进行规范的宣传，出版村选资料小报，建立大众黑板，剧团编排村选戏剧，利用夜校深入宣传教育工作，举办娱乐晚会进行教育，进行宣传比赛。

开办训练班。这是村选运动的第一个重要步骤，也是一个具有决定意义的工作。如果训练工作做不好，干部不会干，则一切都会落空。开办各种训练班，训练行政人员、群众工作人员。根据地各县普遍开办村选干部训练班，干部经训练组成工作队被派赴各村指导村选工作。干部训练对象，主要包括村筹委员会主任委员、村庄选举事务部长。训练时间——每期五天；训练内容——宣传动员公民选举事项；训练主体——行政科主持，教育科配合；训练经费由政府支出。

县委公开领导、部分隐蔽干部都参加到村选运动委员会中去，各村的选举委员会由村支部直接领导。为稳妥起见，有些地方的党组织甚至事先一再"演习"，以便掌握村选的要领。村选工作在党内发动后，根据地普遍进行了宣传教育、选民发动、调查户口、公民登记、划分选民小组等环节。在上级党组织看来，宣传与发动是最关键的一个环节。普通农民对民主、公民、选举等抽象概念几乎完全不懂，根据地（尤其是实验县）通过出黑板报、编创歌谣和短剧、举办晚会等方法，尽量使农民领会村选的意义所在。针对根据地农民普遍厌恶开会的心理，有些地方便采用"饭场宣传"，即在农民吃饭时指定一个宣传人进行宣传，并鼓动大家各抒己见。有的村子还组织讨论，争论候选人的优缺点，互相宣传竞选纲领。这种利用空闲时间进行宣传的方式，成为受欢迎的有效办法。

组织动员。通过发动乡村的青年儿童与有组织的群众，掀起民主运动的热潮。这次普选较为普遍，群众参加也积极热烈，有的村庄90%参加了普选运动。区村民主制度，是与边区相同的。武乡县轰轰烈烈的民主运动，其主要经验是：首先，反复号召和动员。在元旦之际，举行了一次规模宏大的群英大会，参加的人数有1700多人，会上结合参议员选举，开展了民主运动，彭涛政委在会上讲了话，提出"干部是群众的勤务员"的口号，同时提出拥干爱民活动，号召村村讲民主，家家讲民主，人人讲民主，建立民主的新社会。县里又召开了200余人的模范干部和县区干部会议，讨论对民主的认识及如何开展民主运动。经过反复讨论，许多干部对过去的不民主作了清算，有的干部制定了当年计划。其次，关于登记公民和审查公民的工作，要和表扬好人、教育坏人的大众教育紧密结合，并形成一种制度。再次，扩大民主范围，尊重老人。最后，发动群众提意见，对干部进行批评，消除群众顾虑和怕报复思想。总之，在这次民主运动中，做到了"知无不言，言无不尽，言者无罪，闻者足戒"，树立了干部是群众勤务员的思想。同时也通过民主运动，使群众知道什么是民主政治，为何今天要实行民主政治，人民应该怎样运用权利等。

2. 正式选举阶段

村选是抗日根据地进行民主运动的重要一环，村里的民主建设是将来全面民主建设的基础，边区、县选举的胜利有赖于村选胜利。从村选中提高村民的政治觉悟是开展民主运动的基础。进行村选的村庄主要包括在选举中改选豪绅地主所把持而尚未改造过的村政权，在村选过程中，反对任何包办，吸收各抗日阶层、党派及各界人士积极参加选举，执行最好的政权组织形式——"三三制"保证真正民主政治的实施。

在太行抗日根据地，村选开展初期，由于干部和民众缺乏民主知识，对民主的程序和制度不了解，导致没有引导群众真正进行有计划有步骤地选举，选举也只是草率从事，给人民留下了不好印象。表现在：任务上是行政命令；村政权威信还很差，没有与人民建立血肉联系；布置不好，问题很多。但同时也有许多有利条件，表现在：正确政策成功激发了群众积极性，提高了群众政治觉悟；春耕工作的顺利完成，群众普遍积极；其他地方已经开展过村选，选举的办法较为成熟，可以借鉴；群众团体及武装自卫队的选举对村选有很大意义。有了一年来建政工作的基础，同时各地已经进行村选的干部训练，使各阶层广大人民对民主政治有了新的认识。为此，太行抗日根据地在教育干部、激励干部、了解村选意义基础上，在全区开展了村选工作。

公民登记。宣传公民的权利是什么？如何行使权利？

召开选举大会。预先宣布选举大会日期，保证 80% 参加选举；召开选举晚会，进行选举动员；讨论选举规划，组织各村人民干部参观。

试选。为了进行慎重的选举，在正式选举前进行试选，以预防出现各种问题。县的村选干部训练每期要进行隆重的选举演习，每期选择一日试选，组织其他各村派代表前往参观，试选的项目和程序完全同于正式选举，每区可以先挑选一个或两个典型村进行试选活动。

竞选。组织各阶层热烈举行竞选发表政见，认识竞选是对选举起组织作用的。公民登记后，各党派、各团体公民小组提出自己想选的人。参加村长的竞选由竞选人中拥护人数最多之当选。竞选的方式：竞选人提出自己的竞选纲领，各小组讨论其纲领及生平，各团体、各党派替竞选人竞选宣传。

村长、副村长竞选人的产生。候选人由筹委会经过公民大会讨论后按照各个候选人的公民拥护人数最多者产生。村长、副村长候选人不超过 5 人。

晋冀鲁豫边区村政权选举暂行条例草案（1943年7月）①

总　则

第一条：本条例依据晋冀鲁豫边区修正村政权组织暂行条例第二章第五、第六、第七各条及第三章第二十一条制定之。

第二条：村政权之选举均采用直接、平等、普遍、不记名投票法。

在沦陷区及游击区之村不能直接采用选举者，运用间接选举或推选或由县政府聘任之。

选民资格

第三条：凡年满十八岁居住本区域内之人民不分性别、职业、阶级、党派、信仰、文化程度及居住年限，经村选举委员会登记者均有选举权及被选举权。

第四条：有下列情形之一者无选举权及被选举权

有汉奸行为破坏抗战，经判决确定者。

经司法机关及军法机关判决被夺公权尚未恢复者。

经政府通缉有业者。

有长期性神经病者。

第五条：凡属于村级之机关团体及学校均得参加所在村之选举与居民选举。

选举名额、选举手续及当选

第六条：公民小组视村公民之多寡，由九人至三十五人在街道范围内自由组织之，但村公民小组人数必须均等。

少数民族占村民小部分者，可不受街道之限制自由组合，其不是该村

---

① 《晋冀鲁豫边区村政权选举暂行条例草案》（1943年7月），山西省档案馆藏，档案号：A198-2-8-3。

法定公民小组人数者如有法定人数一半以上时亦选送代表一人。

第七条：村民代表会代表以公民小组为单位于本小组内选举之，每组选代表一人，以得票最多者当选。

第八条：代表选出后由代表用无记名投票选举办法，互选主席以得票数最多之人当选。

第九条：村长、副村长及村政委员，由代表会分两次选举。先选村长、副村长，后选各村政委员，村长、副村长及各村政委员之候选人，即为村民代表会之全体代表（代表会主席除外）。

竞　选

第十条：村选举日期应由选举前二十日公布之。

第十一条：在选举期前公民得自由组合提出候选名单，在不妨碍选举秩序下自由竞选。

补选及改选

第十二条：当选人因犯以上或其他原因不能当选或不能继续执行职务时得另行补选。

第十三条：村民代表会之代表每年改选一次，除特殊情形，不能如期改选时，得申请上级政府或上级民意执行机关延长之。

选举机关

第十四条：村政权选举委员会由县政府任命组织之。

第十五条：村政权选举委员会由村民代表会产生及撤销之。

附　则

第十六条：本条例如有未尽事宜得由边区临时参议随时修改之。

第十七条：本条例自公布之日执行，前颁布的《村民代表会选举暂行条例》即行作废。

以武乡为例，每年年底重新改选。村政权是由村民大会普遍选举出来的，村有村代表会议，设有村长、副村长，还有各种委员会，由村代表组成。要做到真正民主的选举，必须同整个群众工作配合起来，如果民选只是一个口号，那还是不能实现民主。村政权是政权的基础组织，只要村政权能真正民主地建立起来，其他县、区政权就容易进行了。因为实行真正民主，在选举出来的人中农民最多，只要是抗日的，都有选举权和被选举权，这就是抗日的民主政权。民主运动的开展强化了群众对中国共产党的信任。如武（乡）东县政府、县救联会召开全县扩大干部会议，布置村选工作。会议决定把村选分为四期：第一期是动员期；第二、三、四期为正式选举期。并对村选的具体办法及村政组织机构与代表会的职权问题，都进行了详细的讨论。确定村长一般不脱离生产，今后工作由代表会办理。会后即在全县范围内展开村选工作。1941 年 9 月 6 日在村选运动中，武乡县工、农、青、妇各救会，提出了竞选纲领，即领导全村抗日除奸，办事公道民主，不贪污、不枉法，进行村中公益事业，关心民众生活，解决民众的困难等项。1941 年 9 月上旬武乡、武（乡）西两县开展了广泛的村选活动，各编村、自然村均开始选举产生村政委员会。"七月过，八月到，打响民主选举第一炮。"在农民隐约理解民主、公民、选举权等抽象概念的基础上，各村首先选出代表召开村民代表会，再选出能代表民意的村长、武委会主任和村政委员，最终建立村政委员会。

辽县（左权）作为太行根据地的实验县和核心地区，八路军前方总部、北方局、一二九师师部、晋冀豫区党委长期驻在此地，这里的村选相对来说进行得更为彻底。村选进行期间，全县到处充满"兴奋"的农民。

农民过去对上层政治甚至村中事务态度冷淡、麻木，然而这次村选中却表现积极。二者形成鲜明对比的原因在于，村选与他们自己的利益紧密相连。村选的方式拉近了根据地政权与普通农民的心理距离。村选前的宣传与动员，使农村积压的问题一一显现出来，农民希望村选能解决他们关心的减租停租、丈地囤粮、支差不公、干部逼婚等问题。为选出令人满意的村长与村政委员会，根据地大多数村庄的投票率基本上在 80% 以上，有的甚至达到90%。村中多数农民被发动起来，参加竞选的党员与非党员受到公开评判。有不少党员在竞选中落选，但是许多有威望、会领导、能解决村中问题的党员成功当选为村长，"进步"和"中间"的竞选者被选进村政委员会或村民代表会。

根据地经过村选，部分地区改变了过去基层政权"清一色"或"包办"现象，不仅"进步""中间"势力被选进政权和民意机关，同时政权中的党员也出现代际间的更替。地主、富农家庭出身的党员（部分知识青年除外）多数被选出政权外，中农、贫农在乡村政权中的比例大大增加。并且，在合理负担斗争、春耕生产、对日作战、"反顽"斗争中崛起的英雄与模范（多为贫农），开始大量进入基层权力中。1942年群众运动大规模兴起，如刘二堂、李顺达、李马保等贫农出身的英雄模范受到根据地的表彰，他们比普通农民拥有更多入党提干的机会，成为根据地新生的地方精英。通过贫农出身的英雄模范的示范作用，党组织对基层权力的领导大大加强。

然而，坚决执行上级政策的贫雇农当选后，有时也会遭到部分群众的反对。理由很简单，村中不愿多交公粮、不愿积极参军的农民对政策采取应付的态度，他们有时宁愿选个"软蛋"当村长。1941年河北涉县神头村村选时，一部分村民同意选举表现积极的贫农申瑞当村长，而另一部分群众却极力反对。他们在村中宣传说："叫小福生（申瑞奶名）当上村长，他那么坚决，咱们老百姓就都不过啦！"结果，申瑞在村长选举中落选，只当上村中的财政主任。由此可以看出，群众内部仍有"积极"与"落后"之分，这也恰恰说明党组织在抗战初期，政权改造主要是采取自上而下的方式，因此"县级以上的政权是进步的"，区村政权却未能得到同步改造。结果形成"头重脚轻或上动下不动的现象"，根据地的政权组织未能"形成一套上下一致的灵活机器"。①

3. 村政权问题及矫正

为了保证村政权的有效运行，晋冀鲁豫边区经常举行大规模的村政权

---

① 戎子和：《戎子和文选》，北京：中国财政经济出版社，1991年版，第9页。

检查运动，并为村选做准备。检查内容主要有：（1）检查群众运动后本村各阶层的关系与团结状况，发现村中群众问题的核心，发现各阶层有何问题悬而未决；要着重检查减租是否彻底，群众利益是由"恩赐"而来，还是用自己力量争取的，特别要注意赤贫雇农的相关问题是否已真正解决；检查过去群众运动中有何偏向，使农村阶级关系仍然紧张和尖锐的原因是什么，从而在今后村选中仔细考虑补救它，加以巩固群众运动的成果，加强各阶层的团结。（2）检查村干部中存在些什么问题，研究村干部好坏典型及其发展规律；发现真正为群众所拥护的领袖，应在群众中宣传鼓励其竞选，使他在今后能当选为新的村干部；至于把持群众，包办独裁，自私自利，为群众所恐惧、不满的"新贵"分子或虽非当权人物而实际在群众中也一样横行霸道的分子，必须揭发其缺点，使其真面目在群众前暴露，并说明政府对此等分子的态度，使其不能操纵选举。（3）检查村政权组织建设情形，代表会是否起作用，不起作用的原因何在；"三三制"执行如何，村政组织上有何毛病；各种制度是否能坚持，其不能坚持者是制度本身有问题还是执行上有问题，一切都应细心检查研究，寻找经验，发现规律，以作改善今后村政建设的依据。（4）检查村公所工作情况，其在日常工作中与群众联系如何，是否有官僚主义强迫勒令的现象；在先进村庄要着重检查村公所过去、现在如何组织领导群众的生产运动，并需帮助群众按原计划解决其生产中肥料、牲口、种子等困难问题，使他们能顺利参加大规模的生产运动；在群众尚未发动的村庄应注意村政权为什么人所掌握，广大群众在生活上存些什么问题，找出症结以便今后发动他们起来进行减租清债，实行土地政策，当检查工作完成以后应该立即进行村选工作。

在村选工作中必须注意以下几个问题：（1）首先对村选要纠正可能存在各级干部中的一种不正确观点，即把村选当作如囤粮等突击性任务来突击，因此，若不给出一个阶段相当长的时间似乎就不能完成，所以村选必须与当前的工作相结合，不能把他从当前政治任务与具体工作中孤立起来。（2）必须结合当前工作开展反贪污反浪费斗争，切实整理村财政登记与保管村生产，给地方教育大众打下更好的物质基础。（3）在公民登记审查中应配合户籍登记及户口检查。肃清汉奸特务活动，用群众民主力量在村选大会上制定村公约，实施五家联保，提高人民除奸警惕性。（4）通过各种群众组织系统进行深入的宣传教育工作，耐心地向各阶层人士解读，使他们敢于说话参加竞选。掀起一个广泛热烈的民主运动，必须反对代替包办和强迫勒令的反民主的作风，反对阳奉阴违的麻烦，一切力求简单化。对于潦草负责，粗枝大叶的恶劣思想以及放弃积极组织领导村选的右倾偏向必须坚决反对，应该深切认识到没有充分准备工作不经过艰苦斗争和一定的教育过程，要想把民主深入一步，把村政权改造成对敌斗争的坚强堡垒是不可能的。（5）村选中关于代表产生问题，由公民小组产生或由选区产生。（6）经过村选，应特别加强村政权的生产部门与抗战后勤部门的合作以保证今后生产度荒与拥军运动的胜利推行。[①]

五、建立"三三制"政权

毛泽东同志说："中国是一个两头小中间大的社会。"[②] 在这样的社会里，在政权建设中实行"三三制"是最好的办法。抗日战争爆发不久，中共中央决定在日寇占领区公开建立抗日民族统一战线政权。1940年3月6日，中共中央指示建立"三三制"抗日民主政权。邓小平认为，抗日根据地政权的实质是民主。他在1939年5月就阐述了抗日根据地的政权"必须是由民众选举出来而为民众所信赖的"以及进行民主施政等思想，1940年3月以后又全面、精辟地论述了"三三制"政权的民主实质。[③]

"三三制"政权建设是抗日民主政权发展的新阶段。随着抗战进入相持阶段，尤其1940年黎城会议后，中共更加注重在抗日根据地扩大政治基础的重要性，并且本着"三三制"的原则普遍推行村选运动。

---

① 《（关于村选工作）晋冀鲁豫边区政府第一厅指示》，民国三十二年十一月三十日，山西省档案馆藏，档案号：A198-2-8。
② 毛泽东：《毛泽东选集》（第3卷），北京：人民出版社，1991年版，第808页。
③ 皇甫建伟、霍彦明：《民主的火花》（下篇），太原：山西人民出版社，2012年版，第510页。

（一）"三三制"的内涵

"什么是'三三制'？根据中共中央的指示，即是各级政府中的民意机关与执行机关，均应以代表无产阶级及雇农的共产党员占1/3，代表小资产阶级的进步分子占1/3，代表中等阶级的开明士绅、名流学者占1/3，只有汉奸亲日派与其他反革命分子才没有资格参加这种政权。这就是说，凡属赞成抗日又赞成民主的各党派（国民党、共产党、牺盟会、救国会、第三党及其他抗日党派）、阶级、阶层，均有选举权被选举权。"[①] "三三制"政权实际上就是新民主主义政权，是新民主主义内容的具体化，是新民主主义政权"国体"构成的具体表现。所谓"国体"，如毛泽东同志所说："就是社会各阶级在国家中的地位。"新民主主义的政权，不同于旧民主主义，它不能是资产阶级专政，但也不是无产阶级专政，而是工人、农民、小资产阶级以及其他各个革命阶级的联合专政。[②] 根据抗日民族统一战线政权的原则，在人员分配上，应规定为共产党员占1/3，非党的左派进步分子占1/3，不左不右的中间派占1/3。值得注意的是，指示明确指出，"三三制"原则的前提是"必须保证共产党员在政权中占领导地位"。

1943年2月9日，武（乡）东县再次开展普遍的村选运动，彻底贯彻晋冀鲁豫边区临时参议会的"三三制"精神，选举和实行新的村政机构，照顾各阶层利益，团结一切可以团结的力量抗战。经过普选后的各级干部的成分均发生了变化。村级政权中，贫农占28.1%，佃农占7%，中农占43%，富农占15.4%，地主占6.5%。1943年2月，武乡开始村选运动，这次村选采取直接的民主选举，每40个公民选举一位代表，组织代表会，取消公民小组，村政委员与代表会代表合一。村政机构为：正副村长下设民事、宣教、财经、粮秣、后勤、优抗、公安委员各一人。村长、副村长、村政委员会委员均由代表间互推互任，村中工作由代表会决议后执行。

---

① 皇甫建伟、霍彦明：《民主的火花》（上篇），太原：山西人民出版社，2012年版，第170页。
② 皇甫建伟、霍彦明：《民主的火花》（上篇），太原：山西人民出版社，2012年版，第144页。

（二）动员和宣传"三三制"精神

1939 年至 1940 年春，太行反顽斗争取得了重大胜利。为了实现共产党的统一领导，建立统一的抗日政权，实行统一的方针政策，集中力量进行对敌斗争和建设根据地。1941 年 5 月，中共中央北方局提出"晋冀豫边区目前十五项主张"。其主要内容之一是实行民主政治，充实健全"三三制"政权，这是团结各阶层抗日力量的新的政权形式，也是新民主主义政权建设在根据地的体现。

武乡县委按照中共中央关于"三三制"建政原则和北方局、区党委的部署，进行了宣传发动，并在活庄村召开了座谈会，特邀十八集团军政治部主任傅钟到会讲了话。在这次有各阶层人士参加的会上，县长潭永华从政府改革、充实各级行政机构、在武乡境内迅速成立村政委员会等 8 个方面，做了动员报告。会议期间，成立了"三三制"政权筹委会，推举武三友、郭茂宏、史玉麟、张涛等 9 人为筹委会委员。

"三三制"政权提出后，在各阶层中出现了不同的反应：开明士绅和同情革命的地主表示欢迎；政治上顽固的士绅，则想搞政治投机，重新掌权；基层干部和工农积极分子基本上拥护。但不同的人看法不同，有的怕地主参加了政权，形成"各吹各的号"的局面，有的怕自己落选。面临这种状况，县委分析了各阶层表现出来的不同态度，于是利用冬学、民革室的阵地，大讲"三三制"的重要性和必要性。同时，以本县开明地主裴玉澍、郝培兰捐助抗日公粮、主动减租减息为典型事例，向群众说明开明士绅是抗日力量。县委书记亲自带领"一班人"，到蟠龙、洪水、监漳、大有等村进行广泛的宣传发动，认真解决群众中的思想问题。为了更进一步将"三三制"建政工作搞好，上级党委调回在各阶层民众中威信高的武光汤担任抗日县长。这样，大大地协调了各阶级的关系，有利于统一各方人士民主建政的思想。由于文化教养和封建社会"庶民不谈国事"的思想束缚，在宣传发动阶段，基层党委、支部花了很大的力气。经过一段深入发动之后，广大群众思想觉悟有了提高，统一了认识，理解了建立"三三制"政权的重大意义，于是开始核实登记公民，划分公民小组。这一切就绪后，就在全县陆续开始了选举。[①]

为进一步扩大政治基础，1940年3月，中共中央针对国民党不断制造摩擦的情况，向党内发出在根据地实行"三三制"政权原则的指示。在抗战时期，中国共产党所建立的政权的性质，是抗日民族统一战线。这种政权，是一切赞成抗日又赞成民主的人民的政权，是几个革命阶级联合起来对于汉奸和反动派的民主专政。

（三）"三三制"政权性质

"三三制"政权是抗日战争时期中国共产党在抗日统一战线方针的指导下建立的民主政权，这种政权的提出具有时代背景，体现了中国共产党团结全国力量一致抗日的决心和信心。"三三制"政权与旧政权的不同在于其民主性，是保障各个党派合法利益的重要基础。具体而言：

首先，"三三制"政权是中国共产党领导的政权。"三三制"原则中关键要有中国共产党的领导，它有别于土地革命战争时期的工农苏维埃政权，也有别于国民党统治区的大地主大资产阶级专政。在政权中，中国共产党的领导地位和工农大众的主体地位是确定无疑的，因为这些抗日根据地是中国共产党领导的武装力量创建的。

其次，"三三制"政权是抗日民族统一战线性质的政权。这一点表明抗日民主政权是几个革命阶级的联合，反对一切破坏抗战和团结的敌对分子。"这种政权不是大地主大资产阶级专政，也不是工农专政，而是各抗日革命阶级的联合专政。"[②] 在抗日战争时期，这种政权是长期存在的，是政权建设的主要依据。

再次，协商民主是"三三制"政权性质的主要表现和特征。从形式上看，"三三制"政权最突出的表现是抗日根据地政权机构中人员分配上的

[①] 中共武乡县委党史研究室编：《中共武乡简史》，北京：中国财政经济出版社，1990年版，第121页。

[②] 皇甫建伟、霍彦明：《民主的火花》（上篇），太原：山西人民出版社，2012年版，第164页。

"三三制"，由此许多党员和群众认为中国共产党的地位下降了，但事实上人员分配的"三三制"并不能决定"三三制"政权的性质。关于这一点，周恩来同志曾明确指出，"'三三制'有两个特点：一个就是共产党不一定要在数量上占多数，而是争取其他民主人士与我们合作。任何一个大党不应以绝对多数去压倒人家，而要容纳各方，以自己的主张取得胜利。第二个特点就是要各方协商，一致协议，取得共同纲领，以作为施政的方针。这两个特点是毛泽东同志'三三制'的思想。"① 因此，"三三制"的原则不是表现在数量上的分配和变化，而是表现在决策制定和实施阶段，也就是说，"三三制"是为了实现党内与党外的合作，通过吸纳党外人士的参与，进行协商讨论，使决策更加科学合理。因此，协商民主是"三三制"原则的本质特征。

（四）"三三制"实施效果

经过"三三制"村选，根据地的基层政权得到较为彻底的改造，太行根据地"一般村长绝大多数是党员，闾长和村政委员党员数量很少"，根据地基层政权主要掌握在党组织手中，非中共人士广泛参与其中。这代表着根据地的政治生活更具开放性，同时党组织对政权的掌握更加牢固。有人曾专门撰文指出，"中国过去政治的腐败就是坏在好人不管事，管事的多半不是好人"，"有了好人来办政治，就等于政治改良了一大半"。如"三三制"村选，正是让农民充分享受选举权，选举"好人来办政治"，从根本上改善基层的官民关系。1943年8月，武（乡）东县召开各阶层人士座谈会，到会根据地、敌占区各阶层代表60多人，大家本着民主团结的精神，开怀畅谈。会议中心是再次贯彻"三三制"政策，讨论加强统一战线、巩固根据地、坚持抗战到底等问题。武光清县长致了开场词，与会人士踊跃发言，共产党代表彭涛讲道："六年抗战的坚持是团结的总结！"最后由武光清县长负责解答了各种具体问题。

---

① 周恩来：《周恩来选集》（上卷），北京：人民出版社，1980年版，第253页。

"三三制"政权建立以后，不仅成为"敌后抗战的最好政权形式"，而且成为"抗日民主统一战线的最高形式"，"是领导中国抗战与革命到最后胜利的最好的最有力的形式"。这种政权对于全民族抗战的最后胜利起了巨大的作用。

一是最大限度地巩固了抗日民族统一战线。经过"三三制"原则建立的新政权，具有广泛性，成为群众利益的真正代表和对敌斗争的坚强支柱。新选出的村长，基本上都是由办事公道、热心抗战、敢于斗争的农民党员担任。他们的当选，深受群众爱戴，许多村庄为新选的村长披红戴花，敲锣打鼓，举行欢庆会，热烈祝贺民主政治的胜利。平素为人公正、热忱抗日的开明士绅，都选入新的政权机构。如天有镇的武乡"四大家"之一的地主裴玉澍，圪嘴头村的地主郝培兰，都被选为晋冀鲁豫边区参议员；马牧村士绅郝砚田抗战前曾任过阎锡山的静乐县县长，这次也被选为抗日县政府财政局局长。

裴玉澍（1890—1946），原名裴会宝，字海珊，大有镇人，出生于地主家庭。少年入学读书，成年后经营家业，有爱国爱民思想。1920年，因捐助救灾款获国民党中央内务部一等金色义赈奖。"七七"事变后，裴同情抗日运动，积极资助武乡地方抗日武装。1939年9月18日，裴参加了在土河召开的榆社、武乡士绅大会，响应抗日政府号召，捐助抗日公粮，受到了朱总司令、彭副总司令的赞扬，荣获八路军总部奖旗一面，上书"毁家纾难"，被誉为武乡开明士绅。1941年7月，裴被选为边区参议员。1942年、1946年，两次出席晋冀鲁豫边区参议会。1946年逝世，时年56岁。①

由于开明地主和士绅参加了政权，逃亡的地主与国民党员48人中，有28人陆续回到家乡，努力生产，用实际行动支援抗战。这次大选结束后，

---

① 山西省武乡县县志编纂委员会：《武乡县志》，太原：山西人民出版社，1986年版，第774页。

县委在一区的墨镫、寨坪、杨李枝三个村进行了调查，三个村共选出代表65人，其中地主、富农15人，中农24人，贫农23人，雇农3人。除杨李枝"三三制"较差外，墨镫、寨坪都充分体现了"三三制"精神。地主、富农对自己的代表当选深感满意，中农、贫农的代表都是在群众运动中替大家谋福利的，更得全村人的拥护。

1943年2月19日，为了进一步巩固和完善"三三制"的抗日政权，全县又普遍进行了一次村选运动，彻底贯彻临时参议会的"三三制"精神，试用新的村政机构。普选后的各级干部成分发生了变化，在村级政权中，贫农占28.1%，佃农占7%，中农占43%，富民占15.4%，地主占6.5%。

同年3月27日，《新华日报》报道，武乡先进村村选结束，彻底贯彻了"三三制"精神，各阶层利益均获得保障。4月23日，武（乡）东县抗日政府召开各界人士座谈会，出席的有各方面代表63人。会议中心议题是：再次贯彻"三三制"政策，讨论加强统一战线，进一步加强各阶层的团结，巩固根据地，坚持抗战到底。

1944年夏，在东沟召开的全县第一次各界人民代表有各界代表115人参加，民主选举县长和参议会议是县级政权建设上开始的一个新纪元。

二是充实和健全了抗日根据地民主政权，保证了共产党的领导地位。在党的领导下，充实和健全"三三制"政权，保证了共产党在其中的领导地位，保证了贫苦农民在其中的绝对优势，得到了广大人民群众的拥护，同时也团结了农村开明士绅。在十分艰苦的斗争岁月里，有力地组织和领导了全县人民对敌斗争，粉碎了敌人残酷的军事"扫荡"和经济封锁，并深入开展了根据地的减租减息和反奸清算、生产救灾运动，为巩固根据地的建设和赢得抗日战争的最后胜利，奠定了牢固的基石。如1942年4月28日，武（乡）东开明士绅裴玉澍响应政府捐资兴学的号召，为本县下家沟村出钱兴建一所抗日小学，受到县政府教育科的嘉奖。

同时，各阶层在新政权中都得到了一定的政治地位。全县农村的团结力量更趋于巩固。各区群众在选举大会上，都有很多意见向新代表会提出，墨镫群众提出的土地、负担、贪污、婚姻等问题达25件，均经新代表圆满解决。墨镫地主李鸣凤当村长时曾贪污大批公款，如果如数赔出，即需变卖家产。新代表会照顾李鸣凤的生活，便予以适当解决。群众都说："新代表不但有权利，而且是照顾大家的呀！"这一次民主选举，对有错误的干部也毫不姑息。武（乡）西县政府县长李超周，由于在减租减息运动中领导不力，压制群众，代表们纷纷向上级反映，结果罢免了他的县长职务。广大群众兴奋地说："实行'三三制'，发扬新民主，各阶层意见都遵守。"此次经过民主建政，区公所增设了副区长和武装、公安、民政、财粮、生产等助理员；村公所也增设了治安员、民政员、财粮员等村干部，在完善县政府编制的同时，加强了区、村两级抗日民主政府的建设。

总之，太行抗日根据地民主政权的建设有效提高了共产党的领导与执政能力，提高了根据地的动员能力，最大限度巩固了抗日民族统一战线，不仅使得抗日根据地战胜了相持阶段所面临的巨大困难，而且为抗日战争的最后胜利提供了有力保证。太行抗日根据地通过民主政权的建设，成功地动员了民众的参与。其动员机制有效运行首先得益于两个方面的保证。一是党的领导。党对于选举的工作应有任务，选举时，候选人的选举要经过下级讨论，并且反映群众意见，最后形成决定后，要求全体党员一致行动，投票时保证一致。各群众团体也同样提出和讨论候选名单一致的投票，必要时党可以决定几个公开党代表进行竞选运动。参加选举运动是党对过去工作的检阅与群众关系的深度检验，选择前后都应当要有精密的计划布置和检讨检查。二是民主教育。给了民权，就需要让人民知道何为民主、怎样运用民主，进而能够为争取民主而斗争。三是能做参议员的干部要有计划地培养。没有好干部参议会将会落空，准备干部选择的方法，选择与群众最有密切联系，且有某些办法的本地干部，要是同志就调到组织上来加以专门训练，要是群众就在公开的训练中加以训练。①

---

① 太行地委宣传部：《分区委训练教材、区代会决议课本》，武乡县档案馆藏，档案号：0003-3-1。

第三章　吸纳整合：以组织建设凝聚群众

　　1943 年 11 月 29 日，毛泽东同志在中共中央招待陕甘宁边区劳动英雄大会上作了题为《组织起来》的重要讲话。在当时的历史背景下，《组织起来》的直接口号是为发展边区生产、克服经济困难指出一条明确的道路。[①]毛泽东同志指出："我们的军队如果只会打仗，那是不能解决问题的。"因此必须"把群众组织起来，把一切老百姓的力量、一切部队机关学校的力量、一切男女老少的全劳动力半劳动力，只要是可能的，就要毫无例外地动员起来，组织起来，成为一支劳动大军"[②]。脱离群众运动的组织是形式主义，组织动员是中国共产党动员群众、凝聚群众力量的重要方式，通过发展党组织、建立各种群团组织的方式，让群众组织起来，为巩固抗日根据地、夺取抗日战争胜利奠定基础。在各组织关系中，党是最先进的组织，群众组织是群众的阶级组织，武委会是由群众中最觉悟的分子组成的，政权组织采取"三三制"原则。党组织工作的规律：第一步，开展群众运动，建立群众组织；第二步，从群众组织中建立党组织，进行民主建设；第三步，采取"三三制"原则建立政权组织。1939 年，太行区党委把贯彻中央六届六中全会精神放在首位，认真学习毛泽东同志在六中全会报告中提出的共产党应起模范作用的论述，提出了在党员干部中树立"以天下为己任"的光荣感与责任感。在党的领导下，根据地群众运动蓬勃兴起，开设了青年学生训练班、老师训练班、牺盟秘书训练班、农民训练班、妇女训练班等各种训练班，培训了一大批抗日积极分子，动员了广大人民群众，特别是组织晋东南工人救国会、晋东南妇女救国会、晋东南青年救国会、晋东

---

①　王立胜：《毛泽东"组织起来"思想与中国农村现代化社会基础之再造》，《现代哲学》，2006 年第 6 期。

②　毛泽东：《毛泽东选集》（第 3 卷），北京：人民出版社，1991 年版，第 928 页。

南农民救国会等各种救国组织，这些组织实际上是晋冀豫区全区的组织，但为了充分利用山西的合法形式，便于开展工作，都冠以"晋东南"而没有使用"晋冀豫"。这些救国组织的成立，发挥了动员民众抗日救国的作用，掀起了晋冀豫区的抗日热潮。

一、加强党组织建设

没有共产党的坚强领导，就不会有抗日根据地的创建与发展。党组织的建立和发展是创建抗日根据地的基石，没有党组织的发展壮大，就没有抗日根据地的发展壮大。在抗日根据地建设中，党组织领导广大人民改造旧政权，逐步建立了政、军、统、群组织机构，同日本侵略者进行了殊死的斗争，巩固和发展了抗日根据地，为夺取抗日战争的胜利作出了重大贡献。① 党组织建设是中国共产党组织动员群众的前提，也是团结群众的前提。

（一）加强太行区党组织建设

1. 组织领导

在太行抗日根据地创建之前，太行地区就已经有了党的组织，是建党较早的地区之一。抗日战争爆发之后，为了更好地领导太行抗日根据地的群众运动，中国共产党从 1937 年 10 月起，建立太行区党委——晋冀豫省委，任命李菁玉为书记，李雪峰为组织部部长，徐子荣为宣传部部长，后来又任命彭涛为民运部长。根据中共北方局指示，晋冀豫省委机关随一二九师师部行动，对外番号为"一二九师编辑部"。晋冀豫省委主要在太行山两侧活动，负责后来晋冀鲁豫边区太行根据地的所有地区。② 其管辖范围为正太路以南、平汉路以西、同蒲路以东、黄河以北的河北、河南、山

---

① 长治市老区建设促进会：《长治革命老区》，太原：山西人民出版社，2007年版，第55页。
② [澳]大卫·古德曼：《中国革命中的太行抗日根据地社会变迁》，田酉如等译，北京：中央文献出版社，2003年版，第54页。

西交界地区。

冀豫晋省委成立后，立即奔赴各地与地方党组织联系，迅速恢复和建立各县党的组织。11月初，八路军总部与一二九师在和顺县石拐镇召开了干部会议，主要部署建立以太行山为依托的抗日根据地，要求部队化整为零，分散到各地开展游击战争，省委领导人也参加了会议。太北地区主要集中在晋中、冀西、晋东（以武乡为中心的几个县）。同时派以安子文为首的工作委员会赴太岳山区与薄一波同志配合，依靠决死一纵队开展工作。

在这样的形势下，中共冀豫晋省委与一二九师一道，组织了一大批人员分赴各地，这些人员以八路军团的名义，或以支队、大队的名义，同各地党的组织进行联系，并密切配合，加强建党建政、组织游击队等工作。省委很快在这一区域建立和恢复了党的组织，除此前已经成立的晋中特委之外，又建冀西、太南、冀豫边等特委，同时有20多个县建立了党的县委机构。[①]

冀豫晋省委当时的内部动员口号是"争取时间、争取空隙、先行建立阵地"。省委成立时直接依靠的党员仅30来人，加上原属平汉线省委的元氏、赞皇、磁县等县以及中条山、豫北的一些关系，党员有100多人。这些同志都是经过严酷环境的考验，在复杂艰苦的斗争中幸存下来的，是以后太行根据地的骨干力量。[②]

2. 组织原则

太行区党委建立以后，严格坚持民主集中制的组织原则。民主集中制实质上是民主的集中制，是社会主义国家的集中制，它区别于奴隶社会、封建社会和资本主义社会的集中制，是无产阶级政党和社会主义国家机构的根本组织原则和领导制度。它的基本含义是民主基础上的集中和集中指导下的民主相结合。民主集中制规定了领导和群众、上级和下级、部分和整体、组织和个人的正确关系，是胜利推进革命和建设事业的重要保证。[③]

① 郝雪廷：《八路军的故乡》，太原：山西人民出版社，2010年版，第193页。
② 李雪峰：《李雪峰回忆录》，北京：中共党史出版社，1998年版，第25页。
③ 刘学理：《民主集中制》，北京：解放军出版社，2007年版，第28页。

抗日战争初期，毛泽东同志在《和英国记者贝特兰的谈话》这篇文章中指出，民主集中制"是民主的，又是集中的，将民主和集中两个似乎相冲突的东西，在一定形式上统一起来"①。

　　民主集中制是太行抗日根据地党组织建立的主要依据，要求党的每个组织和党员都必须遵守，都必须按照这个根本原则办事。具体而言，在上级党组织与下级党组织之间、党员与党组织之间，必须坚持四个服从，即党员服从党组织，少数服从多数，下级组织服从上级组织，全党各个组织和全体党员服从党中央。只有加强党对党组织和党员的政治领导和思想领导，才能够凝聚党内合力，才能更好地动员群众为抗日战争的胜利而奋斗。同时民主集中制也要遵循民主选举的原则，推行党内民主。最基本的要求就是党的各级领导机关必须经由党内民主选举程序产生，要有广泛的群众基础。党内民主是推动社会民主的前提，是党密切联系群众的政治基础，搞好党组织建设，必须进一步坚持和改善党内民主。

（二）加强县党组织建设

　　1937年11月15日，中共中央北方局发出《关于目前形势与华北党的任务的决定》，决定指出："在游击战争中，我党已成为政权与武装的主要领导者，因此我党应立即公开，建立公开的党的领导机关，发展党员，建立地方党部。"与此同时，刘少奇发表《为发动华北广大群众的抗日救国运动而斗争》一文，指出："必须十倍百倍地发展我党的组织，才能保证我党的领导。"② 为了便于游击战争的开展和领导群众运动，在中共中央的领导下，晋冀豫省委开始着手建立各县的党组织。

1. 组织建立

　　1939年4月16日，根据《中共晋冀豫区委关于地委县委组织机构的决定》，各县县委各部改称为科，必要时科下设股。其动员武装科最重要，

---

① 毛泽东：《毛泽东选集》（第2卷），北京：人民出版社，1991年版，第383页。
② 金冲及：《刘少奇传》，北京：中央文献出版社，1998年版，第284页。

科长由县常委之一担任，自卫队、游击队负责同志为该科干事，组织经常会议，管理一切动员武装工作，必要时可经常召开动员武装会议，吸收各民众团体动员武装负责同志参加。分委及支部均设动员武装委1人。在基干自卫队或游击小组中起核心领导作用，即各支部动员武装负责组织，为支部最重要工作之一。[①] 在太行抗日根据地腹地武乡县，早在抗日战争之前就发展了地下党组织，并领导人民进行了"五抗"斗争，拥有较好的群众基础。随着抗日救亡运动的蓬勃开展，武乡党组织也同整个华北地区的党组织一样，将革命斗争的主要目标转向反抗日本帝国主义的侵略。因此，党的各级组织也在风起云涌的抗日运动中得以恢复和发展。

抗日战争期间，武乡县党组织的发展经历了两个阶段：

第一个阶段是从1937年10月至1940年7月。这段时间，武乡县在太行区党委的领导下，建立了中共武乡县临时工委。1937年10月，中共山西省委派中共党员徐子荣、王玉堂和高沐鸿到晋东南开展工作，鉴于武乡党组织有基础，将整顿恢复武乡党组织工作为基础开展工作。同月，他们便来到武乡与牺盟会特派员韩洪宾等人一同开始调查研究，设法尽快恢复区、村党的组织，成立了中共武乡县临时工作委员会，由王玉堂任临时工作委员会书记，其公开身份是武乡县人民武装自卫总队队长；韩洪宾任组织委员，其公开身份是牺盟特派员；高沐鸿任宣传委员，其公开身份是省理论委员会委员。1938年2月，以陆清廉为团长的八路军工作团进驻武乡，同中共武乡县临时工作委员会、县牺盟分会密切配合，继续发动群众抗日，成立了中共武乡县委员会，工作团长陆清廉任县委书记（对外称八路军工作团长）。3月，中共武乡县临时工委改为中共武乡县委。9月，为了加强党对创建根据地工作的领导，便于和相邻县党组织取得联系，晋冀豫区委决定将中共武乡县委改为中心县委，帮助指导榆社、祁县两个县委的工作。10月，武乡县委兼管榆社、祁县两个县委的工作。

---

① 山西省档案馆：《太行党史资料》（第2卷），太原：山西人民出版社，1989年版，第304—305页。

1939 年 7 月，中共武乡县在县城（今故县）东关郝家庄召开第一次党代表大会，大会采用民主集中制的原则，选举产生由刘建勋、张烈、武三友、魏效泉、王宗琪 5 人组成的新县委，县委书记刘建勋，副书记张烈，组织部部长魏效泉，宣传部部长王宗琪。同时，大会采用民主集中制的原则还选举刘建勋、武三友、李国珍为出席晋冀豫区党的第一次代表大会代表。① 大会回顾了 6 年来武乡党组织的创建发展历程，总结了党在创建和巩固发展武乡抗日根据地的各项工作中所发挥的模范带头和核心领导作用以及在建党方面所取得的经验教训，指出了党在今后抗战中的任务和建党方面应着重注意的问题，比如要发展知识分子和贫雇农入党的问题，对以后要加强对党员的思想、政治、纪律教育，提高党员政治素质和战斗力，发挥党组织的战斗堡垒作用、搞好党的自身建设、进行调查研究、密切联系群众等问题，都提出了明确的要求。还组织学习了 4 月召开的全区民运干部会议的文件精神，牢记区党委民运部长彭涛总结的几点民运经验。具体地说，就是要把群众斗争的目的与共产党领导的要求结合起来，在党的工作中，要把抗日民众的切身利益与提高民族意识和政治觉悟紧密结合起来。只有这样，才能开展参军参战运动。大会最后号召全县民众，紧密地团结在党组织周围，团结一切抗战爱国的进步力量，孤立和打击顽固势力。要充满中国必胜的信念，为中华民族的独立与解放而英勇战斗。

从抗日开始到第一次党代会的召开，武乡县党组织经历了一个大发展时期。新党员的成分主要是雇工、羊工、煤矿工人和外地回乡的青年学生，各个编村都建立了党支部，全县党员已发展到 2500 多人，这次党代会，把各级政府和群团组织统一置于党的绝对领导之下。中共武乡县第一次党代会，是武乡建党史上一次重要会议，对于克服抗战所面临的巨大困难、巩固抗日根据地、并把县党组织建设成团结各阶层抗战的领导核心起到了不可估量的作用。同时，也从抗日斗争实践中得出一个结论：只有中国共产

---

① 山西省武乡县县志编纂委员会：《武乡县志》，太原：山西人民出版社，1986年版，第238页。

党才能救中国。党代会之后，根据上级指示精神，撤销中共武乡中心县委，恢复中共武乡县委。

1939 年 8 月，日军占据南关、南沟，为了对敌斗争的需要，中共武乡县委分设武（乡）西办事处，由八路军武（乡）西工作团领导。[①] 武乡党的第一次代表大会之后，县委机构才开始健全，并设组织部和宣传部，秘书室设秘书一人。全县下设五个区委（当时称分委），每区设书记一人，组织、宣传委员各一人。[②]1940 年 4 月，中共武乡县委又改为中共武乡实验县委。

第二阶段是从 1940 年 7 月至 1945 年 8 月。1940 年 7 月，日军占领段村镇后，为了加强对敌斗争，东村以西的武（乡）西地区，从武乡划出另设县制，成立中共武（乡）西县县委。武乡东县辖区为东村以东地区，所辖区仍维持原武乡实验县时的组织机构，武（乡）东县委仍称中共武乡实验县委，下属机构及县委机关设置未变。1941 年 3 月，撤销实验县委，恢复中共武（乡）东县委。8 月，召开了中共武乡县第二次代表大会，选举产生了新的一届县委。10 月，归属中共晋冀豫三地委领导，下属区分委先为 13 个，后调整为 8 个，县委机关驻大有、王庄沟、东沟一带。1943 年 6 月 14 日至 1944 年 2 月，日军占领武（乡）东重镇蟠龙。县委以围困斗争形式在组织领导上将党、政、军、权集于一体，成立了前方指挥部，区、村设立了前方指挥组。在领导体制上由县委正、副书记分别担任该指挥部的正、副政委，强化了党的领导。经过 8 个半月艰苦卓绝的斗争，领导全县人民取得了围困蟠龙斗争的伟大胜利。1944 年 2 月 28 日，迫使日军退出蟠龙，使武（乡）东县根据地得到恢复和巩固。1945 年 8 月，中共武（乡）东县委组织人民群众，配合八路军攻克段村，武乡县大部分地区成

---

① 中国共产党山西省武乡县组织部：《中国共产党山西省武乡县组织史资料》，太原：山西人民出版社，2000 年版，第 27—28 页。
② 山西省武乡县县志编纂委员会：《武乡县志》，太原：山西人民出版社，1986 年版，第 236 页。

为解放区。①

2. 组织发展

以牺盟会、八路军工作团为外力推动，太行根据地的中心区域在1938
年初已经奠定一定的组织基础。但是，当时党组织的状况仍然是党员数量
有限、党组织的力量薄弱，党组织分布不均衡，影响力有限。这些成为阻
碍中共向群众性政党转变的重要因素。② 为此，各地区县党组织建立以后，
主要的工作任务就是发展党的组织体系，动员群众积极抗日，通过发展党
员和基层党支部，动员群众逐渐发展和壮大起来。

一是培养干部。干部问题是党的组织上最重要的问题，干部问题之所
以重要，是因为党的政治路线战略与策略之实际应用，是和保证党有充分
的坚强干部的问题，党的力量如何分配的问题，如何同群众发生联系的问
题，干部所有的实际经验与理论准备的程度问题等密切联系着。组织要非
常活泼，富有指挥的能力，能够迅速随着环境之变化以改变自己的队伍，
并在各种不同的环境中迅速动员党的力量，那就要依靠党的组织中有与广
大群众保持密切联系且在思想上坚定、工作上积极的干部。干部问题之所
以特别重要，是因为全国抗战已经开始，全民统一战线已经形成，在各个
战线上需要领导人才，在各种工作中需要大批的能够掌握新的环境的干部，
去实现党的路线和策略。抗战开始，武乡面临的首要任务是在恢复和发展
党组织的同时，抓紧培养抗日干部。当时，武乡党的干部来源主要有四个
方面：（1）抗战前就加入中国共产党，但因国民党反共和日军的侵入而被
迫解散，后又恢复党员身份，他们有武华、武三友、魏名扬、姜一、王锦
心、李福元、赵晋臣和赵天恩等。他们在地下时期，就受党的教育，又
发动与参加了农民"五抗"运动，有丰富的斗争经验和坚强的党性基础。
（2）一大批在北平、太原等地求学的进步青年，如武光清、杜火、李旭、

---

① 中国共产党山西省武乡县组织部：《中国共产党山西省武乡县组织史资料》，太原：山西
人民出版社，2000年版，第53页。
② 李秉奎：《太行抗日根据地中共农村党组织研究》，北京：中共党史出版社，2011年版，
第67页。

李衍授、武铭、王润华、李安唐、史玉麟等，抗战后返乡参加了抗日救亡运动，经过牺盟会组织，吸收他们为党员。这批青年学生在学校较早地接触了马克思主义，参加过学生运动，受国际和国内新思潮的影响较多。其中，杜火在北大就学时，还参加过"一二·九"学生运动和由进步青年组织的"民族解放先锋队"，具备了入党的条件和担当抗日工作的能力。（3）从太原兵工厂和平民工厂返乡的石汝麟、李国祯、李瑞堂、贾志厚和赵寿延等，他们在太原曾参加过反对阎锡山残酷统治的工人运动，其中不少还是工人运动的骨干，具有顽强的斗争意志和丰富的工运经验。（4）当地在乡知识分子，民校和青校毕业的学生和旧政府中经过改造和争取的职员及村长，如刘庆伍等。此外，还从广大工农群众的积极分子中提拔培养了一批乡村党政主干。

二是发展党员。党组织发展党员的方式：（1）在群众斗争中发展组织，如石拐、和顺、辽县、黎城、武乡、沁州等地的党员，都是在斗争中发展起来的，同时也证明了只有在斗争中发展起来的组织才是巩固的。[①]（2）与群众运动相结合，通过解决群众的负担问题、土地问题等，使群众认识到中国共产党的阶级立场，激发群众入党的积极性。（3）还有一种比较机械化的方法，就是召开农会积极分子训练班，由农会在各村挑选积极分子进行阶级教育，灌输革命思想，经过培训的农会积极分子50%以上都加入了党组织。（4）区委书记亲自发展党员。在武乡西部地区，1938年9月，武（乡）西县县委调史玉麟、武三友赴故城三区任区委书记和农会主席，开展武（乡）西党组织发展工作，经过发动，这个区各主要大村都有了党员，并建立了党支部，玉品村党支部由李如恒负责，三交村由李克诚负责，丈牛坡村由李生木负责（该村还发展了女党员），古城镇由李务滋负责。茅庄村由史玉麟和武三友直接发展白德元、白秀清、白兰香等为党员，后经白德元介绍，又发展白木荣为党员。当时，武（乡）西地区基础好的要算建

---

① 山西省档案馆：《太行党史资料汇编》（第1卷），太原：山西人民出版社，1989年版，第505页。

党最早的北良侯支部，这个村在发展党员的同时，还建立了区级群众组织农救会和青救会，从而使武（乡）西党的队伍不断发展壮大，适应了党在游击区工作的需要。

从 1938 年 4 月到 1939 年 7 月，在武乡第一次党代会召开的一年多时间里，是武乡党组织的大发展时期，党员总数已达到 2500 余人，达到了村村有党员。党的队伍的壮大和党的力量的增强，为武乡日益活跃的抗日工作的进一步开展起到了极大的保证作用。

三是发展基层党支部。党支部是党的基本组织，"一雄壮的房屋必须要有坚固的墙脚才能经得起风吹雨打，不至塌下来，支部与党的结构的关系也好比墙脚和房屋的关系，如果没有强固的支部，在各种群众中起核心作用和堡垒作用，党就没有力量领导无产阶级和数万万人民争取民族解放与社会解放的任务，所以支部是党的基本组织。"① 发展基层党支部是壮大党组织力量，完善党组织体系的重要步骤。县级党组织建立以后，就加强了基层党组织的发展。农村党支部和机关事业单位党支部的发展，一直是县委最关注的工作。1938 年 4 月，粉碎日军"九路围攻"后，太行革命根据地出现了相对稳定局面。武乡进入党组织大发展时期，县委开始着手广泛建立区级和村级党组织，先后在郑峪、洪水、故城、蟠龙、段村等地建立了五个区分委，各区分委采取活动分子会议的形式，以牺盟会作掩护，深入各村发展党员，建立农村党支部。区分委书记就成了发展组建村级党支部的领导骨干，他们以星星之火，燃起了武乡基层党组织工作的燎原之势。

1938 年 6 月，为了适应新形势需要，中共冀豫省委在沁县南底水村召开了重要工作会议，通过了《新形势下省委工作的新任务》（简称《六月决定》），提出了大力发展党员和健全党的组织、扩大武装党员和武装群众、吸收新的工农党员干部到党的各级领导机关、派忠实而有能力的党员去领导游击队和地方武装中党的组织等要求。此后，中共武乡县委把党组织的

---

① 武乡县档案馆：《党的建设》，《武乡革命历史资料》（第1册），第1—7页。

大发展工作放在重要地位，要求党员去发动群众，从基本群众中吸收先进分子入党，建立和扩充基层党组织。武（乡）东山区不少村庄如义安村、石门韩壁、王家峪、姚庄、陌峪等都建立了党支部。在东堡，史思琦、史云则以《中国人报》发行员身份秘密发展邻村党员，蟠龙法云寺小学联合校长张万寿、李玉田等也建立了党支部。

同时，武乡基层党支部的广泛建立，使党得以与千百万群众取得密切联系，有助于党的正确领导的实现和抗日方针政策的深入贯彻，使党在创建武乡根据地中各项工作任务都能够顺利完成。党组织的迅猛发展，也表明了人民群众从党和党领导的军队身上看到了希望。随着根据地的开创，党的政治威信大大提高。至 1944 年，中共武乡县委下属 8 个区分委，一个路南办事处，186 个基层党支部。

四是动员群众。党必须在群众中获得精神上和政治上的信任，领导群众的艺术在于动员和组织更多的群众，执行党所提出的一定的任务和一定的口号。然而，要达到这个目的，党必须在群众中获得精神上和政治上的信任，没有这种信任，党就不能领导阶级，不能动员千百万人进入抗日民族统一战线。为此，县级党组织建立后，最主要的工作任务就是发动、组织与配合八路军动员群众参军参战，扩大八路军、游击队队伍，解决军队的粮食供给问题，对群众进行拥军拥政教育，发动群众做军鞋、纺织，积极参加劳动生产，县委与八路军积极互动，解决八路军的各种实际困难。

3. 组织巩固

1939 年 7 月 30 日，八路军总政治部发出了《关于巩固党的指示》，要求各级政治机关与党的组织根据当前形势，应以巩固和加强党内教育为根本方向。1940 年 4 月，中共中央北方局在太行抗日根据地腹心区晋东南的黎城县召开了"中共中央北方局高级干部会议"，人们习惯上称此次会议是"黎城会议"。本次会议阐述了我党发展进步势力、争取中间势力、反对顽固势力的方针政策和策略，代表北方局提出了为巩固与扩大抗日民主根据地重点进行建军、建党、建政的三位一体任务。黎城会议结束后，三大建设立即加紧进行①，其中建党工作主要是整顿党组织，加强党员成分和党员教育。

一是整顿党组织，解决党员干部成分问题。抗日战争初期，由于在发展党员过程中存在盲目性、片面追求党员数量而忽视党员质量的问题，导致党组织内部鱼龙混杂，不少党员对中国共产党的立场、主张和方针不了解、不熟悉，也有一些特务乘机混进了党组织内部，降低了党组织的纯洁性和战斗性，导致党组织存在脱离群众的问题。为此，太行抗日根据地各县党组织在中共中央和中共晋冀豫省委的领导下，采取了清查党员成分、缩小党员规模和限制党员数量的行动。以武乡县为例，从太行抗日根据地创建之日起，中共武乡县委就在发动群众开展游击战争的同时，注重在全县各地发展党员的工作，大量吸收积极分子入党，使党组织迅速发展壮大。到1939年底，武乡全县党支部发展到217个，党员增加到5708名。党员数量的猛增，壮大了党的力量，为完成各项抗日任务起到了先锋模范作用。但由于根据地刚刚开辟，发展党员带有某种突击的性质，致使一些不符合入党条件的人，如流氓无产者、甚至投机分子、阶级异己分子和个别国民党特务、日伪奸细也混进党内，在党员队伍中出现了一些贪污腐化、作风低劣等现象，降低了党的威信。更严重的问题是，少数混入党内的国民党特务、日本特务分子，千方百计猎获我军情报，并造谣惑众，破坏统一战线，给初创的根据地造成了极大威胁和重大损失。针对这种情况，中共武乡县委从1940年4月中旬开始，遵照区党委《整党与建党是目前的严重任务》的指示，着手开展党组织的整顿工作。5月，中共武乡县委在姚庄召开了党的活动分子大会，动员和部署了整党工作。此后，各区相继召开分委会、支部会，把整党决定贯彻到各级党组织，继而从农村各个支部开始进行整党摸底工作。在整顿党组织的过程中，注重发现支部接收新党员的突出问题，解决问题的方法是逐个整顿与改造支部工作。对于阶级异己分子把持的支部，县委和分委要深入党员群众进行详细考察，排除各种干扰，掌握真实情况，进行严肃处理。对于经过审查确实犯有错误的党员，县委

---

① 李雪峰：《李雪峰回忆录》，北京：中共党史出版社，1998年版，第97页。

要组织支部全体党员进行反复讨论，分别从教育、退党、开除党籍、镇压4个方面给予处理，取得了很好的效果。通过几个月的整顿，到1940年8月初，整党工作基本结束，其中有554名不合格党员被清洗出党。在这次整党中，由于过分强调了唯成分论，指定发展工人、赤贫入党，挫伤了一部分党员的抗日积极性，这也是一个偏差。

在整顿党组织的同时，县委又注重在薄弱地区加强领导，发展党的组织。如在上司、小店、姚家庄等比较复杂的村庄进行阶级调查，选择培养对象，开展抗日工作，动员天主教民抗战。县委遵照上级指示，将转变党的作风同整党有机地结合起来，消除了过去不过组织生活的不良倾向和行政命令式的工作作风。通过这次整党，开始转变了党的作风，使党组织更加纯洁了，党的战斗力大大提高，党员素质明显改善，党支部的核心作用愈加突出，党在群众中的威信更加提高，从而推动了全县抗日工作的蓬勃开展。

二是加强党员干部教育。党员干部领导实际斗争肩负着重大与复杂的任务，必须用马列主义理论全副武装，才能使党在实际工作中明确方向，树立自信心。在太行抗日根据地，无论是中共中央还是区县党委，一直以来党对党员干部的教育问题都非常重视。中共武乡县临时工委针对新发展的一大批党员，以各种方法进行。1937年11月，一二九师和冀豫晋省委在辽县开办了游击训练班，武乡党组织派杜火带领李衍授、李安唐、王占鳌、常贵生、姚茂塘、赵寿彭、赵树仁、杜根尧、史建唐、史民章、陈来生等20多人赴辽县，编入连队，参加培训。训练内容包括如何组织自卫队，保护人民的生命财产和配合正规军、游击队打击日寇，以及如何组织坚壁清野和支前工作等，讨论了游击战争规律、统一战线问题和目前党的任务等。对绝大多数的党员，则采用举办牺盟协助员训练班的形式进行培训。1938年1月，在县城女子高小旧址，举办了一期牺盟协助员培训班，其中绝大多数是党员，实质上是培训党的骨干。这样，从发展组织中提高党员干部的马列主义水平。

1938年5月，武乡党组织进入大发展时期后，对新党员、新干部进行政治教育的任务更加迫切。1938年6月，省委（后称区党委）决定把对抗日干部的培训教育放在第一位，明确规定："无论如何，以县或区为单位，经常开办党员训练班，每个新党员最低经过学习党的建设、党的基础知识、统一战线、群众工作及游击战争的短期训练。老党员也必须经过短期训练班及流动训练班，重新教育他们，使每个党员干部最低限度能了解及执行党的每一个具体工作与决定，并成为群众积极的模范与核心。"正是在这样的严格要求下，中共武乡县委把主要精力放在了党员的培训上。其具体办法是：

派党员骨干去省委、特委等处举办的训练班和党校学习。1938年6月，在晋东南的决死一纵队，于沁县西林村开办了干部训练班，讲授游击战术、步兵战斗条令等军事课和抗日民族统一战线、抗日根据地政策等政治课。训练时间为3个月，朱德、彭德怀、左权等首长亲自授课。党员骨干经过训练和学习后，返乡分赴各地，用社会教育的形式辅导其他党员，普及党的基础知识。

地委、县委开办的党校和训练班。学习一期为3个月，主要训练支部委员和党员。讲课的主要有县委书记、组织部部长、宣传部部长，有时还请驻地军政首长讲课。受训的干部和党员，有相当一部分是农民党员，重点是思想意识上的训练。在教学上运用理论联系实际的方法，深刻理解，学懂即用，效果甚佳。有的一次培训不行，还可以多次参加训练。经过学习和教育的党员干部，绝大多数工作做得很好。当时，党员胡广隆体会到，他入党后经过教育，首先记住的是共产党上下一致，有意见可以向上反映，直至中央。对中央的指示要下达到党员干部。其次是党员干部一定要做到：服从党的决议，遵守党的纪律，保守党的秘密，完成党所交给的任务。

利用传达中央及其他各级党委文件、指示的机会，对党员进行集中培训。1938年5月，毛泽东同志发表了《抗日游击战争的策略问题》和《论持久战》两篇著作，武乡县委及时把县、区、村三级党员干部集中起来，反复学习，认真讨论，提高认识。经过学习，广大党员干部驳斥了"亡国论"和"速胜论"以及轻视游击战争等错误思想。大家懂得了毛泽东对抗日战争发展过程所做出的科学预测，在广大干部的心目中确立了持久抗战的观念，增强了抗战必胜的信心。

采用边发展、边训练的方式进行干部教育，这是对新党员进行教育的一种常用方法，这种方法大多用于集中发展党员之后。这样，广大新党员新干部就能够及时接受党的基本知识教育，对党有了更加深刻的认识。经过教育的党员干部有很多人懂得了只有依靠群众，才能在同反动势力的斗争中取得胜利的道理。多数新干部通过工作实践，成为干部队伍中的新生力量。这种理论联系实际的方法，在干部培训上卓有成效。

经过长时间的整训和培养，提高了广大党员干部的马列主义水平和战斗素质。同时使更多的抗日骨干团结起来，以强大的战斗力和凝聚力领导全县民众迎接抗日战争的新胜利。

（三）加强农村党组织建设

基层党组织是党在基层的战斗堡垒，是联系群众、团结群众、发动群众的核心力量。为此，加强农村党组织建设是太行抗日根据地动员群众参与的重要路径。1937 年 10 月，武乡抗日自卫队在队长王玉堂的主持下，由杜忻作为介绍人，介绍史玉麟、李旭、李安唐、武铭、王玉华、李生旺等人在县城文庙（原县立师范校址）内集体加入党组织，成立了以杜忻为书记的党支部，这是武乡县自抗战以来建立的第一个基层党组织。这些人加入党组织后，活动就更有组织性，目标也更加明确。当时，随着抗日工作的开辟，党的主要任务是发动群众，组建抗日游击队。杜忻后来到大有村找到在当地有一定影响力的魏名扬、王占鳌等人，以教拳练武为名，动员青年参加抗日游击队。这样活动 1 个月，招收 100 多人，统一编到部队。1938 年初，省委派八路军工作团来到武乡县协助工作，成立了中共武乡县委，使该县党组织得到迅速发展，党员队伍逐渐壮大。到 1938 年底，在八路军、决死队的帮助下，全县 48 个大编村全部建立了党的基层组织。同年，县委组织和带领广大群众，配合八路军一二九师在长乐村歼灭日军 2200 余人，粉碎了日军对晋东南地区的"九路围攻"，奠定了晋冀豫抗日根据地的基础。

1. 建立农村党支部

建立农村党支部的目的，是保持党与群众的密切联系。1942年2月，中共晋冀豫三地委针对榆社、武乡两县的实际情况，发出了从1942年9月至1943年1月共5个月的建党工作指示。指示要求在落后的农村统战环境中，建设巩固党组织，必须不可分割地掌握3个环节，即：掌握党的政策，发动组织群众；掌握党的原则，加强党的教育；掌握武装，使支部能应付战争，从战争中巩固起来。为此，提出榆社、武乡两县5个月内建党的总方针是：在群众运动中掌握党的原则，建设支部，在群众斗争中密切与群众的关系，提高党的战斗力。同时，地委还提出几个具体问题作为各区委建党工作的补充指示：一是掌握土地政策，开展群众运动。由于斗争的逐步深入，要求在发动群众上必须掌握好党的政策与策略，明确斗争的目的；要求斗争更加组织化与策略化，为了不使群众运动搁浅，陷于形式主义，要求把土地斗争具体化，主要以负担政策为主，而负担政策的落实必须联系到减租减息工作；同时，要求把发动群众与组织群众、武装群众结合起来，支部在群众运动中要用斗争实现党的政策，积极掌握群众、掌握民兵，加强自身教育。二是掌握党的原则，建设支部。支部要正确掌握党的组织原则与政治原则，处理好1940年整风中部分党员被错误开除或中断关系等历史问题；解决好历史上的不团结、闹宗派等问题，克服各种非党意识；在斗争中，吸收经过锻炼的积极的贫雇农加入党组织，把地主富农等阶级异己分子清除出党，达到改造党的目的。三是掌握民兵，准备秋季反"扫荡"斗争。要求党员成为民兵的核心、模范，以保证支部对民兵的领导权。四是县委、区分委领导要搞好支部考查工作，以研究历史规律，总结历史经验，建设好支部。

2. 加强农村党员干部培训和教育

一是对干部的培训。在干部培养的问题上，努力开办党校及各种短期训练班，注意在工作中训练干部，组织在职干部自我学习，加强对干部进行理论教育和纪律教育，注意选拔当地人担任干部。支部是党的基本组织，是团结群众的核心，是教育党员的学校，必须努力培养与建立一批模范支部，提高支部的作用，在组织上巩固党的同时，应当从政治上、思想上巩固党，保证党内思想的一致。

二是对党员的培训。在发展党员的过程中，由于许多地方没有正确了解中央关于"大量发展党"这一决定的实质，产生了追求数字、丢失原则的错误做法。有些村庄发展的党员占全村人口的30%以上，甚至有全村入党的，不少村庄国共两党对峙，没有非党的中间群众。这样吸收很多缺乏觉悟、趋炎附势的落后分子入党，必然降低了党员质量，使党带有宗派性与党员的帮派观念。同时，也就忽视了教育党员，不知道如何团结群众，形成斗争中的包办主义，有的不顾客观可能性，单纯以完成任务为主，产生了突击思想。为了提高党员素质，适应斗争形势，县、区都把对新党员、新干部的政治教育放在首位，举办党员训练班，让党员学习党的基础知识，进行思想意识训练，要求每个党员做到服从党的决议、遵守党的纪律、保守党的秘密，完成党交给的各项任务。通过培训，党员的素质大大提高，在抗战中发挥出积极作用。

1943年1月20日，中共晋冀豫三地委宣传部发出《战时党内宣传教育工作的指示》，该《指示》明确指出：深入全党的战争思想动员，目的在于使每个党员深入接受战争观念，积极参加战争，领导战争动员工作。要求党的各级宣传部、宣传委员，都要认真贯彻执行地委关于战时宣传鼓动工作的指示，各地委召开区分委宣传会议，分期将指示传达给支部、党员。每个支部发一本战时宣传手册，宣传战争性质，讲解备战知识，报告战争消息。战前动员群众备战，战后安定群众情绪，动员群众劳军。《指示》还指出：党内教育，主要是民主政策教育、党性教育、党员军事化与人生观教育，以提高党员素质；同时，《指示》还对支部小报的办报方针、要求、作用作了具体指示。

3. 树立良好的工作作风

通过建立党员干部与当地群众的密切联系，树立八路军的良好工作作风，能够有效深入群众、联系群众，大力宣传共产党的主张，受到当地人民群众的极大好评为发展党的组织工作创造了极为有利的条件，奠定了良好的基础。

如武乡实验县委在姚庄村召开党的活动分子大会，动员和部署了整党工作。随后，县、区相继召开分委会、支部会，把整党决定贯彻到每个基层党组织。在布置整党工作时，首先交代了党的政策，解除了大多数党员的顾虑，继而从农村各个支部开始进行了整党摸底工作。在整顿党组织的过程中，注重发现支部接收新党员时的突出问题，开展逐个整顿和改造支部工作。对于阶级异己分子及宗派分子把持的支部，实验县委就深入党员群众中，进行详细考察，发现成分好而且忠实可靠的党员，就依靠他们反映真实情况，从而摆脱各种干扰。对经过审查确实犯有严重错误的党员，县委组织支部全体党员进行反复讨论，通过说服教育，根据所犯错误的轻重程度予以适当处分，直至开除党籍。

1943 年 3 月 13 日，武乡县各救会组织集训全县群运干部，150 人参加了培训。5 日，中共中央北方局、野战政治部发出《关于 1943 年整风运动的指示》，要求各地党委和部队进一步加强整风学习，重新进行动员，把整风作为最中心的任务之一。整风的重点应放在地委、专署一级，军队旅和军分区以上领导干部；内容应特别着重于学风部分。党的书记和部队的负责同志应亲自领导这一工作，并由上级调阅干部整风笔记。为了帮助干部学习，决定由《新华日报》（华北版）出版整风旬刊，《党的生活》和《前线》出特刊。15 日，一二九师政治部发出《关于 1943 年整风学习的指示》，根据中共中央北方局、野战政治部关于 1943 年的整风运动指示，调整部队的整风学习内容和时间，要求团以上干部和程度高的机关干部除学习规定的文件外，增加学习内容，程度低的干部增学整顿学风通俗读本；团以上干部的学习笔记按期分别送师政治部审阅，重点要抓紧团以上负重要责任的干部，并对今后整风学习提出具体办法。

1943 年 5 月 5 日，中共太行三地委组织所属县、区部分干部在地委党校进行整风。地委书记彭涛、副书记王一伦亲自领导了这一运动。整风分三个阶段：第一阶段是学习文件，提高思想认识；第二阶段是联系自身实际，坦白交代；第三阶段是总结教育、轻装上阵。通过整风使参加整风的干部、党员受到一次马克思列宁主义的思想教育，提高了思想认识水平和处理问题的能力，增强了党性和联系群众的自觉性，为夺取抗日战争的最后胜利奠定了思想基础。整风后期，开展了思想整风和审查干部相结合的坦白运动。但坦白运动进入高潮时，由于受延安"抢救失足者"运动的影响，采取了"左"的错误做法，人为地进行所谓的"坦白"，搞扩大化，伤害了许多好干部、好党员，破坏了整风的良好风气。后来，地委在上级党委指示下很快纠正了错误，对搞错的同志给予平反，为以后的整风审干提供了经验。

1943年冬，武（乡）东县委开始整风。首批由县委书记麻贵书、组织部部长赵迪之、宣传部部长李衍授等率领区委书记以上干部到黎城县南委泉参加中共太行区党委整风学习。随后，县、区干部全部在砖壁、土河等地参加整风班学习。然后，在全县农村党支部中，普遍开展整风运动，进行马列主义教育。武（乡）东县的整风运动分三个阶段进行。第一阶段是学习22种文件，提高大家对整顿三风的认识；第二阶段是接触实际，开展思想运动；第三阶段是在农村整风中采取系统反省和总结教育。在整风运动中，县委还开办了不同类型的支委干部整风班。通过整风，广大党员干部进一步明确了马列主义理论联系实际的原则，为战胜一切困难和夺取抗战的最后胜利，奠定了坚实的政治基础。

确定要整风时，我非常高兴，心里想通过这一次整风使党更了解我，好批准我入党，所以王局长及赖部长在大会上几次动员，说好党员要大胆暴露自己，大家要争取积极分子，在整风中成绩要占百分之七十，整风前占百分之三，自己想了想自己虽在整风前，经院长介绍，填表和加入组织，但那是过去的，在整风中成绩不好，影响咱入党。整风刚开始，上级号召拿材料，自己将一切不可告人的问题，拉破面皮，毫不顾忌，都暴露出来……开始从小组检查思想，开始认为自己过去忠于党不是那么好，而是忠于自己，通过反省，认识到党是代表人民利益的，我只要老老实实为群众服务，我就等于是个党员。同时，也认识到自己利益和革命利益是分不开的，只有革命成功，自己才能真心得到幸福。通过反省，找到自己的主导思想，认识到过去自己束缚自己，深入体会到这种思想给我的痛苦和在整风中给党的危害，解决了我主观上拥护党，不但党不喜欢，相反对党是有害处的，认识到群众的力量是强大的，它是前进的源动力，更奠定了誓为群众解放事业奋斗到死的信心。——山西武乡党员高力自传[①]

二、发展群团组织

1938 年 6 月，冀豫晋省委根据粉碎"九路围攻"后的新形势，及时作出了《新形势下省委工作的新任务》的决定，即《六月决定》。县委根据该决定把"群众工作作为建立根据地的最基本工作"来抓，比较深入地发动群众，形成蓬勃发展的抗日运动热潮，在抗日高潮中宣传贯彻行之有效的合理负担政策。在充分发动群众的基础上，全区群众运动进入了一个新的阶段，群众运动与争取民主、要求改善民生的斗争相结合，各种抗日群众组织逐步走向统一领导、统一行动。这一阶段，在反贪污、反摊派不公、民选村长和撤换坏村长的斗争中，在实行减租减息、增加工资和实行合理负担的斗争中，巩固扩大了群众组织，建立了各地区和全区统一的领导机构。各地以自卫队和农救会为主，普遍建立起工救会、农救会、自卫队、青救会、妇救会、儿童团等抗日群众团体。如 1939 年春天，在晋东南全区工、农、青、妇和自卫队等抗日团体组织起来的成员，达到 140 万人以上，县区各级群众组织的领导机构也大都建立起来。在此基础上，陆续建立了全区性的群众组织领导机构。至此，全区的群众运动从组织上得到了统一。

---

① 武乡县档案馆:《高力自传》，武乡县档案馆藏，档案号: 3.2.2-0016。

表 3-1　武乡南关村各种组织统计表 [①]

全村户数	全村人口数	能参加活动人数	不能参加活动人数	农会	民兵	自卫队	妇救会	儿童团	普通班
195	628	486	142	60	30	18	60	49	68
备注									

（一）建立农救会

当时中共在农村建立的群众组织包括农会、青救会、妇救会等，其中农会处于核心地位。各种群众组织的建立一般都是先建立农会，然后再建立其他群众组织。[②] 抗日战争时期，中国共产党领导的农会与旧农会有本质性区别，它是以广大贫苦农民为主体，以推翻封建地主政权为宗旨的农民政权。[③]

在太行地区，国民党政府的统治力量较强，他们百般限制和阻挠农民运动，导致农运的发展和农救会的建立都很困难。抗战初期，只是在八路军活动的地方和党的基层工作较好的村庄，建立过少量基层农救会；由于部队流动和环境的变化，这些基层农救会坚持工作也很不容易。所以，在较长时间内豫北群众运动的发展较迟缓，规模不大。随着革命形势的变化，在农救会基础上正式建立了农会（习惯上仍称救联会）。事实上，早在1937年12月，山西省第三行政公署主任薄一波发布了两项命令，一是实行减租减息，合理负担；二是组织农救会等抗日群众团体。根据这一命令，武乡县牺盟会通过公开发动和组织，采用民主选举的方法，在县城（今故县）成立了武乡县农民抗日救国会，选举老党员赵晋臣为农救会主席，党

---

① 武乡县委会：《武乡白晋沿线七个村的训练班材料》，武乡县档案馆藏，1940年4月16日，档案号：A3-2.1-5。

② 曹冬梅：《中国共产党与中国农村社会变迁丛书：建设社会主义新农村》，石家庄：河北人民出版社，2015年版，第243页。

③ 于建嵘：《岳村政治》，北京：商务印书馆，2011年版，第151页。

的农村工作主要是通过农救会去开展的。

农会是农民在中国共产党领导下自愿结合起来的群众组织。抗日战争时期，凡是斗地主、反恶霸、分果实等重大问题，都必须由农会研究决定。农会的建立，保证了土改运动的顺利发展，使农民分得了土地，发展了生产，在政治、经济上彻底翻了身。农会设主席、副主席、委员等职，每个村选一个农会会长。农救会成立后，通过加强模范会员等方式，把发动群众进行反汉奸、反贪污、实行合理负担、"二五减租"的斗争当作重要任务来抓。同时，还致力于建立农民夜校、组织合作社、推动政权执行新令法，改善雇农生活以及开展参战运动，实际调查庙社资产，尽量发挥民力。

在武乡，农救会多次组织发动雇农、贫农、中农、农村手工业者及贫苦小知识分子自愿入会，经村农会委员会批准后，方可成为会员。到1947年，全县农会会员发展到23 000余人。在领导贫雇农参加土地改革运动、积极参加民兵组织、保卫斗争果实、监督村政干部工作、维护民主政权等方面，作出了积极的贡献。组织农会工作人员，发动全体农会会员，讨论合理负担，实行减租减息，有钱的出钱，有力的出力，团结各阶层群众共同抗日，并不断商讨改善民生等问题，从这些实际工作中发现积极分子，将其培养成入党对象，以扩大党员队伍，增强党的力量。

1939年8月9日，为了发扬民主、改善民生和提高广大民众的参战热情，武乡东部山区的土河编村党支部，配合村农救会举行了全体大会，到会的各村农救会会员300余人，由农救会秘书刘时云任大会主席。会上提出了多件议案，集中讨论了改善民生问题，中心议题是彻底实行合理负担、减租减息等，并以此为典型推动全县范围内的改善民生运动。19日，武（乡）东县西堡编村农民救国会，召开全编村村民代表大会，发起拥护三民主义运动，倡议团结一切可以团结的力量，坚持抗战到底。

武（乡）东县在白家庄天主堂召开全县农民代表会，各区出席会议的代表1019人，本次会议选举产生由姜一、张天麟、李春方组成县农救会领导班子，全县参加农救会的农民2万人以上。农救会的主要任务是：在各级党组织的领导下，用经济的（组织合作社、劳动小组等）、政治的、文化的等多种形式宣传和组织农民参加抗日斗争。同时，领导农民向封建地主进行减租减息、实行合理负担的斗争。通过组织群众进行斗争，提高了农民的组织性和阶级觉悟，解除了群众的切身痛苦，改善了人民生活，农代会对推动全县农民运动起到极大作用。会后，农救会在全县各地组织了不少生产互助组织，还利用每人纳半升米的会费作为基金，在贾豁村的海神庙办了织毯厂。

政府对群众团体的经费帮助是很少的，群众团体都是靠自己的会费来维持。特别是农会，每个会员一个铜板，经费都用不完。会员交会费是一件很重要的事情，可以看出这个团体是否真能成为群众团体。

（二）建立武装自卫队

"中国革命的特点，是武装的革命反对武装的反革命。按照马克思主义的国家学说，被压迫阶级要取得政权，并且巩固政权，就必须创造'人民自动的武装组织'，以对付统治阶级的所谓'特殊的武装组织'——常备军、警察、宪兵、法庭等等。毋庸置疑，在山西、在华北的敌后抗日根据地，都已经创造并大大发展了以八路军为主干的'人民自动的武装组织'。"[①]

1. 武装自卫队建立的重要性

武装自卫队（民兵）是在中国共产党领导下不脱产的群众组织，也是中国人民解放军的助手和后备力量，为取得抗日战争的胜利作出了巨大贡献。武装自卫队作为群众游击战的基本力量，是群众直接的武装，是保卫家乡，开展锄奸工作和情报工作的重要力量。关于自卫队训练，首先是政治上加紧教育，以提高杀敌情绪，从积极方面了解自卫队的任务和作用，提高信心，利用冬闲时期在民革室经常上政治课、识字班、报告时事等，养成他们对政治问题的兴趣。其次是军事上训练使用武器、游击战术的军事动作及学习军事常识等，但训练应多做战斗练习，并经常进行竞赛演习等，都是实际效力。除以上两种训练外，还有组织生活的训练，如经常开

---

① 张国祥:《山西抗日战争史》（下卷），太原：山西人民出版社，1992年版，第184页。

会集中训练等，自卫队干部都要保证受训，提高政治认识，坚定意志，在军事上真正取得一套，在这方面有威信，但保证阶级成分是贫农的。

2. 武乡武装自卫队的建立

从 1937 年秋至 1938 年春，为了发动群众参加抗日斗争，武乡县逐步建立起人民武装，如武乡县人民武装自卫队和牺盟游击队都是在县战地动员委员会的领导下先后建立起来的。反敌"九路围攻"之后，县委向全县人民发出了积极参加抗日人民自卫队同敌人开展斗争的号召，取得了很好的效果，全县 48 个大编村，村村建立了抗日人民自卫队。1939 年以后，全县各村以共产党员和各救国会中的积极分子为骨干，建立了模范自卫队和游击小组，成为群众武装的核心。1940 年 8 月 1 日，第一次军区扩大干部会议，提出建立统一的民兵制度。在军区、军分区逐级成立了武装工作科，各区设武装助理员。这样，在原来自卫队和青年抗日先锋队（简称青抗先）的基础上，建立起武装保卫村民、不脱离生产的民兵组织。民兵的发展壮大，主要是以工、农、青、妇各种群众组织为基础，通过改造旧政权和反顽斗争等群众运动而发展起来的，特别是在各村镇自卫队组织的整编过程中，号召和选择精干的模范自卫队员，在"武装保卫家乡、保卫生产"的口号下，广大青年农民踊跃参加到民兵组织中来。如在武（乡）西地区，民兵队伍是在反"蚕食"、打"维持"斗争中发展壮大的。

在这以前，全县的地方武装基本上还停留在担负战勤任务，为八路军补充兵源上面。由于单纯依赖主力部队的思想严重，在军区建设上，偏重于正规军，对地方游击队和人民武装重视不够，只偏重于人民军队的直接需要，对群众武装斗争的威力还看不清楚，一度出现了军队"光杆跳舞"的局面。

为了提高新发展的民兵队伍的军政素质，在县、区武委会的组织领导下，以区为单位，组织了军政训练班，让各村民兵学习《建立统一民兵制度》《青抗先队员须知》《民兵政治读本》《民兵使用武器教材》《武装保护春耕》等，通过学习使广大民兵认识到在抗日斗争中加强地方武装的重要性。同时，在武（乡）东县、武（乡）西县还抽调民兵工作典型村，如武

（乡）东县的韩壁、窑上沟、广志、胡峦岭、李峪和武（乡）西县的故城、茅庄、泉之头、石壁等村的武委会主任、杀敌英雄和战斗模范，到县武委会组织的训练班，学习政治和军事知识。经过培训之后，这批领导骨干分子回到各村，向民兵传授所学到的知识。因此，县委还指示县武委会，以区域或编村为单位进行投弹、埋地雷、射击比赛，接着又组织了政治知识竞赛和武装大检阅。1940年2月12日，武（乡）西县举行了有数千名青抗先参加的政治测验竞赛和武装检阅大会。楼则峪、祁村、内义等村夺得优胜锦旗。同年12月27日，县委又组织了青抗先、基干队（基层骨干队伍）、自卫队2000多人参加的武装检阅大会，八区在武装检阅中获得第一，获锦旗一面、手榴弹三筐。

1941年1月，为了适应日趋严重的对敌斗争形势，太行军区和晋冀豫区党委召开了武装干部会议，讨论发展地方武装和民兵问题，决定地方武装的领导自上而下由军区、军分区、县、区和村五级组成。当年4月1日，冀太联办和太行军区颁布了《人民武装抗日自卫暂行条例》，对人民武装的性质、任务、组织、编制等一系列问题都作了明确规定。从边区到县、区、村各级都建立人民武装抗日自卫委员会（简称武委会），领导人民武装，进行群众性的游击战争。5月，晋冀豫区党委作出《关于目前武装斗争工作的决定》，要求全区党政军民团结一致，发展人民武装，进一步打开工作局面，坚持对敌斗争。

遵照上级的有关指示和决定，武乡县委、县政府开始了积极的动员工作，11月，武（乡）东县、武（乡）西县都建立了武委会，赵志云和董育宣分别担任武（乡）东县和武（乡）西县的武委会主任。武（乡）东武委会下辖洪水、韩壁、蟠龙、姚家庄、树辛、贾豁、上司、成家庄8个区，武（乡）西县武委会下辖段村、松村、故城、石盘4个区，各区均设立了武委会，配主任1人、干事2人。两个县230多个行政村也都成立了武委会，通过民主大选举，选出了各级武委会的领导成员。

在成立各级武委会的同时，武（乡）东、武（乡）西两县出现了积极报名参加民兵组织的热潮。窑上沟青抗先队长张德林、张来庆和张寿海等带领 12 名队员，组织起窑上沟民兵"张家班"，太陌村青年妇女冯凤英带领全村妇女成立了一个女民兵班。到 1941 年底，武（乡）东、武（乡）西两县民兵总数达到 35 000 多人，18 岁至 25 岁的青年，绝大多数参加了民兵组织。在反"扫荡"中，民兵组织人自为战、村自为战，打击敌人。那时，从各个城镇到山庄窝铺，"村村像军营，人人都是兵，抗日根据地，一片练武声"，广大民兵自制土枪、土炮、大刀、长矛，配合八路军打伏击、埋地雷，开展了群众性的游击战争。

八路军总部砖壁村武装自卫队的建立与发展 [①]

1937 年 7 月 7 日，抗日战争爆发后，砖壁村在抗日政府领导下建起了自卫队，以拳术为基础，以红缨枪、大砍刀、斧头为武器，开展了锄奸反霸和对敌斗争。

1939 年，八路军总部在砖壁村驻扎。总部首长在自卫队的基础上，帮助砖壁村建立起了"武委会"民兵组织，由马象儒担任武委会主任，以场房场为场地，开展军事训练。总部首长派战士去辅导砖壁村自卫队和民兵组织进行军训。抗日政府发给砖壁村民兵步枪 8 枝、子弹 10 颗、土炮 1 门和手榴弹 20 枚。在训练中，石匠李海如创造的"石雷"威力很大。当时人们编了一首歌谣赞颂"石雷"："石头蛋，凿圪眼，装上火药爆发管，省劲省事又方便，炸开就是一大片。"后来，《新华日报》对石匠李海如的事迹作了报道，在全县推广。女民兵冯凤英苦练杀敌本领，在边区民兵比武中获得"妇女神枪手"的光荣称号。民兵司号员李凤梧在初组建民兵时，用羊角做了军号，吹起来"嘟嘟、嗒嗒"声，在战斗中起了很大作用。八路军总部进驻后，给了他一把真号，为砖壁民兵和李凤梧增添了威风。通过训练，广大民兵在投弹、埋地雷、刺杀、利用地形地物射击等方面都有很大提高。1940 年八路军总部撤离时，赠送给砖壁民兵一些武器，进一步武装了砖壁民兵。

---

① 肖江河：《砖壁村志》，太原：山西人民出版社，2006年版，第50—52页。

1940年12月底，"百团大战"结束之后，八路军总部移驻辽县麻田镇的武军寺，砖壁村这块养育八路军之地就成为日军的眼中钉，日军变本加厉地对砖壁村频繁"扫荡"，疯狂抢掠烧杀。当时，砖壁村民兵勇敢地担负起保卫抗日政权、保护群众生命财产安全的重任。他们在小松山上竖起"联络杆"传报消息；在村边各大路口站起了岗哨，对过往行人进行严密盘查；春、秋时节掩护群众抢种、抢收；敌军"扫荡"时，帮助群众"空室清野"。1943年，太行三分区在砖壁村召开武装会议。首长在会上对砖壁村民兵配合部队作战、支援前线、掩护群众转移、保卫抗日政权的英勇事迹进行了表彰。

在抗日战争和解放战争中，砖壁村民兵积极参战支前，先后参加了震惊中外的"百团大战""关家垴歼灭战""砖壁保卫战""上党战役""晋中战役"，以及围困蟠龙、解放段村等重大战役、战斗。仅晋中战役，砖壁村支前民兵就去了24人，住了70多天。这一时期，砖壁村民兵踊跃参军者有李起秀等40人，其中包括8名出色的女民兵，成为驰名武乡的风云人物。砖壁村民兵为抗日战争和解放战争作出重大贡献的同时，也付出了巨大牺牲，有马名标、牛秃孩、李全喜、高生荣、李俊祥等5名青年民兵为抗击敌人、掩护群众光荣地献出了宝贵的生命。他们的牺牲重于泰山，他们的英名将永垂青史。

中华人民共和国成立后，砖壁村民兵组织实行新建制，按班、排、连进行编制，并配有班长、排长、连长、指导员。这一时期，民兵实行劳武结合，其职责是看秋护夏，保卫村里治安。1958年，毛泽东主席号召"全民皆兵""大办民兵师"，砖壁村组建了基干民兵。1961年民兵进行大整组，把身体健康的16~45岁男公民，16~35岁女公民都编入民兵组织。全大队民兵编为1个连，3个生产小队为3个排，下编9个班。1965年，根据中央关于加强战备工作的指示，从实战出发，大搞军事训练。民兵人人自制木枪和手榴弹；农忙劳动，农闲训练，掌握了刺杀、投弹、射击等本领，提高了战斗力。

砖壁民兵在各个时期，在各项工作中，都发挥了模范带头作用，成为社会主义建设中的一支生力军。

3. 武装自卫队的职责

根据中共山西省委的指示，中共武乡县临时工作委员会成立之后，把建立地方武装的工作放在重中之重，相继成立了武乡县抗战战地动员委员会（简称动委会）和武乡县抗日自卫队，两块牌子一套人马，由县临时工委书记王玉堂兼任队长，全县五个区各成立一个中队，县委另外成立一个直属中队。发出了"全县所有18岁以上、59岁以下的健壮男女公民，都有参加自卫队的权利和义务，都是当然的自卫队队员。在敌寇来临之际，都要拿起各种武器，土枪、土炮、大刀、长矛、斧头、菜刀与棍棒、石头，和日军进行殊死斗争"的号召。党组织的号召，得到了全县人民的热烈响应，各区、村青壮年纷纷报名，积极参加抗日自卫队。自卫队的任务是：平时站岗放哨，侦缉汉奸、特务；战时组织群众转移，实行空壁清野，支援部队作战，开展游击战争。具体工作如下：

一是配合八路军消灭鬼子和伪军。在抗日战争中，民兵除了向部队学习军政知识和技能外，还要在任何情况下保证部队有家住、能休整；积极转送战斗器材和伤员病员，紧急情况时要掩护伤病员，不让其受危险；严格保守军事秘密（部队消息和资财）；战时，民兵要自动与部队联系，不发生误会；积极活动吸引敌人，使军队得以充分休整；给部队传送情报，做部队耳目；给部队做向导，主动配合部队作战，在配合作战时要听从部队指挥和指导，并且要胜利不争功，失败不抱怨；保守军事秘密。抗日战争期间，群众的参战活动是很活跃的。自卫队除站岗、放哨外，还负责通信、抬担架、送给养、送弹药等。其次，除奸组织各地皆有，自卫队设有秘密岗哨及武装岗哨。再次，生产有群众团体发动的代耕、助耕，如水退后，群众集中播种，收获很大。

二是积极搞好生产，多打粮食，支援抗战。在任何情况下，保证部队不饿肚子。自卫队不能光打仗不生产。搞不好生产没有粮食吃，没有衣服穿，抗战就不能胜利。如八路军部队亲自开荒种地，尽力保障生产和粮食供应，所以村干部也积极动员教育抗日自卫队员，要求既要配合八路军打仗，又要把生产搞好要做到战时军粮保存得好，要做到不饿自己、不饿军队；部队作战时要主动往战场上送饭。

（三）建立工人抗日救国会

工人是群众的骨干，把群众组织起来，真正在群众运动中尤其对农民起领导的作用。中国工人是中国人民抗日中最坚强、最彻底的一部分，主要缘于以下几个方面：

第一，中国工人是中国人民中最受帝国主义尤其是日本帝国主义压迫的一部分；第二，中国工人的彻底解放，只有在彻底推翻帝国主义在中国的势力才有可能；第三，中国的产业工人，在生产中受过了严厉的组织锻炼，所以中国工人阶级应该是中国民族解放战争中最英勇、最坚强的战士。在抗日战争中要动员组织与武装全体人民来参战，尤其要动员组织与武装中国的工人来参战，在长期的艰苦战争中，需要发动工人最高的积极性与牺牲精神来提高一切有意义的生产与劳动，参加一切抗日的武装战争，组织农民与小资产阶级参加群众组织和艰苦奋斗的训练。[1]在残酷的民族自卫战争中，要战胜强大凶恶的敌人日本帝国主义，必须要有全民族团结的长期的艰苦奋斗。为了经常地、系统地、广泛地动员工人群众来参加战争，组织工人、建立工会（或工人救国会）是迫切的必要。

1937年9月，武乡县以太原回武乡籍的产业工人为骨干成立了工人抗日救国会（简称工抗会），选举贾志厚、张玉堂、王化南、常贵生等人为工抗会负责人。武乡工抗会的成立，带动了全县各区工抗会的建立，发动了工人抗战。

1938年9月12日，山西第三行政区在沁县圪塔村召开了为期3天的"第三行政区工人抗日救国会"成立大会，有100多名工人代表全区5万

① 《中共北方局青委、妇委和彭德怀同志关于工会、青年、青运、青年抗日先锋队、妇运工作的指示信、讲话、大纲》，山西省档案馆藏，档案号：A216-1-4。

多名工会会员出席了成立大会，还有八路军驻沁县牺盟上党中心区联络处、《中国人报》社、区农救会、区青救会等各抗日团体负责人也参加了大会。薄一波、牛佩琮到会作了指导。薄一波专员在会上作了《关于在中国抗战现阶段统一战线下的工人运动和目前新任务的报告》。武乡县工救会代表贾志厚、祁县工救会代表张乾元、沁县工救会代表王连生、正太路沿线总工会的代表等在会上介绍了各自工救会的工作情况。大会选举王贵玺为工救会秘书主任。会议还作出了4项决议：一是组织工人自卫队、游击队到敌后活动，组织各种后勤队帮助军队作战；二是开办干部训练班，成立工人夜校识字班，出版刊物；三是保证工人生产安全，改善工人生活；四是要求政府成立县区各级参政会，民选代表，惩办贪官污吏，没收汉奸财产，优待抗属。

在抗战时期，工抗会最重要的工作，就是动员广大的工人群众与会员，参与抗日各方面的工作与建设。

（1）动员工人加入抗日军队，派遣工人到战场上服务（如铁道破坏队、交通队、电信队、救护队、运输队等）。（2）积极帮助政府建立国防工业。（3）帮助政府武装工人，组织工人自卫队或动员工人参加人民自卫队。（4）帮助政府肃清汉奸，稳固后方，推动抗战法令的执行。（5）对参加一切抗战的领导机关和组织进行整顿，提高他们在抗战中的效能，反对贪污、浪费、腐化及官僚主义。（6）动员工人群众帮助与慰劳抗日军队，帮助部队供给、运输相关物资。

（四）建立青年抗日救国会

青年抗日救国联合会（简称青救会），是抗战时期各根据地在中国共产党领导下建立的广大青年群众抗日救国组织。抗日战争爆发以后，日军为占领华北，除军事"扫荡"（外），恩威并施，实行治安肃正方针，敌人企图削减华北一万万以上民众的民族意识，使其甘心做日本侵略者的顺民。为此，日本在中国展开了青年动员，设立青训所，建立各种形式的青年组织，创办学校，并报送日本留学，修正教科书，出版读物，举办青年的各种社会活动，以此灌输侵华理念，弱化青年的抗战决心。在此背景下，抗日根据地发出了"取得抗战的胜利，必须依靠群众"的号召。

1. 依靠群众中新生的一代青年，将青年一代组织起来积极参加抗战

一是健全组织，建立青救会，加强青救会补习班建设，开展宣誓运动等。二是正确把握与应用青年统一战线的方针。组织了相等数量的青年与儿童，初步进行文化教育工作；用大众民主主义的作风，深入群众做艰苦耐心的说服教育工作。三是由青救会领导机关举行招待会、座谈会等，以联络并吸收其对青救会的意见。①四是采用较高级的文化娱乐方式与组织形式，如采取旅行参观、演讲比赛、棋牌比赛、学术研究会等方式开展组织工作。五是组织中等以上学校之学生青年参加学生救国会，使之隶属于青救会团体会员或与青救会取得密切联系。六是聘请知识青年、小学教员为青救会之名誉会员，主要从事帮助与担任关于文化教育方面部分工作。对于在青年运动工作方面有功绩的知识青年，由青救会领导机关予以精神或物质之奖励。邀请与吸收剧团、文化学术等知识青年团体为青救会的团体会员。特别要吸纳小学教育者，使其参加青救会的领导工作。对于富农地主子弟，一般不应使之取得领导地位。

2. 在民主精神的基础上，把华北各地现有的青救会加以必要的整理和改造，为健全与巩固现有组织，使青年从被动的、被强迫组织起来的情况变为自动自觉自愿的组织，真正发挥组织的力量与作用，以适应目前客观环境的需要

一是确定青救会的群众组织。参加青救会的青年年龄一般应在 14 岁~23 岁之间，同时参加青救会，不再参加农救会组织。二是进行会员的重新登录与宣誓。通过一切办法，加强会员教育，特别是组织教育，以强固会员的组织观念。在进行工作前，必须有充分的准备、系统的计划、过强的布置，在政治上和组织上进行深入的动员工作。三是逐渐实行各级

---

① 《华北青运的新环境与党在青运中的任务：北方局青委扩大会议的总结》，1939年，山西省档案馆藏。

青救会组织真正民主地改选。四是建立青救会的经常性组织工作，依照一定的制度和手续，进行发展新会员的工作，树立与加强组织纪律等。五是整理村级以下组织结构。村青救干事会（或执委会），按照实际需要建立各种文化娱乐委员会（如识字、读书、歌咏、戏剧团等委员）或聘请专人指导。

3. 切实改善青年生活

根据青年要求与实际情况所允许，依据青年现有之能力，领导青年群众用自己的力量从各方面进行改善生活的斗争。如动员青年积极参加一般民主民生，请求政府帮助青年改善生活，发扬青年之间的友爱互助精神等。尤其按照各地具体情形，由青年领导的各种经济建设的事业，如集股创办青年工厂、青年合作社（文化的及日用品的等），各区根据实际情况拟出青年生活改善的具体要求与斗争纲领。

4. 扫除青年文盲，加强马列主义思想教育，提高青年的政治文化水平

广泛用扫除青年文盲的运动，用马列主义的精神去淘汰一切陈腐的、反动的政治文化思想，提高青年的政治文化水平，灌输青年以必备的军事常识及组织知识。一是督促与协助政府建立与收复各地小学校，广泛推行社会主义教育；二是切实推行小先生制度，以加强扫除青年文盲的工作；三是充实与加强村民革室的工作，以作为乡村青年文化教育与其他组织活动与工作活动的中心；四是配合政府及其他群众团体大量用各种学校、训练班、夜校、识字班等动员青年踊跃参加；五是建立与扶植不脱离生产的农村青年剧团；六是尽可能出版大量读物，加强现有干部思想意识的锻炼，同时建立青年独立武装，有组织地动员青年参军。

（五）建立妇女抗日救国会

抗日战争时期，武乡县不仅是华北敌后抗日游击战争的司令部，而且是华北妇女抗日救国运动的中心。中共北方局妇委领导人浦安修同志和刘志兰、卓琳、马玉书、孙明、黄娣、徐若冰等同志，特别是我国现代革命史上著名的妇女运动领导人康克清、李伯钊、刘亚雄等同志，都曾在这里

长期生活战斗，领导和组织了这里的妇女解放运动，带领勤劳勇敢的太行妇女，冲破封建牢笼，走上抗日战场，在太行抗日根据地妇运史上写下了光辉的一页。

1. 发动妇女的必要性和重要性

发动妇女的必要性。1938年，八路军开辟了太行抗日根据地以后，根据地的广大妇女，在抗日救国革命思想的指引下，冲出家门，脱开"三台"（灶台、碾台、磨台），投身于抗日洪流，在革命事业中大显身手。妇女身受重重压迫，除和男子一样深受政权、族权、神权三座大山的压迫外，还要受夫权的束缚，在政治上、经济上没有丝毫地位；而且，妇女被当作商品，可以任意买卖、任人凌辱，贩卖妇女的现象非常严重：一是从平原、山区往山西贩；二是往"窑子"里贩，妇女沦为妓女；三是往大户贩，当侍女或做小老婆。妇女被视为"白虎星"，一切大事都不能参加，如打井、上梁等妇女都必须回避。妇女是奴隶，只能没日没夜地干活。妇女是附庸，没有财产的支配权和继承权。"嫁汉嫁汉，穿衣吃饭""在家从父，出嫁从夫，夫死从子""嫁鸡随鸡，嫁狗随狗"等思想，死死地束缚着妇女，封建礼教繁多，如缠足、穿耳等，使妇女不能出三门四户，死在锅前，烂在锅后。下面是妇救会成员在抗日根据地的一段实录：

在几千年封建社会的统治下，劳苦大众深受压迫，而妇女被压在最底层。初到潞城时，看到妇女的脚很小，不仅不能下地劳动，而且在家里烧火做饭都还得盘着腿坐在地上做。后来我们经过调查，才了解到女孩子到了六七岁上，就用几尺布把脚缠起来，用针线缝好，晚上睡觉时还得用石头压起来不让动。这样经过一段时间，脚里的筋肉都化脓溃烂了，只剩下变了形的骨头。这使妇女成了终身的残废。我们看到后非常难过气愤，妇女不仅不能上前线战斗，连普通的劳动都不能参加，而且造成了很大的痛苦。我们在宣传放脚时，首先讲清妇女要解放，就首先要在经济上解放，一双小脚不能参加生产，在经济上没有发言权，如何谈解放呢？开始，不少妇女不理解，她们认为脚小好看，大脚找不到婆家。可见，一个民族，一个人处在没有文化的愚昧状态时，是多么的不幸，自己受到了摧残，还不觉悟，反而认为是好的。

在宣传放脚的同时，我们也宣传新的接生法，在太行区几年亲眼见妇女生孩子是一场灾难。生孩子时，不许在席子上生，说铺褥子；而且要在土炕上，放一层炉灰，人就坐在炉灰上生孩子。不仅不卫生，造成妇女和婴儿的疾病和死亡，而且是对妇女的一种残害。生了孩子后，要喝三天稀米汤，这三天每天每顿喝，把人都饿昏了。我们向她们宣传吃点好的，吃点鸡蛋，她们反而说我们这里水土硬，不敢吃，不比你们外地人。我们调查中发现，妇女在家庭中是没有经济权的，她们手头很少有钱，买个针头线脑也只能靠卖几个鸡蛋，可战争年代鸡蛋也不多，太行区的妇女那时养猪是很少的。所以在宣传放脚的同时，我们提倡妇女做自己力所能及的劳动，争取自己的经济独立地位，争取男女平等。

发动妇女的重要性。毛泽东同志曾经指出："妇女的伟大作用，第一，在经济方面，没有她们，生产就不能进行。"①动员全民抗日，开展生产运动，男女都应参加。特别在当时中年男人参加"自卫队"，经常出去参战，青年男子组织"青抗先"送公粮，有的去参加八路军、游击队。在家种地的男人不太多，妇女理应成为发展生产和支援战争的主力军。但是，中国共产党进入太行山区后发现，这里的妇女有两种少见的陋习：一是普遍不参加农业生产劳动；二是生了小孩还不吃东西，坐一个月子像生一场大病，躺在炕上好长时间恢复不了健康，有不少妇女坐月子把男人拖家里伺候。这样不仅损害妇女儿童的健康，而且直接影响了生产和抗日救亡运动。所以，经过研究，中共党组织决定动员妇女成立抗日救国会，通过组织领导和培训，首先解放妇女的思想，使其鼓足勇气，同欺压妇女和农民的各种封建残余势力作斗争。

---

① 全国妇女联合会：《毛泽东周恩来刘少奇朱德论妇女解放》，北京：人民出版社，1988年版，第46页。

八路军开创根据地之后，在党中央抗日救国"十大纲领"精神的指导下，按照党"普遍宣传、发动、组织动员妇女参加抗战活动"的指示精神和"男女一齐发动，妇女工作和其他工作一齐开展"的原则，首先深入农村，进家入户向广大群众宣传抗日救国道理，号召妇女起来和男同志一齐参加抗日。

2. 妇救会的建立

抗日战争是动员全中国人民争取民族解放的一次伟大战争，动员占人口一半的妇女参加抗日斗争，乃是一项十分重要的工作。抗战初期，中共中央妇女运动委员会就明确提出，各级党组织要重视妇女工作，要建立党内各级妇女组织，发动建立各级妇女群众组织，最广泛地动员广大妇女参加到抗日斗争中来。1939年3月8日，晋东南妇救总会在山西沁县的南沟村召开成立大会，大会选举产生晋东南妇救总会名誉主席康克清、主席刘亚雄、常委浦安修等。中共中央巡视团的刘锡伍、王岗、刘志兰等同志，远道而来，参加了大会，并在会上传达了中央妇委的指示精神：一是要求各级党组织认识到发动起来的妇女是民族解放运动的一支重要力量，把妇女工作列入各级党组织的议事日程。定期研究妇女工作，建立党内的妇女工作系统，并要求各级党组织的领导兼任领导职务。二是要重视培训地方妇女干部，组织他们学政治、学文化、学军事，为各单位输送妇女干部，加强根据地的妇女工作。会后，中共北方局进行了具体研究，决定设立妇女工作委员会（简称妇委），北方局书记杨尚昆同志兼妇委书记，浦安修同志任妇委委员，卓琳同志和中央巡视团的刘志兰同志也陆续调至北方局妇委工作。1939年7月，日军占领白晋线，向晋东南发起第二次"九路围攻"，中共北方局妇委随北方局机关和总司令部，于7月15日经黎城进入武乡东部山区，在烟里和前王家峪驻扎下来。

北方局妇委就是根据中央妇委的要求开展工作的。首先，要求各级建立党内妇女组织。当时华北各抗日根据地的区党委、地委、县委均先后建立起妇女运动委员会，从区到村普遍建立起了妇女群众的抗日救亡团体——妇女救国会。其次，要求各级党委要重视妇女工作，提到党委的议事日程上来，定期讨论研究妇女工作。再次，要把妇女解放运动当作民族解放运动的一个重要组成部分，强调各级党委书记兼任妇委书记，由党委书记直接抓妇女工作。当时，北方局妇委书记就是书记杨尚昆同志兼任的，各级妇委书记也都是各区委、地委和县委书记兼任。

当时，妇救会的具体工作如下：（1）挨家挨户搞宣传，发动妇女，说明抗日战争的重要性。"要想过太平日子，就得齐心协力，打走日本鬼子狗强盗，妇女就必须加入抗战，支援前线，做好后方工作。"（2）配合儿童团站岗、放哨、查路条、看护人畜吃水井，以防日军投毒，伤害人民。（3）动员群众，搞好空室清野。为了不让日本人拿到一粒粮，动员群众将家中好一点的东西和粮食，尽可能埋在地里或者放到隐蔽的地方。（4）送情报、送信。桥上编村有6个自然村，有了情况就通知各个村庄，当时一没电话，二没喇叭，大多数靠儿童团、妇女担当。有时一天就得送两三次，不论白天黑夜，风雨无阻。（5）救护伤员。在解放段村时，七区禄村设有一个救护点，禄村村长张慕宏总负责。禄村大庙上接的是重伤员，负责人是杨锦文。救护伤员用的床板和被子，是在各村借的，床板是摘下的门扇，轻伤员则分散在村民家。一开始，救护员是各个编村的妇救会干部，白天晚上看护伤员，接屎接尿，喂水喂饭。累得实在不行了，就在大庙下的屋檐下躺一会。有的伤员疼得不行，又打人骂人，妇女们任劳任怨，20多天没有一个人叫苦叫累。（6）拥军爱民，给军队做鞋、纳鞋垫。号召军民一条心，"打走日本鬼子狗强盗，才能得太平"。如用粗白布条做米袋（用一尺宽六七尺长的白布缝成口袋，让战士背到身上，保证在紧急情况下也能吃上米饭），材料都是用自己的。这些工作在和平环境下都容易，可是在战乱时期缺吃少穿，就非常困难。这时就带头干，当时涌现出很多感人的故事。记得当时有个中年妇女叫李花孩，有病不能多坐，就躺在炕上做军鞋，也要按时完成任务。（7）动员丈夫、儿子参军、参战。当时麻池沟有50户人家，就有4人参军。先有李桂花动员丈夫王留生、马金娥动员丈夫王留丁、赵菊花动员丈夫王金全参军，还有王银旺是母亲送儿参军，王松山是在李庄滩支前中献出自己年轻的生命。（8）送公粮。为了保证前方部队能吃到粮食，妇女和男劳力一样干。记得有一次妇女往洞留沟送粮，当时有的妇女还是小脚，有的身体多病，妇女们硬是克服体力弱的困难，一个人拿不动就两个人抬，身体好的帮身体不好的，圆满完成了任务。

3. 妇救会职责

和封建家庭作斗争。在封建礼教的约束下，不准妇女抛头露面，参加村里的任何活动，要求妇女在家里相夫教子、侍候公婆、做好家务。妇女和自己的封建家庭作斗争，就是求得在村里参加活动的权利。妇女要参加工作求得平等，首先要与中国千百年来对妇女的种种束缚作斗争，反对买卖包办婚姻。婚姻不自由，由父母作主，用金钱买卖，这是几千年封建社会留下的恶习，广大妇女十分不满，也曾起来进行反抗，但终究不能改变。抗战时期，太行抗日根据地建立起党的组织，成立了抗日民主政权，封建势力受到了打击，争取婚姻自由已成为广大妇女的迫切愿望。妇委响亮提出了反对买卖包办婚姻的口号，并大力宣传，得到了青年妇女的响应。

参加生产。男的都上前线送物资，村里只剩老人、小孩和妇女，妇女要担起农活的担子，到地里做农活儿，保证前方用粮，也要保证后方百姓的生活。

马堡村村长李绍政、农会主席李效余、副指挥李金生、区妇救会主席兼村妇救会主席孙芝兰、女劳动英雄石榴仙共同向熬垴村提出了互助挑战，挑战内容为：一是保证全村没有一个懒汉，不荒一亩地；二是保证按时完成全年生产，四季该做什么就做什么；三是每亩地除按平常上55担粪，再多上20担，全村共增加6万担粪；四是村不论平、坡、岭、沟地，都修边垒堰；五是村有270个劳力，保证有120个参加互助组；六是村有3028.4亩地，要增加310石细粮；七是全村每户增加两棵洋槐树、两棵果木树；八是村有340个纺织妇女，保证110个参加互助组；九是1944年全年妇女要纺织2000斤棉花；十是每个妇女再养两只母鸡；十一是妇女不拉闲话，不骂男人，不打孩子，家庭和睦；十二是妇女要上地打圪落、送饭、溜籽、间苗、割麦、收秋、打场。

熬垴村村长赵一、农会主席关家芳、副指挥要守旺、妇救会主席霍双全、劳动英雄乔戎才应战。其内容为：一是保证沟梁地都修边垒堰；二是每亩地多上 30 担粪，从前是 70 担，现在增加到 100 担；三是保证苗子锄三遍；四是保证不留一个懒汉，不荒一分地；五是保证不饿死一个能动的人；六是全村有 200 个劳动力，保证 80 个参加互助组；七是保证旧历腊月初一把粪担完，担下全年的煤炭，保证按时锄、挖、耧、收割、埋藏；八是全村有 2830.5 亩地，增产 285 石细粮；九是保证 7 月完成 1945 年的粪，每亩 120 担；十是秋后保证把地杀完；十一是保证每户栽一棵杨柳树，一棵果木树；十二是保证 1944 年手工业进款 10 万元（箩头、担锅、锅瓮窑）；十三是全村 180 个纺织妇女，全参加互助组；十四是保证一年纺织 3600 斤棉花；十五是保证妇女要打屹落、送饭、间苗、收秋，收夏妇女 120 人参加；十六是保证妇女不骂男人，不打孩子，家庭和睦；十七是妇女一人多喂 3 只母鸡。

拥军优属。抗日战争期间，根据地妇女在妇救会的领导承担了拥军优属的许多主要工作，为抗日战争的胜利作出了重要贡献。以八路军总部砖壁村为例，1939 年，砖壁村建立妇救会，发动广大妇女组织起来，摆脱封建礼教束缚，争取婚姻自由，积极参加生产和锄奸反霸斗争，在拥军优属方面做得尤为突出。抗日战争中，妇女们一边参加生产，一边参加拥军，妇救会主任张三女、队长张润孩带领全村妇女，协同男民兵星夜到侯家垴敌人炮楼下的马岚头村和王家堖村给八路军背粮，此外他们还做军鞋、碾公粮、纺花织布，建立拥军接待站，帮助抗属，等等，成为一支不可缺少的重要力量。①

参军参战。毛泽东同志在中国女子大学开学典礼上的讲话指出："假如中国没有半数的妇女的觉醒，中国抗战是不会胜利的。"② 在抗日战争的岁月里，日本鬼子经常四处"扫荡"，弄得老百姓不得安生。别说春种秋收不能按部就班，就是生命财产也得不到保障，导致太行抗日根据地处于十分

① 肖江河：《砖壁村志》，太原：山西人民出版社，2006 年版，第 46—47 页。
② 全国妇女联合会：《毛泽东周恩来刘少奇朱德论妇女解放》，北京：人民出版社，1988 年版，第 44 页。

困难的境地。太行人民群众一面参加抗日斗争，一面还要搞好生产，支援前线，供给八路军给养。所以，当时的生产搞好搞坏，也是关系到抗日救国的大事。中国共产党领导下的抗日政府的口号就是："一手拿枪，一手拿锄，劳武结合，生产自救。"就是在这样的政策指导下，妇女不仅为抗日战争提供了坚强的后方保障，同时还通过亲自参军参战成为抗日力量中的重要组成部分。如砖壁村的女青年李连军、刘玉兰、李菊花等多名妇女参加了八路军，成为抗日巾帼英雄，纺织英雄石榴仙把自己的儿子李效堂也送去参军，妇救会主席李二梅把自己的丈夫魏玉宝送去参军，许多村庄都在妇女的作用下掀起了一股参军热潮。

纺花织布做军鞋。武乡六区胡宅沟妇救会秘书孙荷香，为自己制定了全年织 60 斤花棉布的任务，还要做 6 双鞋。按照计划，织 60 斤棉花的布，只用 10 斤棉花的资本，按市价算，合 1600 元。每斤棉布按 7 大尺算，共做 420 尺，可卖大洋 17 400 元，等于收入 5 石粮食。在太行抗日根据地，妇女是实现抗日战争胜利的重要力量，其作用除了积极参加生产劳动外，还表现在照顾伤员、纺线织布、制作军鞋、优待抗属、募捐钱财等后勤保障和前线支援方面。在抗日战争时期，受日军封锁和自然灾害的影响，根据地不得不开展生产自救运动。在运动中，妇救会的妇女团体通过调动妇女参与积极性，利用自身特长纺织布匹、制作军鞋、缝制军衣、军裤，有力保障了前线的物资供给需求。如抗日战争时期，武乡的妇女每年要给军队做大量的鞋，每人每年平均做五六双，还给军队绣米袋、做炒面等。1941 年，武乡县万余名妇女参加了"百日纺织运动"，纺花、织布、做军鞋、缝制军衣、军裤等上万件，有力地保障了八路军的后勤需要。1944 年，第一个县办纺织合作社在姚庄成立，该合作社社员全部是女同志，锻炼了妇女的组织能力。纺织运动成为妇女支援抗日战争的重要方式，并在妇救会的组织下，涌现出了诸多的纺织英雄，成为中国共产党有效动员妇女的典型案例，武乡纺织英雄王桃梅是其中最杰出的妇女之一。王桃梅是武乡北响黄村的一个中年妇女，丈夫常年在外，由于生活腐化、不思进取，被妇救会开除了会籍，成为村庄的边缘人，受到家人和其他妇女的排挤和鄙视。为了重新融入集体，加入妇救会，王桃梅决心重新做人。她不仅勤劳生产，还全心全意地为全村妇女服务，动员许多妇女加入到了纺织工作组中，取得了出色的成绩。1944年，王桃梅出席首届太行群英会，并获得"纺织英雄"的光荣称号。1946年，王桃梅又被长治第二届群英大会评选为太行区二等纺织英雄。

照顾伤员。太行抗日根据地因受战争的影响，邻近许多村庄被临时设置为野战医院。每次战斗打响后，抬来的伤员难以计数，村里的寺庙和老百姓家住满了伤员，老百姓不仅要捐出房屋、门板、家具等财产，还要出人出力，照顾伤员，其中妇女的作用尤为突出。许多村庄妇女在妇救会的组织下，全天候加入照顾伤员的事务中，不仅为前线作战提供了坚实的后盾，同时也与革命战士结下了深厚的情谊。如武乡野战医院所在地禄村，至今仍然流传着八路军妈妈暴莲子的故事，成为太行抗日根据地树立的妇女典型代表。暴莲子曾任禄村妇救会主任，在抗战时期照顾伤员。在日军攻打段村时，一位名叫杜贵保的八路军班长伤势严重，由于敌后医院人满，暴莲子主动要求将杜班长带回家照顾。在那战火纷飞的岁月里，老百姓的生活是相当艰苦的，缺米断炊的人家很多！那时候的老乡吃的食盐很缺，暴妈妈攀亲找友设法弄来点食盐，除了每天给伤员食用外，晚上还要泡点盐水给杜班长洗伤口。在她的悉心照顾下，杜贵保班长伤愈归队。杜贵保班长转业复员后，没有选择回老家清徐，毅然回到了武乡的禄村，成了暴妈妈的儿子。1944年11月，暴莲子被推选为拥军模范，出席了太行区首届群英大会，并获得了一面"太行八路妈妈"的奖旗。

把动员与妇女利益结合起来。发动妇女是一件很不容易的事情，八路军到村子里宣传动员妇女时，开始妇女都不敢参加。主要原因在于以下几点：一是妇女从来就没有参加过什么会议，不敢去；二是婆婆虐待，不让出门；三是当时国民党阎锡山政府经常宣传"共产党是红头发、红眼睛、要共产共妻"等反共言论。为了让妇女走上社会，中共中央北方局妇委广泛开展宣传工作，利用教妇女唱抗日歌曲、识字等形式，让广大妇女走出家庭的羁绊。在宣传妇女抗日的工作中，大力宣传妇女剪发放足、学文化；

宣传禁止贩卖人口，禁止童养媳，反对小女婿，反对公婆虐待媳妇，支持寡妇改嫁，支持婚姻自主，提倡男女平等。并在此基础上，于1939年开展了轰轰烈烈的剪发放足运动，各村都组织了剪发放足检查队，深入各户宣传群众，做细致的思想工作，使妇女明白要想真正解放，必须走出家门。而要走出家门，就得剪掉长发，放开小脚，去掉层层封建枷锁。那时出来参加工作的女干部，都首先剪了发，放了足。我们的女干部利用现身说法，向广大妇女群众宣传，并教唱《剪发放足歌》，"剪发放足男人样，日本来了能抵抗……"还采取表扬先进、树立典型、抓落后、斗争"顽固"等办法，使运动很快开展起来。

动员广大妇女群众把参加抗日救亡运动同解决妇女的切身利益相结合。就是说，首先把妇女从封建枷锁中解放出来，使之参加到抗日战争中来，成为抗日战争一支不可缺少的力量。动员广大妇女群众参加抗日运动，包括对军队的支援，动员儿子、丈夫参军，做军鞋，护理伤员，运送军粮等工作，凡是党的中心工作都要求有妇女群众参加。这个工作是同关心妇女的切身利益相结合的。如果不首先关心和解决妇女的疾苦和利益，动员妇女参加抗日工作就有很多阻碍。当时，八路军派出妇女干部深入乡村，调查了解妇女受封建压迫的情况，然后针对性地进行宣传。针对当时农村中普遍存在的打骂妇女的现象，提出了"反对打骂妇女"的口号。有的人就亲眼见过一个男人把自己的老婆吊在梁上，用皮带抽打。妇女不仅受自己的丈夫打骂，而且婆婆也可以任意打骂。当时流传着许多丈夫打妻子的打油诗：如"掏得钱，买到马，由我使，由我打""三天不打，上房揭瓦"等。八路军针对这些言论，宣传男女平等、妇女解放的道理，鼓励妇女站起来，争取自己的自由和解放。

武乡妇女解放小调

妇女呀同志仔细听，自从来了八路军，男女才平等；自从呀来了共产党，从此男女得解放，大家想一想；从前呀妇女被人骗，婚姻没有自主权，委实可怜；时时跟着共产党，至死不忘八路军，他是咱救命人；八路军，他是咱救命人，解放军翻了身，比咱爹娘亲；婚姻呀要自己找，爹娘不能卖，总得双方同意了。

4. 妇救会的培训

一是加强妇女干部培训。抗日战争期间，北方局妇委曾在武乡石圪垤村举办妇女干部训练班（简称妇训班），班长卓琳，支部书记刘志兰。妇训班的学员，一部分是来自晋东南各县的妇救会主席和副主席，一部分是山西"十二月事变"后来自晋西北的妇女干部白涛、王乱、丁芳、白玲、刘金、侯俊英、王淑玉、洪立、于奋、齐跃纯、朱叔玉、南林以及武乡妇救会的王昭、范成秀、段子芬、武兰芳、任秀兰等50余名妇女干部都参加了学习。

同时，北方局妇委还组织了妇女干部培训班，对根据地各县、区的妇女干部进行了培训。在武乡二区大陌村，政府利用秋收、备战与武装保卫秋收工作的机会，发出备战号召，并动员妇女参加妇女自卫队，学习军事，大陌村妇女积极响应号召，自动参加妇卫队者达50余人，组织学习瞄准、射击，同时也积极组织做军鞋，保证战时战士鞋袜之供给。

二是组织妇女培训班。妇女不上地，有时间，每天下午各村的妇女骨干召集妇女到一起认字、扫盲，学习抗日政府有关抗日运动的号召和规定。开办妇女识字班的目的，就是为了让妇女从文化上获得解放，妇女识了字就容易明白许多革命道理，可以使头脑清醒起来，能进一步认清封建主义给妇女带来的罪恶，对推翻封建主义、解放妇女、发动妇女参加抗日救亡运动起了很大作用。妇训班的讲课教师，主要是北方局宣传科科长赵守功和彭总的秘书刘文华等同志。在学习内容上，主要是马列主义理论、抗战形势、统一战线、党的基本知识及根据地妇女工作、妇女解放的道理和内容、妇女解放和民族解放运动的关系，同时还适当讲一些军事知识。在教学方法上，学习延安陕公、抗大的经验，划分小组、反复讨论、出讨论题、请人解答、自我总结、鉴定收获。最后，根据学员们提出的具体意见进行帮助。

　　浦安修、卓琳和刘志兰同志除了组织和辅导大家学习外，还经常深入班组，及时发现和解决同志们中间出现的思想问题。妇训班的一个同志，因婚姻关系，思想上背了个大包袱，常常背着同志们哭。浦安修同志听说后，就主动和这个同志谈心，开导并鼓励她说："你现在要集中精力好好学习，不要哭，婚姻问题毕业后再考虑。"在浦安修同志的帮助下，这个同志甩掉了思想包袱，学习进步很快。

　　妇训班毕业的学员，大部分分赴太行山等地，采取"滚雪球"的方式，层层抓培训妇女干部的工作，收到了良好效果。武乡县的妇救会主任范承秀在北方局妇训班结束后，立即在道场村举办了武乡县妇女干部训练班，全县各地的 17 名妇女干部参加了学习，时间约 10 天。通过学习，妇女们开始觉醒。好多妇女在妇救会的领导下，走上了自身解放的道路。他们冲破种种束缚，走出家门，参加抗战，有力地推动了全县妇女运动的开展。四区成立了妇女自卫队，有 47 名妇女踊跃报名，积极投入保卫家乡的战斗；刘焕荣等 30 余名妇女，自动报名参加了县子弟兵团，被人们誉为"娘子军"。一次，抗日县政府在县城（今故县）举行各抗日团体阅兵式大会时，女民兵即占到了 30% 以上。从此，武乡这个尚武之乡新的女性，为中华民族的解放，为了妇女的新生，纷纷送郎送子参军、拥军优属、开荒种地、纺花织布、缝制军装、运送军粮、救护伤员等，担负了繁重的战勤任务，进行了不屈不挠的斗争，作出了巨大的贡献与牺牲，成为一支英勇抗战的主力军。武乡涌现出拥军模范胡春花，纺织英雄石榴仙、赵月娥，劳动模范王桃梅，女扮男装参军的王九焕，母子杀敌英雄王贵女，宁死不屈的郝爱则，革命妈妈暴莲子等一大批英雄模范人物，得到八路军总部和太行三分区等上级领导机关多次表扬与嘉奖。

　　三是组织妇女工作队。为了在实践中培养和锻炼妇女干部，北方局妇委还组织了妇女工作队，深入乡村具体帮助指导，进行大量的工作，如浦安修同志亲自带队到土河村协助地方开展妇女工作，她们把组织妇女参加救亡运动和妇女的切身利益结合起来，诸如"千年媳妇熬成婆"，等等，组织妇女挣脱神权、族权、夫权的束缚，启发妇女放脚、讲卫生，参加养鸡喂猪、纺花织布等力所能及的劳动，逐步改善妇女的政治和经济地位。同时，他们还在农村办了妇女识字班，扫盲兼学政治。浦安修、卓琳和刘志兰都亲自到识字班讲课，教唱抗日歌曲，把妇女工作搞得很活跃，为推动根据地妇女抗日救亡运动的开展积累了第一手经验。

四是教育妇女做安家计划，参与家庭的经营管理。男人们见妇女把家里的事管理好了，也就逐渐看得起妇女来了，男女平等的问题也就可逐渐得到解决。同时，男人可以减少牵挂，出去能安心打仗、安心工作，留在家里的也能集中精力搞生产。在发动妇女做安家计划的同时，特别注意发动妇女参加生产，要求妇女像男人一样参加生产。妇女只有在农业生产上创造出财富来，才能在经济上有发言权，才能使其在政治上获得的解放有可靠的基础。从支援战争和维护群众生活出发，也迫切要求妇女走出家门上地生产。为了普遍提高人们的思想觉悟，不光组织妇女上识字班，学文化、学政治，还利用晚上时间和男同志一起上识字班，学习政治。经过做这些工作，男同志的思想搞通了，还积极支持妇女上地参加生产。对于个别顽固不化、不让妇女参加生产和抗日救亡工作又打骂妇女的男人，村里的妇救会召集妇女开会，对其进行必要的斗争。

5. 妇女改造典型——王桃梅

一是败子回头金不换，王桃梅决心转变。王桃梅是武乡北响黄村一个中年妇女，在20多岁时，因丈夫出外经商，不常回来，她从此开始腐化了，闹得名誉非常坏，连亲戚朋友都不愿意接近她。村上对她闹过斗争，妇女们把她孤立起来，开什么会也不让她参加，甚至开除了她的妇救会籍。她娘家人3年没上她的门，亲生闺女骂她不是个人。到了这种地步，她自己觉得这样太痛苦了，自己想了又想，觉得这样下去不行，下决心要转变。有一次她去找了几个和她一样腐化的妇女，大家说出各人的心里话，咱腐化叫大家看不起，5个人就抱头痛哭了一场。王桃梅提出今后要在生产劳动上转变，当个好人。当时，那5个妇女一致说："你要能转变，咱也能转变。"从此6个人就结成了1个纺织小组，推桃梅当小组长，每人买1斤棉花做本钱。从1944年10月开始，6个人也不搽胭抹粉了，变为积极纺织的劳动者。不到两个月每人就出1斤棉花，盈利3000元，棉花8斤。在将过年的时候，桃梅提议每人做1个白布门帘，每人又做了1套柳条布的新袄。过新年时，全村人看到她们的新门帘和6个人穿的一样新衣服，人人都很惊奇。这时才知道她们学好了。从此村上就不断地鼓励与表扬，她们的劲儿更大了，进步也更快了。

二是把社会上遗弃了的人组织起来。王桃梅为了争口气，洗净她历史上的污点，下决心要在生产上做出更大的成绩来，费尽苦心去组织妇女到她的组内。大家看到桃梅纺织组搞得不错，就不断有人参加。她除了纺织外，还给三分区医院磨了5000斤白面（人推磨），赚了麦子5.6石、黍子90斤。她将赚下的麦子，大家分了一部分外，又合伙买了1头母猪，又买了2.7亩地，可以种些麻以便纳底子、点灯油。在4月春耕总结时，桃梅就被选为纺织英雄，得了银奖章1个、大红旗1面。她的荣誉从此就跟着她的生产成绩一天天高起来，她的纺织组也一天天更加扩大了，并逐渐成了小型工厂。比如杨三羊是个非常贫苦的人，没衣穿，经常给老婆气受，桃梅就动员他老婆到工厂参加劳动。先借给她7尺布给三羊做了条夹裤，等她纺织得了利再还钱。三羊很高兴，叫老婆参加了工厂。再如懒妇女韩荣花，整天懒得不想做活，身上穿得很破，桃梅就动员她参加纺织，并给她做了个新布衫。韩荣花进工厂后，大家都说："这样的懒老婆，死也转变不好。"但桃梅却不这样想，她很耐心地教育她学好，有一点成绩就表扬她。桃梅自己这样想："以前人人说我不会学好，我自己也不知道生产劳动能转变我。自从参加了纺织组，我不就学好了吗？那这种人为啥学不好呢？"后来慢慢地在桃梅的影响下，韩荣花终于成了好人。[①]

（六）建立抗日儿童团

抗日战争时期，无论在敌后抗日根据地，还是在国统区、沦陷区，在中国共产党倡导的抗日民族统一战线旗帜下，以国共合作为基础，全国的

---

① 李树生：《抗日精华遍武乡》，太原：山西人民出版社，2010年版，第125—129页。

一切爱国力量，包括广大少年儿童在内，都积极投入到抗日救亡运动的洪流之中，在神圣的民族自卫战争中，中国少年儿童除了经历太多的苦难之外，也曾用自己小小的力量为抗日战争的胜利作出了力所能及的贡献。少年儿童在抗日救亡运动中所做的种种努力，成为全民族抗战的重要组成部分，从一个方面反映了伟大抗日战争的全民性，他们的历史功绩，值得人们认真了解和深入研究。[①]

1. 儿童团的建立

共产党领导的八路军在太行山开辟了抗日根据地，并在根据地建立了抗日儿童团组织。儿童团主要由7~14岁的儿童少年组成，在八路军总部和朱德总司令的关怀下，八路军总部所在地的武乡县王家峪儿童团的工作开展得十分出色。在百团大战中，儿童团成员割草喂军马，为前线送干粮，为兵工厂收集废铜铁和子弹壳；在反"扫荡"战斗中，他们写标语做宣传，看护八路军伤员等，做了许多力所能及的工作。为了掩护八路军总部和弹药库，几名儿童团员在鬼子的刺刀下英勇牺牲。1944年，"四四"儿童节时，王家峪儿童团被正式命名为"朱德儿童团"[②]。

2. 儿童团的职责

儿童团的主要任务是：宣传抗日主张，侦察敌情捉汉奸，站岗放哨、查路条、送信等，从事生产，协助八路军工作。

平时，儿童团成员要进行读书学习和军事技术训练，同时还要照顾八路军伤员。在太行抗日根据地武乡县，寨坪村儿童团是最有名的，各项工作做得很好。他们在寨坪村南边的水井上和村北边通往显王的道口上都安了岗哨。每岗人数至少2人，配备红缨枪和大砍刀，没有路条陌生人不能进村，对防止敌人特务刺探情报、进行破坏活动起了很大作用。1939年至1940年，梁栋云是寨坪村儿童团团长。4月4日，全区儿童团开大会时，

---

① 罗存康：《抗日战争与中华民族复兴：少年儿童与抗日战争》，北京：团结出版社，2015年版，第6页。

② 罗存康：《抗日战争与中华民族复兴：少年儿童与抗日战争》，北京：团结出版社，2015年版，第4页。

寨坪村儿童团被评为模范，每个儿童团员还被奖了一支铅笔。据寨坪村儿童团团长梁栋云在纪念抗日战争胜利 65 周年的大会上回忆：

当时，我们在王廷俊教师带领下，由我任儿童团长，组织了 20 余名儿童团员参加抗日，主要任务是宣传抗日送情报、站岗放哨查路条、习文练武打日本。我们村儿童团组织，在抗日村公所与老师的指导下，团结带领同学们，积极开展抗日宣传活动。

首先学唱抗日歌曲。学校请当时驻扎在村里的"鲁校"教员教我们唱歌，如《抗日救亡进行曲》《游击队之歌》《义勇军进行曲》《在太行山上》等。此外，还根据各个时期的中心工作，编写地方歌曲，如左权将军牺牲之后，编唱了"狼吃日本五月，扫荡咱路东，左权将军麻田附近光荣牺牲……"唱出了对敌人的憎恨，唱出了对将军的怀念！再如我们村民兵是一支劲旅，为了赞扬指挥者领导有方，又编唱了"民兵武装指导员，忠义和福田，他们领导民兵智勇双全……"在抗日根据地，可以说是，哪里有战斗，哪里就有歌声。

演戏也是我们宣传抗日的一项任务。学校老师帮我们编排了《血泪仇》《送信兵》《前线归来》等节目。除在本村宣传外，还到外村演出。每当开幕之前，我们都要站在台前先说一段快板。比如八路军打下胡峦岭时，编的快板是："老乡们听我说说攻打胡峦岭，一营陌峪沟，二营老寨坪。我军真勇敢，拼刺往上冲。鬼子见阎王，炮楼被炸平。"从而，大大地鼓舞了抗日军民的斗志。同时，我们还排了《小花戏》《霸王鞭》《跑场秧歌》等节目，每到逢年过节，老师带领我们走村串户，对英烈军属进行慰问演出。此外，我们还会向前方亲人奋勇送情报，时而有之。当时叫鸡毛信，它表示保密与快捷的意思。一次，抗日村公所叫我与另一个孩子去上北漳转送一封鸡毛信，我们把信藏在帽檐里，利用我们人小灵活、行动方便之特点，很快完成了任务。还有一次，在 1942 年 4 月的一天中午，自卫队轮到我三叔值班，他接到情报跑回来说：敌人已下来杨桃湾。在紧急情况下，我们几个儿童团员，立即分头告知乡亲们转移。结果，敌人来村扑了空。过后，乡亲们逢人便讲：俺村儿童团，人小办大事，真像一支"小八路"，站岗放哨查路条。

当时在抗日根据地，不分男女老少，齐心协力参加抗日，是大家的共同目标。我们儿童团，组成三个小组，每班两人，每次半天，轮流站岗。一人肩扛红缨枪，一人手执大砍刀，在村边路口站岗放哨查路条。

1939年，八路军总部进驻砖壁后，也帮助砖壁村组建了儿童团，学校11周岁的男、女同学24人全部加入儿童团，团长肖江河。砖壁村儿童团分4个小组，每组6人，其中男4女2。砖壁村儿童团组建之后，便给各组发1口砍刀、1支红缨枪，给每人各发2本书——《抗日读本》《战时新课本》。儿童团的任务是：配合妇女在村里路口站岗放哨，每一路口配1个妇女、1个儿童。组长负责派人，团长负责查哨。团员们手提红缨枪，到哨口执勤，盘查外来生人。若有生人进村，必须携带路条。路条的样式为：

兹有本村村民×××，因事到砖壁×××家办理（探亲）……希沿途岗哨查条放行，限一日作废。

×× 村村公所（印）× 月 × 日

有路条者放行，无路条或者是可疑的假路条，便将其带回村公所审查。除放哨外，又给团长和个别团员布置了特别任务：监视村中政治可疑分子的行动——若有生人到他家进行活动，立即向锄奸主任报告，以便对其进行审查。①

3. 抗日儿童英雄

抗日战争期间，涌现出许多儿童英雄，在对敌斗争中作出了牺牲。其中，武乡白家庄村儿童英雄李爱民就是最具代表性的一位。1943年10月2

---

① 肖江河：《砖壁村志》，太原：山西人民出版社，2006年版，第136页。

日，武乡白家庄村儿童英雄李爱民，在参加秋季反抢粮斗争中，为解救群众落入敌手，坚贞不屈，惨遭杀害，年仅 13 岁，被晋冀鲁豫边区政府誉为"太行山上的儿童英雄"，后又被列为全国著名的八大少年英雄之一，写进边区小学课本中。

少年英雄李爱民[①]

李爱民是山西省武乡县白家庄人，13 岁时成为白家庄儿童团团长。

鸡毛信

有一天，八路军的钟营长急匆匆来到白家庄找到儿童团长李爱民，交给他一封鸡毛信，说："这封鸡毛信很重要，你马上闯过敌人的封锁线去送给东沟的民兵。"

李爱民知道这鸡毛信非常重要，二话没说，把鸡毛信藏在袜子里就出发了。他戴上草帽，拿着镰刀，赶着毛驴，装着割草的样子，专拣沟里的小路走。沟里净是乱草、荆棘，脚被石头子儿碰破了，两腿也被拉了几道口子，李爱民顾不得这些，一路小跑，趟过小河沟，爬过几道山冈，很快来到了敌人的封锁区。

李爱民急急忙忙走着，来到一个三岔路口，正在琢磨往哪儿走的时候，一抬头，看到右前方一个土坎上有两个鬼子在望着他，嘴里不知在嘀咕什么。怎么办？躲开吧，怕鬼子生疑心，也来不及了。李爱民想起出发时，钟营长嘱咐他说的话："路上遇到情况要沉着，见机行事。"他往四周看了看，正好不远处有一摊驴粪。他走过去用脚使劲踩了一下那驴粪，稀稀的驴粪溅了他一身，他也顾不得脏和臭了，大摇大摆地把驴赶到沟里割起草来。

两个鬼子跑过来，其中一个像是日本军官，抓住爱民的领子大声叫道："八格牙路，举起手来！"

---

① 李树生：《抗日精华遍武乡》，太原：山西人民出版社，2010年版，第212—214页。

爱民装作傻乎乎的样子，呆呆地站在那里。

鬼子军官横眉瞪眼叫道："八路的探子？抓起来！"爱民装作惊慌的样子，说："俺是放驴的！"鬼子将爱民的身上从上到下搜了一遍，什么也没搜出来，驴粪的臭味熏得鬼子直捂鼻子。

这时候，鬼子营地传来了号声，鬼子急着要走，踢了爱民一脚，厉声喊道："赶快滚，这里不准放驴！"

爱民忍着疼痛，赶着驴迅速来到了东沟。东沟的民兵得到了情报，第二天顺利地配合八路军打下了鬼子的据点，保护了根据地的粮食。

李爱民立了一功，受到八路军的表扬。

英勇献生命

1943年，敌占蟠龙后，在周围的村上也修了炮楼，白家庄也住了鬼子，村里的百姓都转移到了东沟。到麦收的时候了，抗日政府和八路军发出了抢收小麦不给敌人留下粮食的号召，区上要求群众夜间抢收麦子。

在敌人的眼皮底下抢粮食，这是非常危险的，武委会组织民兵掩护队、抢收队，爱民听说以后就去找村长报名，要参加抢收粮食的队伍。村长说他小，可爱民缠着非要去，村长只好答应了他。夜色黑黑的，抢收队伍开回了白家庄，悄悄地挥镰割麦。爱民担任放哨任务，他远远地望着炮楼方向。天快亮的时候，小麦全部割完了，人们背的背，挑的挑，赶快往东沟走去。

爱民背着一小口袋麦穗走在前面，临走的时候，他对村长说："我在前面，咱们拉开点距离，一旦有什么情况，我咳嗽两声，你们在后面就躲起来。千万不能让到手的粮食给敌人抢去。"

村长夸赞爱民机灵，但也担心他一个小孩子怕一旦有了情况不好对付。爱民说，我是小孩子，敌人不会怎么样的，你们放心吧。运粮队伍眼看就要走出敌占区了，已经能看到东沟了。忽然，右面山上出现了几个人影。爱民判断，这是遇上了敌人的游动哨。爱民立即向后面传了"信号"，他想往路边的庄稼地里钻，已经来不及了，他忙把小麦藏在路边。

一个鬼子从路边钻了出来，挡住爱民的去路，"站住，干什么的？"

爱民假装哭起来，"走迷路了。"

"你的一个小孩半夜三更出来，肯定是有事，有人接应。说出实话大大有赏，如果狡猾，死啦死啦地。"

"我真是走迷路了，找不着家。"

"啪！"翻译官上前打了他一巴掌，"太君说了，不说实话马上枪毙。"

"你个狗汉奸，总有一天会剥了你的皮，给中国人民报仇。"爱民心里说，可嘴里还是说自己真是迷路了。

翻译官见他不说真话，便拿枪指着他问道："你是哪个村的？"

爱民估计时间拖延了半个小时，运粮队伍也安全走远了，便硬了起来，"白家庄的。"

"干什么来了？"

"收粮食啊！"

鬼子军官一听说是白家庄的，问道："你们庄上的老百姓都躲到哪去了？"

"太行山里呀！"

"你们村的村长是谁？有哪些人参加了八路军？"

"我不知道。"

敌人把他抓到河滩上，恶狠狠地说："你听着，今天你要是说实话，就放你回家，如果不说实话，就一枪崩了你！"说着，就用手枪冲爱民晃了晃。爱民毫不畏惧地说："崩了我也不知道！"

敌人见他还是嘴硬，就把爱民用绳子吊在一棵小树上用皮带使劲抽。但是，爱民还是那句话："不知道！"硬的不行，鬼子军官又把爱民放下来改用软的办法。鬼子军官从口袋里掏出一把日本糖，引诱爱民说："小孩，你的说实话，皇军大大的有赏！"

爱民接过糖，使劲朝鬼子军官的脸上砸过去，说道："谁稀罕你的臭糖！"鬼子军官大发脾气，用脚踹向爱民，一脚又一脚，爱民倒在了地上。爱民忍着疼痛，心想，打吧，打死我也不说，死就死我一个，不能对不起八路军。

鬼子军官踢了半天，见爱民死活不屈服，恼羞成怒，抽出大刀向爱民刺去。

英勇的少年，为了掩护乡亲，保护干部，保卫八路军的粮食，献出了自己年仅 13 岁的宝贵生命。

总之，在抗日战争期间，通过组织动员，工、农、商、妇各种救亡团体都已组织起来，有 100 多万会员，从实际斗争情况看来，各类救亡团体都在战争中发挥了极大的作用。一般说来，在战争中的每次动员中，都证明他们能起重要的作用。

第四章　教育培训：以思想建设改造群众

　　毛泽东同志曾经指出："没有文化的军队是愚蠢的军队，而愚蠢的军队是不能战胜敌人的。""我们的工作首先是战争，其次是生产，其次是文化。"[①] 思想教育是抗战时期中国共产党在敌后抗日根据地实施的一项重要社会政策。其目标是在实现扫盲教育的同时，对民众灌输民族意识、国家意识及中共所主张的意识形态和道德观念，激励民众参与政治的热情，其终极目的是要民众对中共政权以及各项政策的最大限度认可。因此，抗日根据地的社会教育既是群众性的扫盲运动，又是中共在根据地进行的一场全面的政治动员，而后者显得更突出、更重要。民众在接受社会教育的过程中，逐步接受了中共政权为他们设计的政治行为模式、生产组织模式、社会组织和生活模式等，民众也逐渐脱离了旧权威的势力范围。因此，社会教育提高了民众和中共政权之间的亲和力，使中共逐步实现了对根据地乡村社会资源的全面控制。[②] 为了解放全中国，迎接中华人民共和国成立后大规模的建设工作，不但需要发展生产和各项经济建设事业，而且需要帮助广大人民群众逐步摆脱文化落后的状况，培养下一代成为具有各方面知识的有用人才。因此，太行区在各县设教育科，后来民政科与教育科合并为民教科。抗日战争时期的教育工作任务是学校教育和社会教育相结合，同时为适应战争形势的变化，加强对教育工作的领导，每区设联合校长一人，其任务是：搞好联合校长所驻的学校，以做示范；定期召开教员会议，交流办学经验，传达贯彻上级对教育工作的方针、政策、指示等，对教师调动奖励提出意见，报请县民教科决定。联合校长有计划、有目的地到所

---

① 毛泽东：《毛泽东选集》（合订本），北京：人民出版社，1991年版，第912页。
② 黄正林：《社会教育与抗日根据地的政治动员：以陕甘宁边区为中心》，《中共党史研究》，2006年第2期。

属学校进行检查，同时也要了解社会教育情况。在具体教育方式上，主要有党内教育、学校教育和社会教育。

一、加强党内教育

中国共产党成立以来，就特别重视党内教育，并在发展过程中开展了多次党内教育活动，对于统一党员思想，保持党的先进性、人民性和代表性发挥了重要的作用。在抗日战争时期，太行抗日根据地在中共中央的指导下，根据革命形势和党内情况的发展变化，在全区开展了多种类型的党内学习教育实践，使全党在观念上、意识上初步达成了一致，对于发挥党员的带动作用，密切党群关系具有重要的价值和意义。

（一）党内教育活动开展的背景

太行边区党员有优良的革命传统和比较丰富的战斗经验，但同时党内思想作风仍存在一定的问题，主要表现在以下几个方面：一是习惯于用大刀阔斧的战争动员时期的工作方式，缺乏用细致、耐心、平和的工作方式；二是主观主义、宗派主义、党八股的某些严重思想仍然在党内存在，阻碍着党的进步；三是太行边区处在经济文化比较落后的地区，因而多数党员和干部文化素质较低，封建残余思想仍然存在，严重影响着太行地区良好党群关系的建立。

边区农村党员是边区党的基础部分，他们大多数是在土地革命时期和抗战时期发展起来的，抗战以前有过思想上的教育，但都是局部的、不彻底的，全面的整党工作从未有过。这些党员的过去成分主要是雇农、贫农以及中农，其他阶级成分较少，就其政治的质量来看，多数都有一定的斗争经验与阶级觉悟，尤以老党员更强些，这些党员无论在过去还是现在，都在边区农村中起着决定性的领导作用。但是，由于这些党员处在地广人稀、比较落后的农村环境中，其文化知识水平较低，多数处于文盲状态，而过去发展党员存在着某些不正确方式，加以边区内部长期的和平环境，对他们的教育非常不足。随着边区经济的急速发展，党员内部存在的弱点日益暴露出来，如多数党员在组织上对党的认识模糊，还不了解如何才称得上是一个共产党员。具体而言，在太行边区，多数党员思想政治状况的具体表现是：（1）经过土地革命的老党员，阶级意识与觉悟比较高，而新党员则差些。（2）因受党内和平与统一战线环境的影响，老党员的阶级意识相对薄弱，呈现出疲惫状态（所谓"换班"）；新党员则朝气蓬勃，积极性强些。（3）老党员中一部分人（特别是中心区）存在一种革命成功的太平观念和自私自利观念。新党员中特别是在边境的党员中存在一种害怕心理（尤其对摩擦斗争），这主要是因为缺乏斗争经验的缘故。（4）不论新老党员，对于党的组织观念都很模糊，虽然程度不同（如自由离开当地党组织，新区党员认为共产党就是八路军等），但其共同的思想弱点，就是封建残余的迷信落后意识还很深。（5）有不少党员对党的政策（统一战线政策）存在着不正确的认识，同时这又成为引起一部分党员对党的观念模糊的重要原因。

鉴于此，党内教育就是如何提高农民党员的思想，通过教育达到多数党员对党员的条件有统一而清楚的认识，打破太平观念，提高党员公私兼顾的思想，克服自私自利的错误思想，在党员教育工作上，用统一的方针，对过去教条主义必须有彻底的清算。

（二）党内教育活动的内容

1. 反对狭隘经验倾向

在以整风形式开展的党内教育过程中，主要任务是反对教条主义残余，一部分干部中存在狭隘经验倾向，这种倾向也是主观主义的一种表现，是小资产阶级主观狭隘思想的体现。他们满足于自己过去的、片段的经验，拒绝新的创造；满足于过去已有的斗争经验，更不顾科学的总结，又缺乏去践行与革命实践密切联系着的理论原则的决心。这种经验阻碍着党的干部的提高，并使革命效果受损。纠正这种错误的思想办法是：要从反主观主义斗争中研究这种倾向产生的来源及潜在的危险性，使党的干部有所警惕；那些存在着狭隘经验的干部要加紧去学习理论，去获得与掌握辩证唯物的思想方法，反对党内教条主义的残余；要总结过去党的实际斗争经验、党的政策的历史，注意去研究当前环境与新的条件，打破满足于过去局部经验的思想。对于这类干部，给予学习机会，或在工作中给予必要学习时间，使其在实际工作中学习理论。

武乡抗日县政府指示 [①]

关于区村干部教育和学习的制度

区长、村长：

为了有计划地进行在战干部的教育，提高干部文化政治水平，加强工作效能，特规定区村在战干部教育和学习制度，希切实参照执行：

一、领导

1. 区公所由区长或教育助理员负责领导督促本区干部的学习及通讯员、伙夫的教育，并领导检查各村干部的学习状况，传达县教育委员会决议。

2. 村由村长负责教育，领导村政委员会，各干部及工、农、青、妇、武群众团体干部的学习。

二、组织

1. 学习组织区公所可分为普通组（干部）、文化组（通讯员）、工作组、村社普通组。

2. 文化组以文化水平较低，不能自己阅书或报者，区委要统一组织和讲授。

3. 各种学习小组以三五人至七八人为一小组，选一小组长。

三、学习制度

1. 各级干部必须保持每天两小时的学习，建立经常学习制度。

2. 学习必须有计划、有系统，除阅读规定读物外并得读选读物。

---

① 武乡县政府：《武乡县抗日县政府指示》，1941年8月12日，武乡县档案馆藏，档案号：13-5。

3. 学习必须有组织、有讨论小组会，每礼拜开讨论会，每次讨论学习要有记录，要有笔记。

4. 出外工作之同志到住所工作即参加住所学习组并起模范作用，检查工作时必须检查学习。

5. 学习必须建立测验考核制度，三个月检查一次并写报告表，区村报告专署测验每半年举行一次。

6. 专报每月各村学习小组向区汇报一次，区向县汇报一次（统报在行政工作报告以内）。

7. 每礼拜学习一次新文学（在有人懂新文学的条件下）。

四、学习材料

1. 普通组：（1）新民主主义；（2）中日革命运动。

2. 文化组：详解新民主主义、抗日民主政权基本政策。

3. 经常读报，每礼拜最少研究讨论法令一次。

县长武光清

监印史宽志

校对韩便书

2. 打破地方观念

地方观念是落后的半封建社会思想的反映，也是宗派主义残余的另一种表现。这种观念的存在极易造成党内的不团结，结果必然会削弱党的力量。解决的办法应是在整风运动中具体地去除这种观念的实际表现，并在党内进行反对地方观念的教育工作和无产阶级的国际主义教育，同时要对个别利用地方观念进行保持党内团结活动的同志进行必要的斗争，目的也是为了通过教育使其进步，对于本地与外来部分干部存在的主观观念，应有所纠正。

3. 反对个人本位观念

个人本位观念是小资产阶级个人主义的具体表现，是落后的封建意识的反映，是与无产阶级先锋队的思想不相容的。要坚决反对个人本位观念，共产党员要往前看，否则自以为是、故步自封，历史会遗弃自己的。在党内要加强服从组织利益的集体主义思想教育与先进的阶级教育，反对个人主义思想，以肃清党内个人主义观念。

4. 反对享乐腐化思想

享乐腐化思想特别发展于自给自足的生产制度的条件下。这种思想会腐蚀党，使一部分人落后，削弱与丧失党在群众中的威信，以致破坏革命的组织。必须在党内进行反对腐化思想的斗争与教育，在党内提倡与发扬过去艰苦斗争的传统精神，同时要建立严格的经济检查制度，杜绝某些人员发生腐化现象。

5. 反对自由主义思想

自由主义思想是最严重的错误思想，在边区党内表现有四种：第一种是一团和气、互相包庇，是某些干部之间的一种表现，即看见听见别人错误既不直接批评也不反映组织。第二种是背后批判破坏领导、道长论短、制造纠纷、个人意气、目无组织（即所谓无原则纠纷，以达个人目的），这是某些干部之间的另一种表现。第三种是自己缺点不能批判、强调成绩、满足现状、自己威望第一、党的利益第二。第四种是放任下级、曲解干部政策、危害干部。所有这些自由主义表现都是某些干部还有小资产阶级思想作怪的缘故，纠正这种错误的思想是健全党内生活、巩固党的领导的重要任务。克服党内自由主义的方法应在党内进行思想斗争，具体研究每个自由主义思想产生的原因，并从组织上、政治上加以纠正。

6. 反对本位主义思想

本位主义思想在自给自足过程中得到相当发展，导致互相破坏、互相竞争，部分党员把部门利益放第一，把党的利益放第二。这种本位主义思想（在主观上是解决部门生活困难），发展的结果无论对内对外都产生了一种不良影响。通过党内整风教育必须克服这种错误思想，使全党遵守党的政策、党的纪律，只有这样，才能在党的统一领导之下，度过已有的困难。

7. 反对党员干部中右倾官僚资本主义思想

在太行边区，部分干部群众观念模糊、阶级意识模糊，存在官僚行政命令的现象，严重影响了党群关系，削弱了党在群众中的权威，为此要做深刻检讨。通过整风运动、加强阶级教育、克服群众观念、督促组织生活、了解群众疾苦，精心研究上级党的文件指示，掌握其精神与实质，根据具体情况将党的政策贯彻到工作过程中。

通过党员整风教育，要大力减少主观主义、宗派主义、党八股传统的影响，以达到改造和统一边区党内思想的目的。通过思想上整党，提高党员干部的政治觉悟。

（三）党内教育活动的方式方法

1. 教材和教育主体的规定

推动宣传工作，教材与宣传品是有力的武器（上级党组织编制的教材与宣传品），对下级工作会发生自然的指导作用，许多同志因为没有教材没有宣传品工作未得进行。①

重新编制教材，以党员条件为教材，为主要内容，教材编写要按照北方局统一的计划与领导，各分委县委按当地党员具体情况自订教材，针对党员现时的政治思想状况材料，贯穿一些党的基本原则，这是编写教材的方针。凡使用的教材要通过同级党委或上级党委的批准。以武乡为例，在党的基本教育中规定了五种教材，作为一个时期教育的基本内容：什么是农村阶级问题、什么是党、党内民主与纪律、党与群众关系、目前党的主张。经过这样教育，开始打破了党员对党的错误了解与认识。过去党员把中国共产党与党的牺盟会分不开，以为参加了党，就应该脱离群众，站在群众头上教育群众，不支差、不出粮、当干部，这就是党员的普遍意识。经过教育，党员对党有了比较正确的认识，认为共产党员在一切工作中应该起模范作用。

教育主体主要是当地返乡干部、外来教育人员，首先选举当地返乡适合教育工作的干部加深教育，经过他们去教育党员，一边教育返乡当地干

---

① 山西省档案馆：《太行党史资料汇编》（第1卷），太原：山西人民出版社，2000年版，第496页。

部，一边经过他们，同时去教育党员。

2. 教、学、做三者统一

"教、学、做"三统一是改革党员教育的关键，其主要点是：必须了解教育对象，知道党员做了什么和想什么，就是教育首先要根据对象，禁止照本宣科方式，不是先从教材，而是先从党员所能了解的当地支部和党员工作具体情况出发，在党员自己经验所了解的基础上，逐渐提高到所要教育党员的原则上去，了解党员自己的经验基础、照本宣科的方法是必须废止的；在党员教育过程中要实行"懂了再教"的原则，一个问题未教懂之前，不要再教第二个问题，适应灵活的复习方法。懂的标准就是学习的东西能做，党员学习的东西是否能做，这也就是检查党员教育的主要标准。党员教育过程是教、学、做三者统一的过程，只教不问懂，懂了不会做，这种形式主义的教育方法，是应该反对的。

武乡抗日县政府指示 [①]

村小学教员：查教联会印其他各种教材，有些小学教员随意抛弃，不加注意，不能给各教会会员详细讲解使工作受阻。章纲要求指导宣传教育是小学教员应尽责任，各教会印刷总教材工作相当重要，不能忽视。在今后对各教会之教材应妥当留存，详细解释，并把讲过的东西反复强调，不论任一种教材，最低限度要做到会员三分之二以上人数能了解大意。特此通知希望办理为要。

县长武光清

1941.7.9

3. 采取党员训练班与小组会的方式

党员教育尽量用农暇来进行，为调动和保持党员受训练的兴趣，除教育上启发其自觉性以外，还必须做到：废止返乡干部一套党八股习气，说

---

① 武乡县政府：《武乡抗日县政府指示》，1941年7月9日，武乡县档案馆藏，档案号：13-3。

话应使用群众语言，令人生厌的口头八股（如还用基本上、一般的、个别的、然而、但是等）应无情抛弃；每次授课必须有新的内容，不要老是一套"党员须知"；必须根据党员做了什么，想看什么，解决党员中解不开的一些困难问题；每次训练时间不宜过长（一小时半适宜）；注意使小组会、训练班开得活泼，打破过去长期存在的死板的听训方式，采用边讲、边问、自由商量研究的方式。教育方式的改造，应看成是改革党员的重要问题。此外，在实际工作中，教育党员更应看成是经常的主要办法。

4. 民主政策教育与经济建设教育

（1）在保障人权与"三三制"上，从党内开始纠正了随便捆打人的现象，大部分党员虽然对政策表示不满，但在观念上认识到打骂人必然造成脱离群众，一切经过说服解释后的工作，群众是满意的。这都是一般党员的反映，有些好党员如果没有保障人权，工作会闹不堪设想，会使阶级敌人与民族敌人合起来攻击我们。在"三三制"上纠正了党员这种专政的观念。同时一般同志感觉使中间力量与进步分子参加政权会减少他们对党的仇视与愤怒。（2）在经济建设教育上克服了党员的贪污浪费观点，克服了农民保守性，不敢搞农业建设的观念。（3）在进行党的民主政策与经济建设教育上，给党员灌输党在民主革命中的传统教育，一般的党员能与中间阶级接近、共同工作。

5. 实践教育

（1）在组织民兵备战以及空舍清野等问题上，部队在实际中进行了教育，特别是在空舍清野与民兵建设上，都比较合乎实际，充分调动了大家的工作积极性，同时充分认识到没有民兵活动群众就不能安富，没有彻底空舍清野，必然遭到严重损失。（2）在反维持会上击破了原支部的投降观念，通过讲敌人对维持村烧杀的案例对党员群众进行教育，增强了大家对敌革命的信心，并说放汉奸出来，我们就打死他们。（3）在囤粮中反剥皮反自私观念，发扬大公无私纪律教育；在太行七区麻池沟监漳支部舍己助人模范引起大家拥护；在西堡村一个党员很穷，自己也省出二升粮，引起五家富户自报交出公粮。

此外，对乡村支部干部的教育。除了使他们参加党员教育外，还必须进行下列教育：支部业务教育、政治教育（施政纲领的解释——政策、读群众报——时事新闻等）、文化教育（统一编读识字课本，生字一千）。支部干部教育应充分利用支部干部会与区委所召集区支干部联席会议等基本方式，县委分委举办干部训练班为其方式之一。干部教育，一方面保持自己学习的积极性，另一方面积极去推动和帮助其他干部学习。

中央宣传部关于抗日根据地党内支部教育的指示 [①]

支部教育是党的基本工作之一。各抗日根据地地方党组织已经注意了党支部的教育，做了很多的工作，有了成绩。但由于许多地方没有确定的教育方针与计划，缺乏相关的教材与必要的教育干部，支部教育还未能获得应有的成绩。中央宣传部提出各根据地的党组织，应在今后一年中，有计划地加强支部教育，并在支部教育的方针、计划、教材、教育方式或方法方面有以下的指示：

（1）支部教育方针。应该是：一是提高支部，包括支部的干事，某些小组长及其他村级干部中的党员和党员的文化水平。二是使一般党员懂得怎么做一个好的共产党员。三是使支部干部熟悉领导支部工作及乡村工作。四是培养以后进行支部自我教育的干部。

（2）教育训练方面。一般的要达到下列水平：一是文化教育，一般的标准是从文盲到半文盲，从半文盲到非文盲。初步消减了文盲，党员中应进行自然常识的教育。二是普通党员的政治教育，一般应包含：怎样做共产党员，支部本身的工作，统一战线政策，乡村工作、政权工作、文化教育工作及武装工作等。三是支部的政策教育，一般应该包含：党章的教育，中共党员主要的政治常识教育，以区乡工作为主要内容的建设根据地的初步知识的教育，关于游击战的初步知识教育和临时的策略教育。

---

① 武乡县委：《县委一位领导的笔记》，武乡县档案馆藏，1940年10月17日，档案号：3-2.1-18-1。

（3）关于教材。过去各地没有统一的课本，内容上和编制上都有许多的错误，今后采取以下的办法：一是关于临时性的策略教育的教材，应由区党委宣传部或地委按时编制，由党委审查。关于文化课力求策略教育外的政治课的教材，由中央局或分局或区党委负责编制。二是政治课教材应分为普通党员的和支部用的两种，给普通党员用的应编成一种综合的课本，给支部用的应该依据几项指示编。关于党的建设，应包括根据地建设、游击区初步知识及政治常识三种课本，还有文化课本里边的自然常识的内容。三是教材的内容和编制上，应该注意理论与实际的联系，应针对委员教育对象的一般程度提高他们，为此必须在量的方面由少到多，在质的方面由浅入深，在顺序上由近到远，由现在到过去，由具体到理论。

（4）教育方式。一是支部的训练区委不容易做好的，应由县委员负责，其方式主要有两种：由县委直接开办训练班，轮流使支部受训或由县委和地委派出教育团到各地去进行训练。两种方式轮流进行。二是普通党员的训练，可以使用进行巡回教育流动训练班的方式，由区委负责办理，必要时必须派出教育干部去协助进行。具有高水平的知识分子党员的支部，先训练这些党员，然后再让他们去教育本支部的其他党员。三是党的小组一般应当兼有学习小组的作用，或者规定每月一次或两次的小组会议作为学习会，或者每次小组会让出一部分时间用在学习上。小组会以外当建立学习小组的办法，在自愿的条件下，供以采用。四是关于文化课，最好利用群众中识字班、识字组或夜校来进行。给每个党员以积极参加并推动这些群众识字教育的责任，支部对他们进行经常的考查。

（5）教学方法方面。一般的应该使教与学统一起来，即把讲授、问答、讨论和复习统一为一个过程，课堂上不仅有教员的讲授，而且有质疑、问答、讨论及复习。即使采取课外进行讨论和复习的方式，教员也须尽量参加，这些方法对于文化水平低的人，最容易收效。至于这些过程的次序，应灵活地运用，不应拘束，同时教员为使自己的教授生动易懂，就特别要注意了解学者的工作情况、个人情况及当地一般情况，利用实际的材料来充实具体原则的讲授。

（6）为使支部教育进行得好，教育干部是一个有决定意义的问题。地委和县委的宣传部保存适当数量的教育干部，由他们去进行支部教育及协助党委进行党员教育。如果在领导机关所在地举办支干部训练班时，该领导机关的负责同志担任教员。其次要在这一年的支部教育中注意训练乡村知识分子党员，使他们成为以后领导支部自我教育的干部。各级党组织的宣传部必须把支部教育工作放到重要地位上来，给以经常的检查和抽查，各级党组织必须为支部教育筹出专门的经费，以保证上述计划的实现。

（7）此指示一般适用于比较巩固的根据地，游击区参考采用。

（四）模范党员的群众动员经验

模范党员是通过树立典型，进而学习榜样精神、克服党员缺点、提高党员带动能力的重要方式。在太行抗日根据地，各种类型的模范成为动员群众积极性的重要力量，其中模范党员是党员内部克服党员缺点、增强党员党性、提高党员带动能力的重要群体。为此，太行抗日根据地多次举行模范党员会，总结模范党员动员群众的经验，并向全区推广。模范党员的动员方式包括：

1. 通过算账带动群众

模范党员在做每一件事情时都是自己先做然后再推动别人。群众想不通的就是党员先做，用实际例子打通群众思想，再用计算工作来联系他们的切实利益。如武乡模范党员李国华动员群众种兰时，他说咱们染一尺布25元，每人染衣服的表面就得出染布费150元，全村人口500人，除孩子按250人计算，共出染布费37 500元，把这换成米就可卖70石，如果种兰，不但够自己用，而且还能卖，结果打通群众思想种兰。王风伍在发展副业时打通村里老人的思想，这老人原有大鸡2只，他订了个计划，每只鸡可孵小鸡3窝，2只鸡能孵6窝，每窝可孵15只，共孵90只，每只小鸡可卖 15 元，共可卖 1350 元，从现在看来，不但完成计划而且超过原来 1300 元，家内还有小鸡 14 只，这老人现在说"风伍真是替咱打算"。

2. 解决群众实际困难

体贴群众痛苦、解决实际困难是党员密切联系群众的有效方式，如武乡某村模范党员韩会，打退敌人回家乡后看见有许多穷人丢种耕地，便向亲戚借来又转借给穷人使他们能下种。春天看见地里有黑婆（一种害虫）吃豆子如果不捉的话，黑婆吃了豆苗群众不免遭受困难。为此，他号召人们捉害虫，在他领导下，共捉了 27 石，保护了豆苗，大家反映老韩真是为老百姓打算。

3. 培养积极分子把不同积极分子用在不同事情中

如武乡模范党员李马保不但自己积极而且能使大家积极，他在生产上时常抓的李四孩起带头作用，并时常表扬鼓励，使他更积极起来。在文化和卫生工作上他时常说，把咱村人都教会字并内外打扫干净，气象一新，在副业上抓的他哥李初保，搞营业买猪他先买了 2 头，推动了全村。

4. 不同人用不同的教育

教育一个人先把他分析了然后再进行教育。如陈金全懒得不动，模范党员先了解他是没有地也没有农具。给他找长工，然后把他的地互助起来种上，再进行教育使他很快转变。

5. 响应上级的号召，坚决完成党的任务

如高丙权号召村民发展副业，他在群众中动员一定完成任务。如一个村养鸡 200 只、猪 2 头，组织号召合并，他就动员群众合并，他怕群众不合并，他自己先合并，然后再号召大家来合并，接着合并了 7 户。组织号召整顿互助，他就在民革室动员群众重新整理，以自愿结合互助。结果，这个村成为模范自然村。总之，上级号召做什么，他就做什么，从来不打折扣。

模范干部张步俊——六个为大家 [1]

为了开展生产运动,为了大家团结一致巩固起来解决困难,赶工多做工作,改良技术做到丰衣足食,走向新社会。模范干部张步俊组织互助组,并领导生产"六个为大家"。

第一个——为了大家多造肥,自己动手先挖煤灰,自己动了手又号召全村都来造。

第二个——为了解决全村种谷耧的困难,为了小组便利,修了1张种谷耧的机器,买了3个耧铧子。

第三个——为了救济赤贫户,自己小组先起模范,借粮食3斗又影响了其他组一共借粮10石5斗,解决了困难农户7户。

第四个——为了大家庄稼不能病,自己先把谷子浸种,又号召大家都用,浸过种了再种谷时,别人都不赶紧种。他怕战争来了种不上就号召大家加快速度,自己先动手7天种完全村。

第五个——为了军队使用,为了群众转粮,军队在我村的粮食是米,本村存的是谷,为了军队吃米,为了群众转糠,就号召各族群众给军队碾谷。自己号召给军队打荒,自己小组先动手,影响其他组一起帮助,共打荒55亩。

第六个——本村桥和路在敌占蟠龙后破坏,行走很不方便,他又自己先动手修路以影响其他组也来修。

在领导互助组过程中,张步俊在会上开了生产工作布置会后,回来就组织互助组,自己担任组长,在领导上是自己先动手,拿自己的模范行动影响别人,一切都是民主讨论统一计划,开批评检讨会(5天一次),按实际需要计划工作,先做当紧的。

---

[1] 武乡第二区:《武乡第二区土河模范干部张步俊》,武乡县档案馆藏,1944年7月6日,档案号:57-9。

6. 遇事大家商量民主作风

如模范党员岳党江每一件事下来他自己先想一下，然后再和大家讨论，一件事情要经过讨论再执行，如这次他想换新气象，但又怕人正在忙换不成，后来开了个小组长以上的干部会提出大家商量，经过大家同意然后分工完成。每件事情都是这样毫不包办，这真正才能发挥大家力量。

7. 长期积极工作，在任何情况下不悲观、不失望

如王全有反省说，自己在东沟当干部，抗战开始许多干部都垮了，只有自己一个人，他主要接受别人意见，受了委屈不灰心。不管是群众斗争、上级批评、战争威胁他都不悲观。又有一次，上级让他到油坊榨油，他心里不愿意，但人们说你不为群众服务吗？一听为群众服务他就去了，他感觉党员应该为群众服务。后来又让他回来当农会干部，他不满意，人们又说群众选你，能不当吗？他就转变了。总之，自从当上干部，一贯是积极的，不管是受了上级的批评，还是群众的斗争和战争的威胁，没有悲观总是积极。

二、加强学校教育

抗战初期，中共中央发布《抗日救国十大纲领》，规定抗日的教育方针是："改变教育的旧制度、旧课程，实行以抗日救国为目标的新制度、新课程。"后来，中共中央在扩大的六届六中全会上又提出"使教育为长期的战争服务"的方针。"抗日战争时期学校教育不仅仅是为了学习学校课程，更重要的是适应战时需要，培养士兵的作战能力，增强军队战斗力，动员广大群众，协助中共中央开展工作，对当时的军事、政治、经济、文化、思想等领域都产生了不可磨灭的影响。"[①]1940 年 11 月 15 日,《中央关于开展抗日根据地区的国民教育的指示》提出了要求："开展抗日民主地区的国民教育是当前动员群众参加坚持抗战、培养革命知识分子与干部的重要环节。

[①] 李静：《抗日战争时期学校教育的动机及贡献：以沂蒙抗日根据地为例》,《党史博采》，2016年第9期。

各地党的领导机关、民兵宣传队，必须认真地把这一工作当作我们中心任务之一，坚决反对党内对于工作的轻视态度。"

（一）加强学校建设

抗日战争时期，在太行抗日根据地，许多县都设有教育科，有科长、副科长各一人，区设有文教助理员，学区设有联合校长。在抗日根据地，随着抗日战争形势的变化，中国共产党着力于各级学校的建设和发展，兴起了抗日战争时期学校教育的高潮。以武乡为例，抗日战争时期的学校建设主要有：

1. 各级党校的建设

各级党校是党进行干部教育最重要的载体，在太行抗日根据地，关于干部教育，从抗日战争一开始，各级党组织就把干部教育提上了议事日程，并且做了力所能及的工作。当时，为解决干部缺乏的问题，从北方局到新建立的晋冀豫省委都普遍开办了干部培训班。随着抗日根据地的创建和发展，尤其是在毛泽东同志《论政策》的党内指示中提出"每个根据地都要尽可能地开办大规模的干部学校，越大越多越好"[①] 的要求以后，旨在培养干部的各级各类学校，便在各抗日根据地纷纷建立起来。

（1）北方局党校。为大力培养抗日干部，提高全党、全军的马克思列宁主义理论水平，根据中共中央指示，北方局于1939年1月8日在长治潞城创办了党校，是华北地区党组织培养干部的最高学府。北方局党校当时也叫太行党校，在武乡北漳村驻扎时，八路军朱德总司令兼任校长，刘华清任专职党总支书记。1939年7月初，日军组织对晋东南地区进行第二次九路围攻，北方局党校随八路军总部及北方局进驻武乡县烟里村。首期学员在烟里村毕业后，党校又迁至上北漳村，在这里招收了第二、三期学员。1940年4月，八路军总司令兼北方局党校校长朱德离开武乡返回延安，由北方局书记杨尚昆继任校长。

---

① 毛泽东：《毛泽东选集》（第2卷），北京：人民出版社，1991年版，第769页。

1940 年 11 月，由于日军"围剿"武乡，党校机关跟随总部机关转移到辽县上口村。杨尚昆离开太行后，由罗瑞卿继任校长。1944 年，整风工作结束后，遵照中共中央意见，北方局党校宣告结束，学校教职工大部分调回延安与中共中央党校合并，也就是现在中共中央党校的前身。①

党校的组织形式采取党政组织合一制，受北方局直接领导，以校委会和教务主任为领导机构，日常工作领导关系隶属于北方局组织部及宣传部，由李大章部长兼任教育长。党校教务处驻扎在东村郝培堂家，代号青海部，由杨献珍担任党校教务主任。党校没有专职教师，各项课程都有总部机关的首长亲自授课，如朱德总司令讲《军事战术概则》、杨尚昆书记讲《联共党史》、李大章部长讲《中国革命近代史》、陆定一副主任讲《唯物辩证法》，傅钟主任讲《党的建设》等。其学员管理由学员总支书记鲁瑞林负责。

北方局党校在武乡共招收了 3 期学员，共 600 余人，前来学习的学员主要有以下几种：

一是党内知识分子干部。这部分人不仅有扎实的理论基础，还有丰富的实际工作经验，需要进行工作作风和党员修养的学习。

二是青年知识分子。这部分人大都经历过正规学校教育，对新知识的接受能力和理解能力较强，但马克思主义理论知识和理性修养缺乏，阶级立场不够坚定，对党的认识存在偏颇，需要进行深入理论学习、训练和改造。

三是基层工农干部。这部分人一般都出自中农、贫农家庭，没有接受过正规学校教育，加入革命队伍动机不纯，如有的党员是考虑自身前途，有的党员只是为了获取个人利益，对党缺乏正确的认识，在群众工作中，容易出现暴力等激烈的行为。但这部分人阶级立场明确，政治立场坚定，是党在基层的重要力量，对其应进行自然科学和社会科学知识培训，提高其马克思列宁主义理论水平，克服狭隘的经验主义。

根据上述实际情况，北方局党校在教学中采取了区别对待、因材施

① 李树生、郝雪廷：《革命熔炉武乡》，太原：山西人民出版社，2010 年版，第 18 页。

教的方针。从编班到分学习小组，都进行了分类排队，有意识地把相同性质的干部分配在一起，再根据情况配备老师，这样在学习中可以因人施教。①

根据学员情况和党在抗日战争时期的主要任务，党校的课程设置主要是政治理论和联共党史，也讲授一点社会发展史、政治经济学、哲学等方面的知识。除了政治理论学习，党校还安排了军事课，主要内容是八路军的军事原则、战略方针、游击战的战术原则等。教授方式大多为上大课：选一块村头空地，学员席地而坐，教员站着讲课，大家一边听课，一边记笔记。到了冬天，由于天冷，不能到空地上课，就选晴朗无风的日子，在村民家院子里上课。村民院子是个半圆形的院落，村里人们叫"圪唠儿"，朝阳避风，坐在院子里很暖和。

党校设总支委员会，党总支下设两个学员连队，每个连队一个支部，支部下分党组，作为日常活动、学习和党员生活的单位。从学员中选任小组长和各支部书记。每周开小组生活会，每月开支部大会，有事就召开党的会议来讨论解决。

总之，北方局党校的建立和发展为加强党的工作、密切党与群众联系、培养一批工作能力强、政治立场坚定、群众基础好的干部发挥了重要的作用。概括起来，主要有以下几个方面：一是提高了学员的政治理论水平和文化素质，特别是提高了学员的党性原则。二是提高了学员的学习热情，使学员养成了良好的学习习惯。许多学员克服了不愿学习、好高骛远的倾向，获得了一些学习的方式方法，初步学会了具体运用辩证唯物论和历史唯物论观点去分析问题、处理问题，打破了过去教条主义、经验主义的工作方式。三是进一步学习了党的基本知识，加强了组织观念，纠正了一些不正确的思想，能够虚心地检讨自己，诚恳地接受批评。四是使学员们比较深入系统地反省自己，清算了自己非无产阶级思想，坚定了无产阶级立场。②

---

① 李树生、郝雪廷：《革命熔炉武乡》，太原：山西人民出版社，2010年版，第22—23页。
② 李银生、郝雪廷：《革命熔炉武乡》，太原：山西人民出版社，2010年版，第33页。

（2）晋冀豫党校。晋冀豫边区建立以来，随着晋冀豫边区党的大力发展，不管在党员的数量上，还是工作的范围上，都一天比一天扩大起来。在这样的形势下，干部荒的现象是必然的。为此，在 1938 年 3 月中旬，省委召集的根据地会议（有特委、县委及区委等各级干部参加）上，便有很多人提出了大批训练干部的要求。最后在这个会议结束时，省委宣布了决定用最大的力量来开办党校，以适应这个要求，这便是晋冀豫党校的由来。

晋冀豫党校对外称抗日政治学校。当年，党的领导机关、报社、招待所等散住民房，而抗日政治学校集中住在寺底大庙院内。学校的名誉校长是晋冀豫边区党委负责人李雪峰，校长是王卓如，教师大多由身着军装的八路军军官担任。学员主要是区县级党政军主要干部，也一律穿军装，所以群众亲切地称之为八路军学校。学员分为初级、中级、高级 3 个班，还附设有敌工班、交通班、记者班、木刻班、油画班。学校在武乡寺底村共举办过 3 期，每期为 3 个月，到 1939 年 6 月因形势变化而战略转移为止。培训期间，八路军总司令朱德、副总司令彭德怀、副总参谋长左权、被誉为八路军炮兵奠基人的北方局负责人朱瑞、一二九师师长刘伯承、三四三旅旅长陈光等人曾亲自讲课，或作政治形势报告。在这虽为短暂但非比寻常的近一年时间里，党和八路军通过宣传发动，组织领导和培训干部等方式，使寺底一带乃至全县的抗日斗争形势发生巨变。广大干部群众和爱国阶层打击日伪、参军参战、支前拥军以及反"扫荡"等活动，从初步展开发展为燎原之势。从而一方面为此后当地艰苦卓绝的抗日持久战以及抗战胜利打下了坚实的基础，另一方面也为寺底等村、为屯留、为上党培养了一批党政骨干，播下了革命种子。可以毫不夸张地说，以寺底大庙为中心的军民抗日活动，既是中国抗日战争中一份珍贵的史料，同时在中国现代史壮丽的画卷上也是浓墨重彩的一笔。

授课时数科目	第一周	第二周	第三周	第四周	第五周	第六周	各科共计
党的建设	8	8	6	6	4	4	36
统一战线	4	6	6	4	4	2	26
群众工作	6	6	6	4	8	4	36
抗日的击战术	6	4	6	6	4	4	30

2. 中国人民抗日军事政治大学

中国人民抗日军事政治大学简称抗大，是中国人民解放军国防大学的前身。1939 年 7 月，为满足华北前线培养军事、政治干部的需要，中共中央决定将抗大总校转移到晋东南前线办学，归八路军总部指挥。校总部驻扎在距八路军总部不远的武乡蟠龙镇，对外称青年抗日联合纵队，副校长罗瑞卿，教育长何长工，政治部主任张际春，训练部部长王智涛。

蟠龙镇是武乡四大镇之一，村大便于较大的机关驻扎，再加上交通条件便利，又距八路军总部所在地王家峪只有 10 里，便于联系工作，也方便邀请总部领导来讲政治和抗战形势等课程。抗大总校到达蟠龙镇后，校部机关驻扎在原义昌家，训练部设在镇中心的法云寺。

当时，总校下设 3 个分校，一分校刚刚从晋东南开往山东，二分校设在晋察冀，三分校设在延安。各分校都由总校与各根据地党政军机关双重管理。在之后的一年里，又分别在苏北和太行建立了五、六分校。总校采用军事编制，下属 4 个团：一团团长苏振华，政治委员王赤军，政治处主任张力雄；二团团长郭林祥，政治委员杨光池，政治处主任傅崇碧；三团团长刘忠，政治委员黄志勇，副团长聂凤智，政治处主任张昌大；四团团长罗华生，政治委员穆明德，副团长洪学智，政治处主任何善元。总校来到蟠龙后，立即着手进行招生工作，在 4 个团的基础上，又新招收 1 个特科大队和 2 个直属女生队，特科大队大队长刘鼎，副大队长邓国卿，政治处主任铁坚。加上原抗大一分校留守大队千余学员合并进来，第六期学员共 4900 多人，分散驻扎在蟠龙周边的村庄。

抗大是中国共产党领导下的八路军、新四军的干部学校，任务是为八路军、新四军培养军事政治干部，要求大家相信共产党的领导，在毕业以后积极参加部队工作，下决心沿着马克思列宁主义的道路前进。平时，总校各团以连为单位在驻地村庄上课、生产、练武；重大节日或聚会，在总校校部蟠龙镇活动。当时，抗大师生不仅克服了给养的种种困难，保证了自己生存发展，同时还尽可能帮助地方的工作，如宪政运动、社会文化教育、武装建设与训练等，这对于推动根据地的建设起到很大的作用。总校的政治、军事教员轮流到各学员队去讲课，总校领导经常不断地深入各团、营、连、队去检查指导工作。5月4日，抗大总校与鲁迅艺术学校的学员联合在蟠龙镇举办了规模盛大的五四青年节纪念活动。6月1日，总校在蟠龙镇南河滩举行了纪念抗大成立4周年庆祝大会，会场中央挂着"迎滕送罗"的巨幅横标。会上，彭德怀副总司令代表党中央、中央军委宣布了对罗瑞卿、滕代远的任命：罗瑞卿副校长调任野战政治部（十八集团军政治部）主任，滕代远继任副校长之职。

抗大的必修课包括《党的建设》。《党的建设》的内容分为9章，分别是：党员、党的组织、党的组织原则——民主集中制、党的纪律、党从两条战线斗争中巩固起来、干部政策、组织的领导、宣传教育、党与群众的关系。通过学员对《党的建设》的系统学习，使学员了解了共产党的产生及发展，懂得了如何做一名党员才是合格的党员，要求党员要有高度的工作积极性、学习积极性，要遵守党的纪律，党员应该成为群众的模范，同时党应该是无产阶级有组织的队伍等。

抗大的大部分学员都在太行山土生土长。在第六期学员中，知识分子学员的数量比第五期大幅度减少，工农分子的比例大大提高。据统计，出身于工农家庭的占学员总数的86%，他们主要来自八路军、新四军和山西青年抗敌决死队、中华民族解放先锋队、山西牺牲救国同盟会等部队或抗日群众团体以及地方抗日民主政权，具有较高的阶级觉悟和基层领导工作经验，对敌斗争坚决，经得起艰苦斗争的考验。这是办好学校教育十分有利的一面。但也有不利的一面，就是学员的文化程度与第四、五期比较明显降低。第四、五期的学员大部分是初中以上文化程度，第六期文盲与半文盲占学员总数的43%，高小文化程度占24%，中学文化程度占31%，大学文化程度仅占2%。学员有近1/2的人不能记笔记，具有高小文化程度的同志也只能记简单的笔记，大部分学员自学和理解能力较差，有的根本不能自学，这种状况给第六期的教学工作带来很大困难。这一期学员还有一个明显弱点，即由于农民成分的学员比例较大，思想上往往反映出比较浓厚的农民意识，加之靠近家乡故土，经常有些家乡问题的牵挂，或多或少会给学习带来消极影响。针对这一问题，政治部加强了政治学习与思想教育，把学员朴素的阶级感情引导到为社会主义、共产主义事业而奋斗的思想境界，还有计划地进行形势任务、抗日根据地各项政策、红军的优良传统教育等，从而有效地提高了学员的思想、政策水平和工作能力。由于学员驻地比较分散，政治部编印了政治课本下发给各学员连队，还不断派干部深入各连队去检查指导，做好学员的思想政治工作。

3. 抗日国民教育学校的恢复与重建

1940年11月15日，《中央关于开展抗日根据地区的国民教育的指示》中强调：每村有一个初级小学，每村有一个初级中心小学，有一个两级小学或完全小学，建立广泛的小学校。同时，大批地吸纳与动员青年知识分子，尤其是过去的小学教员，担起小学教育的工作。计划在几个中心地区设立师范学校，开办各种小学教师训练班或者讲习所，给他们以必要的训练。大批培养小学教员，并注意女教员的培养。用说服解释的方法或政府法令强制动员大批学龄儿童入学，同时设法克服不能入学的困难，一切革命家属的儿童要首先入学，起模范作用。为了提高各地文化、专业知识的水平，为了培养中级与高级的知识分子，为了吸收现在散在乡村的有力知识分子或半知识分子，县区公立中学的设立是必要的。

1937年，全面抗日战争爆发后，武乡全县各级各类学校一律停办。1938年正月，根据毛泽东《抗日救国十大纲领》中关于抗日教育的政策，建立了武乡县抗日青年救国公校（简称青校），校址在县城。该校招生高小毕业生和高小肄业共200人，设校长、副校长、校务、政训、军训、事务4个处，各处设主任1人、副主任2人。教学科目有统一战线、群众工作、游击战争等。学校把绝大部分时间用于演唱、宣传工作，实际是一所抗日救亡学校。同年 4 月，又改名为武乡县民族革命两级学校（简称民校）。1939 年 5 月，民校由县城迁至贾豁龙王沟，秋天又移至大有村，招生 100 多人，编为 2 个班，改名为武乡县第一高级小学校，该校还附设一个抗日干部培训班。1939 年下半年，随着抗日根据地的建立和巩固，各地小学均已复学。[1]

抗日战争后，武乡各地在"坚定正确的政治方向，艰苦奋斗的工作作风"的办学精神指导下，采取了多种形式办学：在游击区办了游击小学、联合小学、流动小学、巡回小学，在敌占区办了地下小学、两面小学等。比较典型的有韩松林在炮楼下办的窑上沟游击小学和 1942 年党派张汉卿到武（乡）西县的胡家垴创立的武（乡）西二高，后者创造了游击区抗日教育的形式，武（乡）东地区的一高小、二高小和五高小相继建立，使儿童入学率持续上升。当时，办学比较出色的有刘子余创办的五高小和赵蕴泉所在的二高小。

1943 年以后，抗日战争进入反攻阶段，武乡的教育事业开始进行了深刻的改革，强调"教育与生产、战斗相结合""教育与群众相结合""民办公助"等一系列原则和方针，使武乡的教育事业走向发展时期。据 1945 年统计：全县已有高小 5 所，学生近 600 人；初小 187 所，入学儿童 15 731 人；教师 422 人。1945 年春季，太行区第一届文教群英会在涉县下温村召开，这是对八年全面抗战文教战线的大检阅。武乡的韩松林、王效贤、刘子余、张汉卿等出席了大会，并受到表彰，大会还印发了武乡三高小、五高小和窑上沟游击小学的典型材料。[2]

4. 太行工业学校

1941 年 3 月，八路军总部决定，撤销军工部干部培训队，并在此基础上组建太行工业学校（现中北大学的前身），直属野战政治部领导，由刘鼎

---

[1] 山西省武乡县县志编纂委员会：《武乡县志》，太原：山西人民出版社，1986 年版，第 377 页。

[2] 中共山西省武乡县委党史研究室：《中共武乡简史》，北京：中国财政经济出版社，1990 年版，第 59 页。

兼任校长，刘致中任副校长，开设机械专科、化工专科、矿冶专科以及普通科、预科班。1942 年 2 月，学校进行扩编，新增 3 个普通班。1944 年 5 月，遵照上级指示，太行工校在学生全部毕业之时奉命停办。[①]

在太行抗日根据地，太行工业学校同样是连接党群关系的重要纽带。建校初期，学校设有党支部，由于学校教职员工及学员比例增大，1942 年 8 月正式成立党总支委员会，由贾晓东任书记，厉瑞康任副书记。党总支下设教职工党支部和学员党支部，先后发展新党员 80 名，全校党员最多时达 202 人，占全校总人数的 65%。党组织特别重视党员的思想教育，共产党员吃苦在前、享受在后，冲锋在前、退却在后，时时处处以身作则，起模范带头作用。党小组坚持每周一次生活会，联系学习、战斗、生产、生活实际，开展批评与自我批评。平时，同志之间开展互相帮助，党内生活生动活泼。

学校的管理实行校长负责制，党组织起着监督保证作用。学校的政治工作，主要由政治教导员全面领导，其任务主要有三：一是政治理论教育。主要通过上政治课，系统地讲授中国革命与中国共产党、政治经济学和政治常识。同时，结合形势经常进行时事政策教育。二是保证贯彻执行党的路线、方针和政策，树立抗战必胜的信念与共产主义远大理想，团结和依靠教师，保证教学任务的完成；密切联系群众，关心群众生活，帮助群众解决思想问题。三是搞好军民关系，经常利用课余时间帮助村民干活。办学 3 年，学校虽然因敌人"扫荡"数次转移，走过不少村庄，但不论走在哪里，师生都严格遵守八路军的三大纪律八项注意，始终保持党的优良传统，帮助老百姓担水、扫院子、挑粪、割谷子，借东西按时还，损坏东西照价赔，从不拿群众一针一线，深受根据地人民的欢迎。在 1942 年的反"扫荡"中，太行工业学校把 5 名带病的小学员交给武乡县显王村宋贵珍的父亲隐蔽起来。敌人在该村驻扎 10 天，四处搜查，严刑逼供，用刺刀刺伤宋父，但他老人家始终未向敌人低头，用鲜血保护了 5 位小同志的生

---

① 李银生、郝雪廷：《革命熔炉武乡》，太原：山西人民出版社，2010年版，第210页。

命安全。

学校在学员中建立有青年队和学生会组织，在教职工中成立了工会。党组织特别注意发挥这些群众组织的纽带作用，依靠他们开展文体宣传活动，出墙报、做宣传、开晚会、搞联欢，活跃学校生活，发动当地群众起来打日本救中国；依靠他们组织和管理勤务公差，如背粮食、担煤、开荒、种地、挖野菜等；还依靠他们反映群众的意见和要求，协助党组织进行思想工作。由于领导重视、干部努力，群众组织的工作开展得很有生气，不但帮助学校解决了实际问题，同时也锻炼了他们的才干。

除此之外，太行抗日边区政府还在抗日根据地建立了多所不同类型和性质的学校，包括民族革命大学、野战卫生学校、八路军供给学校、华北财政经济学校、太行抗战建国学院、太行陆军中学、一二九师随营学校等，这些学校成为抗日战争时期教育干部和党员、传播党的理论和主张的重要载体。

（二）改革教育方法

1. 教育与抗战相结合

根据地的军民以游击战争对付日军的"扫荡"，学校也随着形势的变化，采取各式各样的教学形式和办法，来适应游击战争的环境。学校无固定地点，敌人"扫荡"，学校师生就随着群众转移到山沟、地洞里，"扫荡"过后，马上集中起来上课。有的校舍被烧毁，师生就另找校舍或在破庙里上课，有的学校还采用游击教学。如1941年3月，张汉卿在武（乡）西县神西村创办的武（乡）西二高小，这里离敌据点较近，经常在野外上课，拿瓦片当黑板，用膝盖当桌凳，而且不断参加战斗。1943年学校被日军破坏，1944年才又在石盘乡玉品村恢复成立了武（乡）西抗日二高小。这种学校先后进行了长达5年的游击教学，张汉卿在1945年出席了太行区文教群英会，被选为二等模范。许多小学在冬天实行窑洞教学，尽管环境恶劣，武（乡）东、武（乡）西党组织和县政府领导根据地人民一面英勇抗战，一面积极办学，凡较大村庄都有一所学校，武（乡）东县有高小4所，初小

152 所，学龄生 9275 人，入学者 4950 人；武（乡）西县有高小 2 所，初小 63 所，学龄生 3167 人，入学者 1803 人。儿童在对敌斗争中的贡献尤为惊人，他们利用课余时间配合民兵、自卫队站岗或放哨，严查路条真伪，所以常常查获敌探、汉奸。①

在抗战时期，教学的课程也有所减少，只上国文、政治、应用文、唱歌、体育、珠算等课程，特别加强了民族气节教育，各校讲述民族英雄故事，以培养学生崇高的民族气节和威武不屈的革命精神。当时，国文课要求儿童首先学会识别真假路条，在站岗放哨时不使敌人钻空子；政治课是给儿童讲解各个抗日根据地的形势、现状、前途；体育实际是军训，每日出操、跑步、爬山。

为了更好地发挥学校动员群众抗日的作用，还参照中共中央发布的《抗日救国十大纲领》，草拟了一份《民族革命大学纲领》，把中国共产党的全民总动员、坚持抗日民族团结、实行抗战教育等基本思想都写了进去，强调抗战和军事训练、民运宣传以及学生自治和自觉纪律等。同时，还参照八路军随营学校的教学计划，拟定了《民族革命大学教学计划》。这个纲领和计划在学校推行后，使得民大教学更加催人奋进，产生了巨大的影响。

2. 教育与生产相结合

1940 年至 1942 年环境更趋恶劣，日军对抗日根据地实行"三光政策"。"扫荡"频繁，许多学校的校舍被烧毁，设备损坏无余，师生们自力更生，克服困难。他们打窑洞、挖地洞或用民房做校舍，没有桌凳就用石头和土坯垒起来放上木板当桌凳，没有黑板就用门扇和匾额代替，没有粉笔就用白干子土做，没有课本教师就根据抗战形势自己编，没有文具纸张自己制造。学校教育也因时、因地、因人制宜，根据不同季节、不同对象变更教学时间和方式，小学编班采取多种形式，设整日班、半日班、早班和午班，让学生于空闲时间来校上课，到麦收、秋收还放农忙假，或减少教学时间，

---

① 武乡县县志编纂委员会办公室：《武乡县志》，太原：山西人民出版社，1986年版，第377页。

整日班为半日班，半日班改为早晚班，使学生在任何情况下都可坚持学习。新编的国文课，除了抗日内容外，还包括常见和常用的粮食名、家具名、牲畜名、地名等，使儿童们学会就能用。

河北涉县一高小，在公私兼顾、先公后私的统领下，开展了机关生产运动，一年光景，开荒种菜，割柴割株，组织开办合作社，做买卖，包工，赚了 10 万元左右，做到完全自力更生，解决了学校全年的烧煤钱、菜金、建筑费，成绩扩大很快。

1941 年抗大第六分校进行一年来的生产总结：1941 年全年开荒 137 亩，共收获蔬菜 64 067 斤，采食野菜 26 470 斤，采槐籽（做染料用）7935 斤，植树 1411 株。除学校生产外，学员还帮助群众进行生产，具体统计为：锄草 805 亩、秋收 1941 亩、挑粪 3210 担、扫盲上课 391 次。

在与家庭结合上，适应农村生产季节，在自助结合等的交换下，组织了学生家中的互助变工，外村的学生帮助本村学生，高级学生帮助初级学生，教员帮助学生，这样解决了家庭缺乏劳力的问题，学生都得到上学机会。

教学、抗战、生产紧密配合，是抗日根据地办学的一大特点。受日军破坏，国民党实行经济封锁，加之 1942 年、1943 年大旱成灾，瘟疫流行等灾害的袭击，武乡县人民生活十分困苦，学校经费筹措无方。师生们便开展大生产运动，开荒种地、打柴、拾粮、养猪养鸡、纺花织布，以此解决学校的经费开支，同时各高小都成立了剧团和宣传队，配合抗日的中心工作，根据形势自编自演文艺节目，拥军支前，慰问驻军，深入农村宣传演出。广大师生经常给部队带路送信、抬担架参战、护理伤员，并给伤员读报、换药、代写书信、洗衣服。同时，积极参加根据地的减租减息、反特除奸、动员参军等政治运动。

（三）统一教员思想

在抗日战争年代，县级各类学校的教师来源是：团结改造在乡知识分子，培养新师资，逐级培养提高教师素质。对他们的待遇是分等级制，即甲等每月米 100 斤，乙等每月 90 斤，丙等每月 80 斤，丁等每月 70 斤。

在残酷的斗争中，各级各类教师，想尽各种办法，克服困难，创造了许多丰富的办学经验，涌现出了不少优秀教师。著名的模范教师韩松龄在窑上沟学校创造的游击教学经验在全县得到了广泛推广。

在太行抗日根据地学校教育发展的过程中，教员与学生的比例不均衡，教员的需求量较大。为此，政府鼓励不同成分的人员充当教员，但同时也使教员思想表现出了多元性，如武乡一高小教员中共有 5 人，其中贫农 1 人、中农 1 人、富农 3 人。

1945 年，很多教员不安心工作，一部分青年要求学习或调动工作，有些教员看不起群众，看不起工农出身的教员，对模范者挑毛病，埋怨上级不提拔，实际上都存在着知识分子没出路、做教育工作没前途的思想。因此，在边区教育大会后，对教员思想进行了整风学习。在武乡，全县初高教员共 257 人，实际参加整风学习的教员有 222 人，学习时间 20 天。

在学习过程中，通过典型案例示范统一教员思想。如武乡魏书义是个贫苦农民出身的知识分子，谈到过去请客还账，债主过多，家产分配不妥，全家给人家（债主）跪在地上，难过半天都没有解决，他父亲喝上毒药要死（后救过来了）时，当时大家都不自觉地流出泪来，感到痛心万分。李文焕在社会上找事碰过好多钉子，遇到很多困难，一次带了几串钱到太原去找事，认识几个武乡人几次要见不得答复，花完钱饿了两三天肚子到一家成衣局偷吃糨糊。张炳钧过去曾任过十四五年的区长，还任过县政府科长、秘书等职，足以代表社会上层人物。他谈到过去社会中许多卑污下贱的事情，如阎锡山一面禁烟，一面奖励卖药饼，实际上是假戒烟而进行更厉害的剥削和危害人民的事实。他当区长期间，有一次省里委员下来视察，人家在办公室吸大烟，他给人家在门外放哨，还有在选举上小官见大官的花样百出，卑污狗贱的事件很多，只他一人就可以谈上半上午。

当时，大家听了这些事情后，都表现出对社会的痛恨和非常不满的状态，谈完后有人说"假若咱们现在遇到过去那样压害人民的人，总要把他捣成肉泥啦"，有的说"咱们过去认为就是对自己还不错，经过同志们的谈话，咱们过去都是在大石板底下活着，自己还不觉啦"。最后把典型材料总结，指出针对各种不同类型恶人的看法，提出正确的态度和立场，并指出人在福中不知福和一些年纪较大留恋旧社会的人的思想是非常错误的。从反省和反映的材料上可以看出，大部分人经过这次学习自觉反省，对自己有了初步的认识。

通过讨论反省一年来自己的工作，结合新方向，问自己重新为群众做了些什么、怎样做的，群众有些什么，反映自己存在什么想法等。有的说结合了生产，今天开荒明天下种，锄苗秋收夏收都做了，甚至有的包揽担粪、担煤、锄苗等生产，成绩也不小，但结合了生产一定要耽误学习。因此，有的学生家长说，孩子们光生产不学习还不如在家；有的教员说为了结合生产，儿童一请假就准，但学校也规定了奖励与批评制度（不请假的奖，请假的批评），儿童也怕受批评所以学生时常不等吃完饭，就上学校。担任教员的同志，有的逃差，有的认为反正有个职业就行，有的为掩盖自己落后，有的为便利腐化，更有个别的连文化人的称号也不顾，不少人有当教员没有出息等糊涂想法，认为是模糊了前途，他们连自己也认识不清自己是怎样的一个人，光看见提拔工农干部，看不见提拔教员等。

通过思想教育，初步纠正了教员的某些错误观念，统一了思想，树立了正确的认识和观念。整风教育结束后，有的教员反映说"党对教育的支持，历史上直到现在没有听到过"；也有的说"老百姓说学校是盏明灯，教员在咱们什么也知道，教员走了就像灯灭了一样，什么也不知道"；教员中有的说"一区在全区教员会议上集体拥教开了两天会，吃了两天麦每人有胰子、手巾用，蔬菜没有吃完剩下好几担，老百姓这样拥护咱，回想过去实在对不起老百姓"；有的说"咱们今后要好好工作，去报答群众"。从总结后的教员反映中，也可以看出经过这个学习，教员对群众的欢迎和以前不同了。

武乡抗日县政府指示 [①]
关于秋收作业的指示

村长、村小学教员：

奉边教学第 1 号指示"时值秋令，禾稼将热"，根据小学暂行教程第五条甲款之规定，本决定此秋收期作业时规定下列决定：

（1）假期——10 月 4 日到 10 月 25 日 3 星期（即阴八月十四到九月六日）

（2）假期作业——

①除应注意与学校课程联系学习外，各校必须利用小先生及学生宣传队深入群众进行武装保卫秋收、边区施政纲领及配合村区等宣传工作。

②各校组织儿童秋收，深切实际助贫寒抗日收割。

③小学教员必须阅读新民主主义（第一章到第四章完成，每人有笔记）。

（3）以中心学区为单位于每月前 3 日召开全学区教员会议，总结工作并具体部署两期作业（要有记录汇报本区）。

（4）于秋收期间本县决定训练鉴定小学教员（日期另行通知），各村小学教员必须鉴定合格才能委用。并招收教员带动该村知识，参加核定以提高教员数量。

（5）各村长要保证教员实际上粮款之清理决算，八九月份各村要赶快催收交款，避免耽误、影响工作。

（6）各区教员要将各中心小学的汇报总结报告。

县长武光清

抗日战争时期，武乡的教育事业同其他事业一样，都是在同日本帝国主义和国民党反动派的严酷斗争中恢复、坚持与发展起来的。在这期间，中共武乡县委积极响应上级党委的号召，结合各阶段的中心任务，带领广大教师和教育行政干部，面对日本侵略者与国民党反动派的摧残、破坏和

[①] 武乡县政府：《武乡抗日县政府指示》，1941 年 9 月 26 日，武乡县档案馆藏，档案号：13–6。

连年的水、旱、风、蝗等自然灾害，本着"民族的、科学的、大众的新民主主义教育"的总方针，顽强地坚持了学校教育，并创造了中国历史上未曾有过的社会教育，真正做到了教育与生产劳动相结合、教育为战争服务。为争取抗日战争的最后胜利，武乡的教育在唤起民众、造就干部、输送兵员、支援前线、促进根据地建设等方面，都作出了不可估量的贡献。[1]

三、加强群众教育

群众教育是党获得民众支持、有效贯彻党的主张的重要手段。加强群众教育，也就是加强党内教育，太行山区过去是落后地区，群众文化程度和政治水平低的情况在党内有较高的反映，我们如果提高了群众的文化程度和政治水平，也就是提高了党的文化程度和政治水平。关起门来做党的教育工作是不合理的，也不会有成绩的。[2]

（一）建立群众文化学习组织

1. 民革室与群众夜校

在抗日战争初期的 1938 年秋，各村都建立了民族革命室（简称民革室）。民革室是农民进行文化学习和娱乐的场所。在太行抗日根据地，不管老少都参加夜校，即使在靠敌据点的地方也有夜校，或读书或教歌。总之，工作好的地方，晚上看不到闲人。在冀中，白发小脚的老太婆还参加出操，她们在集会时也和军队一样，自己唱歌，欢迎别人唱歌。在敌后，民革室在白天是为小学生上课的地方，夜间就会成为群众聚集的好地方，尤其冬闲季节，地下炕上坐满人，在"一切为抗日、抗日高于一切"的前提下，结合上识字课给群众讲政治。1938 年秋，武乡广大群众在党和政府的直接

---

[1]　中共山西省武乡县委党史研究室：《中共武乡简史》，北京：中国财政经济出版社，1990年版，第61页。

[2]　山西省档案馆：《太行党史资料汇编》（第1卷），太原：山西人民出版社，1989年版，第496页。

领导下，创办了民族革命救亡室（即民革室），其主要任务是组织和教育农民群众，一时民革室又成了农民识字学文、生产议事、时事教育，干部传达党的抗日政策的重要阵地。从此，以抗日救亡为宗旨的民众教育广泛兴起。根据 1941 年 8 月 15 日《新华日报》（华北版）报道：民众学校方面，武乡有 153 所；民革室方面，武乡有 190 个，武（乡）西县有 9 个，这是武乡社会教育的初期阶段。

2. 群众识字班

识字教育也采取多种多样的形式，包括青年补习班、妇女识字班等。据武乡县 1947 年统计，全县共有 430 个青年补习班，参加学习的达 6207 人，其中有 3322 个女青年参加了学习，占参加学习人数的 50% 以上。邢台城镇运用小先生送字牌的办法，半年时间，男青年平均识字 320 个，女青年平均识字 350 个。黎城县北流村把黑板报和学文化结合起来，教大家写信、写稿、改稿等。干部学习组把时事教育和文化学习相结合，既进行时事教育，也提高了干部的文化水平。青年补习班通过互相写信、请教师改信等方法，把学和用紧密结合起来，从实际运用中，提高群众的文化水平。黎城北流村的张玉兴、刘三春、张变英等青年，通过这样的学习，提高了写作水平，当上了县小报的通讯员。潞城等县的午读班、夜宿班，黎城的读报组、联句组、认字组，平顺等地的识字合作组等，都是很受群众欢迎的学习办法。上述学习方法在太行区广大农村的普遍推广，使不少农民摘掉了文盲帽，逐渐提高了文化程度和政治水平。

（二）建立干部培训班

干部培训班就是抗日根据地村庄的干部和农民训练班，包括村长、政治主任、武装自卫队指导员、农会主席、治安员、妇救主席、积极分子、半积极分子、普通群众等。在组织与领导方面，由于各村情况不同，以村组成小组，小组长由村长或者政治主任担任，17 个党员组成一个支部，其具体做法如下：

1. 大会动员，提出方针与要求

一是深入贯彻继续发动群众，开展大检查，检查土地，农民的翻身是否彻底，用算账方式启发群众阶级觉悟，认识土地主人翁是谁；检查分配果实，开展一条心运动，解除干群隔离，划清界限，大胆放手彻底削减封建。二是解除干群思想与顾虑。说明这次干部培训是为了彻底实现耕者有其田。农民彻底翻身，树立主人翁思想，与地主彻底分家，当然生产也要搞，如果生产条件不具备，翻身不透，生产就不能安心。

2. 开展大检查

检查翻身彻底没有，看看地主比比自己，检查防空洞保险网，算算老账，还换家当。但在大检查过程中，群众多数不发言，情绪也不高。后由领导转为启发，群众才开始发言，总结群众发言，有普遍性的下面三种情况：一是时势问题。延安失守，敌人扬言"扫荡"再加特务造谣，如南沟特务说，二战区敌人2月初就来，南关村情报说敌人出发了，群众说这叫咱往哪儿走呀，民兵连也没有准备转移，一个送情报的回到家里说敌人来了，夫妻二人哭了一夜，没敢睡觉。二是疲倦思想。经过几个月翻身运动以来，干部群众普遍表现自满，有个干部说俺村拉得差不多，再拉不出什么东西来，有的积极分子说再拉也没有油水了。三是干群关系问题。群众对干部不提意见，怕报复，当面不敢说，背后向领导反映干部，因此在会议上，群众不主动发言，干部提出来，群众满口应承可以。

上面三种情况，在干部群众脑子里打圈子，特别是变天思想更为严重，对生产要求也是普遍的存在。

3. 打通思想解除干群顾虑，深入贯彻检查

一是大会动员，开展大检查解除干群顾虑，打通思想，正确分析战争形势，打通新区干群思想。二是生产教育，咱们农民生活，土地、生产工具、畜力、粮食还在地主手里保存，收不回来，不但不能翻身，还得出卖劳力，过去我们受贫就是没有地种，咱们农民回忆一下，比比地主生活，做个对照。三是干部问题，干部是为群众服务，群众是主人翁，干部有错误，要做检查，群众应该监督干部，对干部有不对的地方提出来，商量解

决，就是县区干部也应该如此。

通过干部培训班的教育，许多村干部对下一步的工作有了更清晰的认识，对群众工作有了更切身的体会，在方式方法上更能够被群众所接受，为有效动员群众力量发挥了重要的作用。

（三）建立军训班

1. 拥军爱民教育

1943年12月1日，太行军区政治部发出《关于开展拥政爱民运动的指示》，要求所属部队深入进行拥政爱民思想教育，具体检查与改善军队和政府、人民的关系以达到党政军民密切团结，并发布拥政爱民公约草案。

在拥军教育过程中，事先进行调查，在上课前曾访问了几个抗战初担任村干部的老人和受顽固军队迫害最深的几户人家，另外还找了两个新翻身的农户，从他们的谈话中搜集一些群众对八路军感恩最深的事实，拿来教育群众，因为多是本地群众亲身经过的事，所以极易打动他们的思想。

"左权县模范军民关系工作标准大纲" ——敬爱抗日军[①]

（1）妇女要自动为抗日军清洗衣物、做鞋，并保证适体耐用。

（2）不拿坏粮食交军粮且不拖延、不抵抗。

（3）好房子先让抗日军住，不让军队露宿或住破房，冬天要给军队住暖家。

（4）不让伤病员饿肚子，转送伤病员不拖延时间。

（5）对村内荣誉军人、退伍军人要很好安置其生活，解决其困难。

（6）消除"拉腿现象"保证部队巩固。

（7）对军队出卖物品不抬高时价，不故意不卖，部队借用东西，有时

---

① 左权县政府：《左权县模范军民关系工作标准大纲》，武乡县档案馆藏，档案号：A198.2.111。

不说丢。

（8）对部队讲话时态度要和蔼，有意见时要正面善意提示，有误会时耐心地解释。

（9）大量地献铜献铁，为部队解除困难。

教学上停止了文化课集中突击学习，方式上是采取了先从具体事实讨论，即先令各小组讨论，然后个别发言再做讨论，课后组织各系统干部及积极分子进行检查。

他们检查出自己过去对部队不正确的思想行为，如把大炕折成小炕，不愿让部队住，愿意让健康的人在家里住，不愿让病号在家里住，不愿意借给军队东西使用，看不起荣誉军人，给抗属打湿柴。他们一致认为这都是没有像对待子弟兵那样去对待八路军的表现，现在正深入地依据公约检查自己，青年们主张要开一个会，从思想上好好检查一下。

教拥军课时，与实际工作结合，动员参军及进行抗属荣退军人的访问，并组织不上冬学的老太、老头开拥军座谈会。划分村小学的拥军小组，在农村剧团编排拥军剧。

武乡快板·八路军打仗回归

沿途各村庄，到处搭彩棚，担的蒸馍和麦饭，锣鼓喧天来欢迎。老乡们，都听真，今后咱们要大拥军，送礼物，去慰问，优待抗属荣退军，英勇优秀好青年，更要自动去参军，实际做到这些事，才算真心来拥军。军民多开联欢会，鱼水相欢乐融融，鱼水相欢乐融融。

此外，开展拥军运动：宣传公告、规约，侮辱抗日军人治罪教育群众；结合政治攻势开展反特务斗争与两年胜利的教育；酌量采用士绅座谈会，利用乡村庙会、村俱乐部的民校活动，将抗日军人规约书写照壁或按条例制成漫画等，以求通俗且深入宣传教育；联合地方军政机关与群众团体保障普遍广泛的活动。

人民爱护抗日军人规约

带路侦查送粮食，不让军队饿肚子。

抬送伤兵不休息，配合军队打游击。

借房借物不推诿，对待军人要和美。

人民爱护抗日军，违反规约要处分①。

2. 军事技术训练

由于许多农民没有战争经验，太行中共党组织在中共中央的领导下开办了许多军训班。培养的目标主要是通过理论与战斗经验、野外训练联系，在战争中学习战争，掌握游击队作战要领，直接为革命斗争服务，提高学员的军政素质与组织指挥才能；加强政治和文化学习，提升学员文化素质，巩固军队绝对领导和为党的事业奋斗的决心。在教学上，主要采用课上讲授军事与政治文化知识；课下组织相关文艺活动，如经常组织文娱晚会以及歌咏、球赛、军体会等；组织学员加强思想政治教育，学习党的规章制度，并严格要求自己，开展批评与自我批评。军事与战斗技术的培训不仅提高了部分群众的作战水平，同时也增强了群众的民族意识和抗日积极性。

地雷大王王来法的故事非常具有代表性。1942 年，日本鬼子对太行抗日根据地发动了空前残酷的大"扫荡"。在这种情况下，区武委会通知王来法到县武委会的军训班去学习爆炸技术。学完回村后，王来法召集村里的民兵，结合他学到的各种埋雷技巧，现身说法给民兵们讲授爆炸技术。他结合当地情况讲道：李峪村在大路边，是敌人"扫荡"的必经之道，便于发挥地雷阵的威力，再加上路南漳河滩上尽是鹅卵石，把石头上凿个眼，装上炸药、爆发管，就可以爆炸。王来法还亲自带领民兵们进行埋伏演习，有时碰到复杂的埋伏技术，就先在地上画个图样，让大家看着做。此外，民兵们还想出了许多伪装办法，例如，挖新土撒旧土、安牛羊蹄等，并创

---

① 《关于为发动爱护抗日军人运动给个专县的信》，山西省档案馆藏，档案号：A220-08-011。

造出拉线雷、子母雷、蛇形阵、梅花雷、前哨雷、双弓雷等。乡亲们称道："来法随身三件宝，铁铲、马蹄、土大炮（指地雷）。"经过埋雷训练，在全县开展了王来法式的爆炸运动，使地雷战普遍开展起来。就这样，王来法和他的战友们到处大摆地雷阵，一次又一次地粉碎了日本侵略者向太行腹地的"扫荡"和蚕食行动，配合八路军保卫了家乡，保卫了根据地人民的生命财产。围困蟠龙胜利后，县里给王来法送了一块"杀敌功臣"的金字大匾。1944 年秋天，他荣幸地出席了太行区首届群英会，荣获"太行地雷大王"的英雄称号，晋冀鲁豫边区也奖给他一面"抗战柱石、建国先锋"的大锦旗。

（四）开展冬学运动

早在抗日战争期间，全区就普遍办起冬学。据 1946 年底 17 个县 1739 个村的统计，共有 2729 个冬学，基本上做到了村村有冬学。冬学和生产紧密结合。有的手工业作坊派代表到冬学听课，回来在作坊里办起了冬学。有的村根据一些人分散劳动的特点，办了割柴学习组、运输学习组等学习小组。

在教学方法上，为了适应群众的习惯，改变单纯先生讲、学生听的教学方法，采取启发诱导结合讨论的方法，紧密联系实际教课，使学员容易理解接受。如黎城北流村的黑板教材，就把当时的中心工作和群众的思想实际紧密地联系在一起。有些二流子经过冬学的学习，得到了改造，成了生产积极分子。

太行区的冬学有个明显的特点，就是紧密结合中心工作进行。各个时期的中心工作，就是冬学教育的中心内容。因此，各地把冬学教育看成推动中心工作的场所，把冬学教育称作中心工作的"火车头""讨论会"和群众的"议事厅"，成为群众生活中不可缺少的、在城镇和农村中重要的思想文化阵地。

在武乡，1940 年以后，随着民革室机构的取消，代之而起的是农村冬学运动。1941 年 10 月 17 日，北方局宣传部下达了《关于冬学运动的通知》，武乡各村普遍掀起了冬学运动。冬学是各级政府直接领导下的一种社会教育形式。它利用冬闲时间，对群众进行政治文化教育。一方面是扫除文盲，提高民众的文化水平；另一方面主要是教育人民学习抗日救国的道理，动员人民积极参军参战。西堡、刘家是当时全县冬学的典型，洪水镇赛坪村还涌现出别具一格的父子冬学，下北漳坚持常年开办民校和妇女识字班。当时，东堡、土河等地的妇女识字班尤为活跃。在整个抗日战争时期，武乡各冬学的组织形式和教学方法灵活多样，取得了可喜的成绩。据1945年调查，武（乡）东县文盲总数 22 000 余人，入学者就达 20 582 人。当时全县 16 岁以上的共 12 万人，就有 9 万人参加了冬学学习的社会教育。冬学对于动员民众参军参战、运送爱国公粮、支援前方作战发挥了巨大作用。抗战时期，在中国共产党的坚强领导下，武乡县教育事业已初步形成具有自己特色的教学体制，体现了党对教育人才的高度重视。太行抗日根据地所创立的一整套教育经验，为武乡在解放战争时期的教育事业发展奠定了坚实的基础。

太行抗日根据地冬学教育[①]

（1）王家坪冬学的群众思想检讨会。1944 年 1 月 14 日，王家坪冬学进行了一个个人思想检讨会，自动发言的有 12 个人，他们都是曾经参加过特务组织的，有的过去曾经悔过，但不够诚恳坦白，有半数以前根本谈不到什么悔过，这一次检讨会中都比以前彻底诚恳，形成一个初步的坦白运动。这主要是时事教育的效果，使他们思想发生了变化，原来王家坪冬学进行时事教育，不仅在课堂上讲授讨论，还注重课后的个别谈话，所以群众的思想容易被打动。另一个原因就是检讨会在极和平的空气中进行，没有呼口号，也没有讥笑讽刺，因此也使得他们都不感到受刺激，乐于检讨，把心里的话都说出来了。

（2）把冬学与其他工作任务结合起来。昔东县为了使冬学更能与实际

---

① 《冬学通报》（第3期）1944年1月21日，山西省档案馆藏，档案号：A198-4-16-13。

工作结合，把各级中心工作委员会和文教委员会统一起来，具体办法如下：
县文教委员会与中心工作委员会合一；区中心工作指导组，这一时期即为
冬学指导组；村长兼冬学校长，各救委会主任及武委会指导员为副校长；
区长、村长要认真掌握冬学工作，了解群众思想。为了使冬学工作能与其
他各种工作结合，各救委会主任兼副校长统一领导。内部在和村进行政策
检查时，冬学即临时规定讲了几次减租及劳工法并解决了本村好些租佃及
主雇关系问题，所以群众都愿上冬学。

　　在社会教育过程中，政治教育和时事教育也是教育的主要内容。如
1943 年，武（乡）东县委根据北方局《对太行区的锄奸反特务问题指示》
和晋冀豫区党委《特务分子掌握民兵的事实通报》的指示精神，开始进行
反特锄奸的时事教育。与此同时，县委还根据中共中央《关于加强时事教
育的决定》和晋冀豫区党委《目前时期的支部建设问题》的报告，在全县
干部群众中普遍开展了以学习《评中国之命运》一书为主要内容的时事政
治教育。在时事教育中采取了多种形式和方法。县委召开干部学习大会，
由县委负责人作辅导报告。各区委又利用冬学、民校、民革室对群众进
行时事教育。武（乡）东监漳、韩壁、大有、洪水、东堡等村的夜校，听
讲群众非常踊跃。通过学习，大家辨明了是非，更加坚定了抗战的信念。
1941 年 11 月，武（乡）西县民众进行国民宣誓运动，他们在距敌不足 10
里路程的村庄，以小组形式普遍进行宣誓，在宣誓中，一个不足 700 人的
山村，捐献出 1200 枚铜元。

第五章　宣传下乡：以文化建设影响群众

　　1940 年，毛泽东在《新民主主义论》和《论政策》中提出了新民主主义文化教育的方针政策。1942 年 5 月，毛泽东发表了《在延安文艺座谈会上的讲话》，指出了文艺和工农兵相结合、为工农兵服务、为无产阶级政治服务的方向。毛泽东的这些讲话，为太行区文化教育工作的进一步发展指明了道路，推动了文教建设事业的发展。[①]

　　抗日战争时期，八路军在与民族敌人浴血奋战的过程中，开展了声势浩大的宣传工作。如八路军总部在武乡期间，发动广大文艺工作者为抗战出力，文武两条战线并肩作战，使得太行山区产生了文化教育空前繁荣的局面。八路军的宣传直面现实、形式多样、贴近群众、贴近抗战，在动员和组织人民群众奋起抗日、配合敌后抗日斗争、推进全国抗日运动发展等方面，发挥了重要作用，影响深远。这项工作主要由野战政治部来完成。野战政治部移住武乡下合村后，在舆论宣传方面做了大量工作，成为我党我军发动群众、组织群众抗日的重要途径。中共晋冀豫三地委半年来在全区广泛地进行宣传工作，取得显著成就。一是在襄垣、武（乡）东、武（乡）西、榆社 4 县建立了宣联会，在地委也成立了宣联会。二是发展了报刊，原地委出版的《大众导报》，出版了 40 期。此后，襄垣、武（乡）西、武（乡）东、榆社相继出版了《大众导报》地方版，各县均有了自己的报纸，已出版 10 期到 12 期。此外，春耕期间，各县还出版了春耕战报、快报。三是建立剧团，除巩固提高专区的太行山二分团和襄垣剧团 2 个脱产剧团外，又在武（乡）西、武（乡）东、榆社 3 县建立了半脱产、不脱

---

① 太行革命根据地史总编委会：《太行革命根据地史稿1937—1949》，太原：山西人民出版社，1987年版，第241页。

产剧团 13 个，鼓书、秧歌宣传队 7 个。四是建设文化村、文艺小组等文化组织，全区共建立了读报读书小组 349 个。宣传的技术与阵地包括：（1）从民革室、识字班、夜校、壁报、标语、黑板、宣传队，剧团等方面着手；（2）开座谈会、会议晚会，做上课的材料，画漫画、写美术字，写诗歌、故事、小调，谈话，用事实表述。

在革命圣地武乡，抗战初期为了更有效地宣传抗日，激发民众的抗战热忱，八路军总部的火星剧团、晋冀豫区党委的太行山剧团、一二九师的先锋剧团、前方鲁迅艺术学校和抗大总校的文工团、决死队的前哨剧团等部队文化团体，曾先后驻扎武乡县，并多次进行宣传演出。在部队新文艺运动的影响下，武乡县委认识到：开展敌后新文艺运动，是推动抗战的重要方式。他们必须借助部队文艺工作者这支力量，来建立武乡县新的适应抗战需要的文艺宣传团体。于是，在全县发起了军教民、民学军，以宣传抗日救亡为宗旨的新文化运动，使历来交通闭塞的武乡山区，出现了新文艺工作空前活跃的局面。①

一、建立多层级宣传组织

1940 年 1 月 14 日，中共中央宣传部下发了《关于充实和健全各级宣传部门的组织及工作的决定》，提出了"加强党的宣传工作，健全党的文化宣传领导组织"的要求。党的宣传工作基本有两个方面：一方面是指导和进行关于革命理论和革命政策的宣传（包含对敌对政策的批评和文化教育各方面的工作），另一方面是指导和进行关于群众鼓动工作（包含对敌煽动），具体包括：领导和进行党外宣传工作与鼓动工作；领导和进行党的教育工作，一般党员教育和干部教育（包括党校和干部训练班等在内）；指导和推行国民教育；指导和推进文化活动（指文化、文艺学校的活动）；领

---

① 中共山西省武乡县委党史研究室：《中共武乡简史》，北京：中国财政经济出版社，1990年版，第54页。

导和组织党报的出版与发行；研究敌人方面的政治动员宣传政策，及时提出我们的宣传对策；影响和指导非党的文化、教育、宣传、鼓动等。为此，决定指出要在政府部门设置宣传机构，包括宣传科（管理党外宣传、鼓动工作、宣传政策）、教育科（管理党内教育工作即干部教育）、国民教育科（管理国民教育工作）、出版发行科（管理出版发行工作）。宣传部门要训练各方面的宣传鼓动工作的干部，特别是中级以上的宣传工作干部。在可能时，宣传工作干部和鼓动工作干部应有不同的训练。[①] 在中央宣传部门的领导下，太行抗日根据地建立了专门的文化领导组织和各种文化艺术团体，为推进宣传下乡，以文化建设影响群众奠定了组织和制度基础。

（一）成立晋东南文救总会

1939 年 5 月 6 日，晋东南文教救国总会在沁县南河村成立，简称晋东南文救总会。晋东南文救总会成立后，创办了《文化动员》刊物，并相继在太北、太南、太岳、冀西成立了办事处，各县也成立了县文救会，区村也成立了文教小组。同时，各地还成立了音联、教联、美联等专门的群众团体，在根据地内形成了一个系统的文化网络。[②] 晋东南文救总会的成立，对太行抗日根据地的文化运动有划时代的意义。从此，太行抗日根据地的文化工作逐渐走上正轨。

1. 晋东南文救总会的成立

1939 年 1 月 5 日，晋东南文救总会筹备委员会在沁县成立，成为晋东南文化教育的主要宣传阵地，具有非常重要的意义。在反"围剿"、反"扫荡"过程中，文救总会紧密配合八路军动员群众，实现了文化教育工作与群众动员工作的有机结合。同时文救总会建立后继承和发扬了民族文化的优秀遗产，把文化教育工作推向一个新的发展阶段。

在文救总会成立大会上，与会人士通过分析抗战形势，确立了文救会

---

① 《中共中央宣传部关于充实和健全各级宣传部门的组织及工作的决定》，山西省档案馆藏，档案号：217-3-4-2。

② 长治市老区建设促进会：《长治革命老区》，太原：山西人民出版社，2007 年版，第 194 页。

日后的工作目标和发展方向，并制定和通过了文救总会的宣言、章程、工作纲领。其中大会制定的文救总会工作方针包括：促成文化统一战线，使本区文化人、知识分子团结起来，群策群力，以特殊武器贡献抗战；推动组织各文化团体、各级文化组织，以组织力量进行推动工作；对敌伪进行有计划、有领导的宣传战；发展深入的大众文化运动，提高大众文化政治水平，推进识字运动，提倡义务教育，辅助政府实施文化教育政策；提倡理论研究；沟通敌后方与我后方之文化工作。同时，大会选举了执委和名誉委员，执委有朱光、李伯钊、高沐鸿、王玉堂、史纪言、郝汀、张柏园、王振华、李棣华、崔斗辰等及团体会员新华日报华北分社、黄河日报、太行文化教育出版社、民族革命通讯社、胜利报社、剧协分会、青记分会等团体，共23席，名誉委员有马君图、薄一波、戎子和、杨献珍、刘济荪、李墨卿、吴松涛。

1939年5月7日，执委会召开了第一次会议，推举王振华、史纪言、王玉堂、高沐鸿及太行文化教育出版社社长为文救总会常务委员，制定了文救总会工作计划：一是提高民族的自尊心、自信心，坚定持久抗战与增强保卫晋东南抗战必胜的信心。二是发展与提高抗日的、民族的文化宣传教育工作。三是广泛开展宣传战，粉碎敌人的欺骗宣传。四是协助政府推动、统一并巩固根据地的文化、教育、宣传事业。五是推动并协助各文化团体开展工作。六是推动并协助边区各地文化教育工作者组建文化教育救国会。七是普及社会教育、扫除文盲、完善学校教育，发展新闻出版事业。八是开展敌占区的宣传教育工作与争取敌伪军的工作。九是创办综合性机关刊物《文化动员》。

在文艺工作方面，总会提出了更为具体的工作方针：一是动员一切艺术团体和文艺工作者为抗战服务。二是提高文学艺术的理论水平。三是各文艺团体及文艺工作者要密切合作，共同建设根据地新文化；要注意运用旧形式，创造新形式；提倡活报剧、街头剧；协同政府组织旧剧改良委员会，改造旧剧、旧剧团及旧艺人；创建各区村模范剧团。

2. 晋东南文救总会的发展

1939 年秋，文救总会移驻武乡县下北漳村，在这里领导全区的文化运动。此时，文救总会主要由王玉堂负责，王博习、蒋弼等担任编辑，八路军野战政治部宣传部进行业务领导。在文救总会的领导和推动下，晋东南基层的文化领导机构也相继建立起来。

根据地文艺界各专业系统，为了发展壮大专业队伍，培育专业人才，提高艺术水平，也都纷纷组建了各自的协会，主要有：1939 年 1 月 4 日，成立了中华全国戏剧界抗敌协会太行山区分会筹委会，2 月 28 日在长治正式成立了中华全国戏剧界抗敌协会太行区分会，简称剧协分会；1939 年 3 月 27 日，组建了中华全国美术界抗敌协会太行山分会，简称美协分会；1939 年 5 月 1 日，中华全国歌咏协会晋冀豫分会成立，简称歌咏分会筹委会；1939 年 11 月 28 口，中华全国文艺界抗敌协会晋东南分会，简称文协分会，在武乡县下北漳村召开成立大会，会议同时决定分别在太南、太岳、太北、冀西等区建立文艺通讯站，开展文艺通讯员活动，号召文艺青年拿起笔来扩大抗日文艺宣传，筹划出版文艺刊物。

各专业协会的建立，不仅使文救总会有关方面的工作部署落到实处，也促使文化艺术各个门类得以稳步发展。文救总会和各专业协会之间互相配合，密切协作，使晋冀豫边区文化教育事业呈现出日益发展的态势。1940 年底，由于日军连续不断"扫荡"武乡东部，文救总会迁到辽县。[①]

（二）建立中华全国文艺界抗敌协会晋东南分会

1939 年 7 月，八路军总部和北方局机关来到了武乡，在朱德总司令、北方局杨尚昆书记、野战政治部傅钟主任的倡议下，动员各地的文艺工作者到武乡聚集，并且在武乡成立了前方鲁迅艺术学校、火星剧团、太行山剧团等文艺团体，创办了太行文化教育出版社、新华日报华北分社，还帮

---

① 王照骞、郝雪廷：《武乡，敌后文化的中心》，太原：山西人民出版社，2011 年版，第 20—23 页。

助地方建立了晋东南文救总会，有力地推动了敌后根据地文化、新闻、出版事业的发展。

为了加强广大文艺工作者的联系和配合，在中华全国文艺界抗敌协会作家战地访问团成员叶以群、杨朔、袁勃等人的倡导下，由云集武乡的文艺界人士共同发起，经八路军野战政治部批准，决定成立中华全国文艺界抗敌协会晋东南分会，这个机构只是从统战角度考虑，为加强与阎锡山的地方政府合作，取得合法的名义，才冠以"晋东南"三字。实际上，该机构是整个太行区，乃至包括冀南区、冀鲁豫区在内的整个晋冀鲁豫根据地的文艺团体。1939 年 11 月 28 日，中华全国文艺界抗敌协会晋东南分会召开成立大会。参加这次会议的有随部队来到晋东南的文艺工作者李伯钊、陈荒煤、伊林、洪荒（阮章竞），以及全国文协总代表叶以群等人，还有部分地方文艺工作者如高沐鸿、王玉堂（冈夫）等。朱德总司令、陆定一副主任也出席致贺。会议由大会执行主席、野战政治部宣传科科长孙焕介绍文协分会在敌后成立的重要历史意义和现实意义，以及会议的主要议程。

接着，朱总司令发表重要讲话，他讲道："我们广大敌后根据地，面临着日本帝国主义的军事进攻和文化侵略，必须在文武两条战线上奋起还击！从目前看来，抗战已进入相持阶段，敌人增加了政治诱降的阴谋，他们也利用文艺这一形式，一面对民众进行奴化教育，一面制造汉奸舆论，来配合他们的军事'扫荡'，这就使敌后的敌我争夺战进入一个更残酷、更激烈的阶段。因此，和敌人进行文化战争，同样是一件激烈而紧张的工作。这就要求我们发展壮大自己的文化大军，以文艺为武器，揭露日伪汉奸的一切阴谋，歌颂在抗日战争中涌现出来的英雄模范人物，以推动抗日斗争向前发展，从胜利走向新的胜利！"朱总司令还就当前敌后文化工作的任务做了深刻详尽的阐述，号召更多的文艺工作者到前线来，用笔杆子来抗战，打击妥协投降的顽固派，控诉日军暴行，为保卫根据地、保卫祖国文化传统而战。他坚信，文协分会成立以后，定能有组织地推动敌后根据地新文化运动的发展。

北方局宣传科科长、前方鲁迅艺术学校校长兼党总支书记李伯钊同志，向大会作了关于晋东南文艺运动现状和今后工作方针的报告，并宣读了由她主持起草的文协分会成立宣言，同时大会选举李伯钊、高沐鸿、何云、朱光、孙映、刘白羽、王玉堂、陈荒煤、杨朔、蒋弼、张香山、洪荒、袁勃 13 人为理事；李伯钊（组织）、蒋弼（出版）、孙涣（研究）、王玉堂（总务）、洪荒（创作）等为常务理事。

（三）建立文化艺术学校

抗日战争期间，太行山腹心地区，聚集了一批热血爱国的青年艺术家，在北方局和八路军前方总部的倡导与支持下，成立了前方鲁迅艺术学校。前后数年之间，培养了数以百计的优秀艺术人才，活跃于这块根据地，配合兄弟单位，带领和推动着广大群众掀起抗战救亡的热潮，创造了大量的为群众所欢迎的艺术作品和多种多样的文艺活动形式，为抗战作出了重要贡献。

学校于 1940 年初在武乡县的下北漳村正式成立，其直接的组建者和总负责人是校长兼党委负责人李伯钊同志。她是万里长征中三过草地的著名活动家、艺术家，她把苏区和红军艰苦卓绝的优良传统和作风带到新的战争环境中来，给学校奠定了坚实的基础。

学校设立有校务委员会、教务处、总务处和党支部等机构，由李伯钊任校长、陈铁耕任副校长。下设戏剧系、音乐系、美术系 3 个系，分别由伊林、常苏民、杨角等同志任系主任进行教学工作。另外还拟成立过文学系，后因条件不具备未成事实。稍后又成立了鲁艺木刻工作团、鲁艺实验剧团、鲁艺戏曲团、鲁艺校刊编委会。

前方鲁迅艺术学校一开始由北方局领导，后由北方局与野战政治部共同领导，1941 年后由野战政治部单独领导，前方鲁艺也就实质上成了部队艺术学校，在编制上属于部队营级建制，学校的校长、总支书记、主任在战时就分别成了营长、政委、参谋。学校的师生员工一律是军人打扮，每人都是一身军装、一条皮带、一双草鞋，高度军事化是前方鲁艺的一个特点。在教育内容上，与党的方针政策和军事形势紧密结合，是前方鲁艺的另一个特点。习惯的教学方法是：根据这些现实内容直接进行创作，或将主要精神纳入课程。再一个特点是坚决依靠群众办学。地处敌后战争环境，比较动荡，没必要也不可能兴建固定的专门校址，走到哪里，哪里就是校址。村镇上大的房屋可借做教室，场院上、树林里也是很好的露天教室、画室和排练场。最后一个特点就是教学方法方式的机动灵活性，平时可以安全集中进行教学，战争时期则分散深入群众，用学到的艺术宣传群众、组织群众，这无疑是对教学效果的检验。同时，在战争结束时，又可把亲身深入群众的见闻和感受带回学校，这又成了创作或教学的有用素材。[①]

鲁艺校歌

祖国优秀子孙，继承鲁迅的遗志，发扬民族的光荣，我们要推动着历史的巨轮前进。

艺术是武器，艺术是斗争，宣传大众，组织大众，打倒日军侵略战争，拥护人类正义和平。

我们要向着光明前进。

生活的锻炼，政治的修养，民主的作风。

努力反映现实，创造新的人生。

一群艺术新兵，祖国优秀子孙，高举起鲁迅的旗帜前进，胜利光明。

随后，前方鲁迅艺术学校专门组织了宣传慰问团，来到武乡灾区进行慰问，先后到左会、石门、蟠龙、洪水、韩壁等村进行演出，之后又到襄垣西营、下良等村，共组织晚会 11 次，参加群众达 9000 人以上，还带着绘画作品进行宣传展览。活动进行了一个月。

（四）组建剧团

剧团是宣传工作的最有力的武器，戏剧是艺术的动作，有感人的力量，

---

① 王照骞、郝雪廷：《武乡，敌后文化的中心》，太原：山西人民出版社，2011年版，第7—8页。

是灵活的，容易深刻。[①] 在抗日战争时期，各种剧团成为党宣传抗战主张，动员群众参与的主要载体和平台。以太行抗日根据地为例，主要的剧团包括八路军红星剧团、各县剧团以及农村剧团、儿童剧团等。

八路军火星剧团，亦称火星剧社，是八路军总部直属的剧团，由野战政治部宣传部直接领导。这个剧团的前身是红十五军团徐海东部的一个宣传队，后归属卫生部，红军改编八路军时，改为国民革命军第八路军火星剧社，习惯上人们都叫火星剧团，对外称八路军总部宣传大队。

1939 年 7 月，八路军火星剧团随八路军总部进驻武乡，主要驻扎于下合西墹村，团部驻在武振国家院内。此院正面三孔土窑洞为演职员住室兼排练室，东房三间为团长裴一平、导演朱熹、音乐指导海啸的住室兼办公室。

为了宣传抗战，鼓舞抗日军民的斗志，他们自编自演了《反围攻》《破铁路》等几十个小剧，同时还演唱歌曲。为了能够即时排练出新的文艺节目，经常采用"旧瓶装新酒"的办法，以武乡秧歌调、开花调，编排了《骂汪小调》等歌曲，到总部和各机关、驻军前线去宣传演出。火星剧团曾参加过晋东南的百团会演，粉碎九路围攻祝捷会，晋冀豫区党代会，朱总司令祝寿晚会，反顽战役庆祝会，聂荣臻、吕正操南下支队欢迎会，百团大战祝捷会等大型演出活动，还多次派员到部队和地方各剧团帮助工作，指导演出业务，帮助他们培训文艺人才。

火星剧团还有一个特点，就是结合剧团的戏剧演出，还有美术的宣传和演出。当时政治部宣传部文娱科的牛犇（后为我国著名画家），在这方面做了大量的工作。牛犇是 1937 年冬到达太行抗日根据地的，第二年即分配到野战政治部民运部工作。后来又转到了野政宣传部文娱科。当时，来到太行抗日根据地和八路军内的美术工作者并不是很多，但也有几位，而且还有一位是美术界的老前辈，是参加过二万五千里长征的老干部，他就是上海美专刘海粟的学生，还有民运部的部长黄镇和洪荒。洪荒是一个音乐、

---

① 山西档案馆：《太行党史资料汇编》，太原：山西人民出版社，2000年版，第496页。

戏剧、美术、诗歌的多面手，黄镇喜欢美术，但由于工作繁忙，几乎没有时间来作画。但他们都结合抗战的中心工作进行宣传，为抗日战争的动员工作作出了突出的贡献。①

2. 地方剧团

在抗日战争期间，各县要直接领导一个脱产的地方剧团。1938 年，武乡县政府接收了县城程财主的一个剧团，起名为翻身剧团，利用剧团演出宣传发动青年参军，经过 20 多天的努力，报名参加游击队的人数就达 800 余人。经县抗日政府批准，名扬游击队第五次在东沟村正式组建，魏名扬担任游击队队长，同时兼任武乡二区区委副书记，并派县武委会副主任王浩勇来担任游击队政治主任。同年，武乡中心县委为加强抗日宣传，派赵浚川、殷士肤将县抗日青年救国公学儿童演出队改编为武乡县抗日儿童话剧团，成为武乡第一个县立抗日剧团。创办时 35 人，以学演抗日话剧、活报剧为主。

为了祝贺首届群英会召开，武乡光明剧团、武乡五高文艺队、武乡盲人宣传队赶赴黎城南委泉为大会助兴演出。光明剧团的剧目是《李马保》，五高文艺队的剧目是《兄妹开荒》《改洗二流子》，盲人宣传队的剧目是《胡春花拥军》。后来晋冀豫区党委领导的太行山剧团来到武乡，驻扎在桥南村，为晋冀豫区助兴演出。会议期间，他们白天在村里搞政治宣传，也排练一些短小精悍的节目，晚上给会议代表及当地军民演出，主要演出的节目有《国际活报剧》（歌舞）、《红星旗下》、《流寇队长》、《人命贩子》等节目。

在一次军民联欢文艺晚会上，火星剧团、太行山剧团、先锋剧团和光明剧团、盲人曲艺宣传队演出了精彩的文艺节目。朱德的卫士长李树槐还由王家峪老乡伴奏，唱起了武乡秧歌《十二月翻花》……

八路军总部炮兵团的怒吼剧社，也由武亭（朝鲜人）团长带领，参加了为朱总司令祝寿的演出。剧社的李伟即席演唱了刚写成的《朱德将军》

---

① 王照骞、郝雪廷：《武乡，敌后文化的中心》，太原：山西人民出版社，2011年版，第87页。

歌，以欢快的旋律和通俗的唱词，简洁明了地勾画出朱总司令的伟人气概。

为了加强文艺宣传力度，朱总司令号召总部各直属机关，大力开展文艺活动，进一步加强了火星剧团、太行山剧团以及先锋剧团、战旗剧团、野火剧团等戏剧创作和下乡演出，创刊了《战斗文艺》杂志，办起了抗大文工团、鲁艺文工团、鲁艺实验剧团、清漳文艺社、太行诗歌社、抗大文学研究会等文艺社团。八路军总部驻地文化工作，在朱德总司令直接关怀下，在野战政治部和北方局的直接领导下，进行的"兵写兵、兵演兵"活动，十分活跃。李伯钊组织并率领大批文艺战士和她所领导的剧团以及培养出的学生们，在抗日前线到处活动。他们的演出和宣传工作，一直进行到日伪军据点的炮楼底下。从八路军的战斗连队里，到太行山的堡垒户中，都能见到这些文艺战士活跃的身影，听到他们昂扬的歌声。李伯钊等为了进一步适应战争形势，更好地为前线军民服务，将原来的剧团化整为零，编为一个个戏剧小组，四处进行小型演出，并随时帮助和指导各地的群众性业余剧团，使抗战的戏剧艺术之花，在炮火连天的战场上到处盛开。

武乡光明剧团建立与发展过程①

一是成立的经过。在武乡抗战开始以前，武乡有十几个戏班，直到抗战开始到九路围攻后，因战争关系，旧有的戏班完全停业了，直到1939年才涌现出三五个来，但是很消沉。1940年春，政府开始关注戏班发展，经过短期训练后，给他们取了个名字，一个叫光明剧团，一个叫胜利剧团。剧团的作风没有改变，还是旧戏班，不过加个剧团的帽子罢了。各家的新剧也是很简单的一两幕，新剧的地位也不过是应付上级而已。两家剧团继续吞并，斗争着，相持半年之久，胜利剧团宣告失败，解散了，其大部分演员都跑到光明剧团了，光明剧团从此扩大起来。

二是巩固和提高过程。两个剧团并成一个剧团后，政府派到光明剧团

---

① 武乡县光明剧团：《戏剧展览调查纲目》，1945年3月15日，武乡县档案馆藏，档案号：A91-5-1。

一个指导员兼编剧，政府的领导使剧团发展起来，并有《上前线》《换脑筋》《送郎参军》《劝夫还军》《王春梅教子》《兄妹参军》《离婚案》等新剧。光明剧团在群众中的威信一时提高，尤其是《离婚案》的演出受到干部群众的热烈欢迎（曾有人跑三四十里路看）。演员的热情高了，剧团也稳定了，新剧在剧团的地位提高了，大家对新剧的看法也转变了，新剧在技术上不断提高，政府也重视起来。1942年夏，政府又派两个比较好的小学教员到剧团担任正副指导员，秋后又派一人到剧团担任团长，共同负责指导剧团，但是政府派去的人只许在政治上教育和对外宣传，在行政上、经济上一概不加干涉，一切大权全在总务股手里。总务股是老艺人，也是个变相的掌班，有时候不服从团长、指导员的意思，甚至支配团长、指导员，因为他掌握经济，所以团员们都听他的，恭敬他。团长、指导员本身也脱离群众，有许多工作或任务也是应付他去做，直观上尽尽责任就罢了，不管成绩如何，所以这一个时期剧团没有大的进步。后经过整训，从老艺人手里夺回了经济管理权。后来，剧团干部掌握了经济依赖，并经济公开，削减了贪污浪费，大家都很满意，这是一个转变关键。

文教工作的总方针是为工农兵服务，把群众的东西反映在群众面前，拿群众的行动教育群众，提高群众的认识，引导他们向新社会迈进。在内容上，着重反映人民群众在战斗、生产、民主等战线上涌现出的模范故事、英雄事迹，形式上创造新形式、改造旧形式，旧形式绝不能限制或妨碍新内容，同时大量发展小型剧，提倡歌舞剧。农村剧团通过把革命故事编入戏剧中宣传革命精神，影响群众。

3. 农村剧团

毛泽东同志在文艺座谈会上说革命战线"就可以说有文武两个战线，这就是文化战线和军事战线"[①]。在武乡，抗日战争前，除班主组织的戏班外，农村有少量的业余剧团。这些业余剧团的活动大多集中于冬季，组织

---

① 毛泽东：《毛泽东选集》（第3卷），北京：人民出版社，1991年版，第847页。

极不牢固。1942 年，在党的领导下，业余剧团兴起。到 1948 年，全县共有 163 个农村业余剧团，演职员达 6000 余人。这些业余剧团，东部多唱上党落子，西部多唱晋剧，中部多唱秧歌与上党梆子，所演剧目大部分是移植和自编的抗日节目。

禄村农村剧团创始人王世荣：我参加革命后，看到新文艺工作者的演出，特别是看了《白毛女》《血泪仇》等戏剧的演出，那激动人心的场面，反而觉得戏剧艺术有形象、有立体感，更能为广大人民所接受。

为了结合根据地的宣传工作，剧团多次深入农村，了解群众需求，并与群众干部讨论剧本内容，集体编写新的内容，然后修改讨论，分组进行传达宣传。他们编写的内容包括春耕、备战、藏粮、反特务等方面的内容，在宣传的效果上比以前好多了。他们的编写能力都是很强的，只要能认识一个大意，就能迅速编成通俗易懂的鼓调、小调。

小花戏·军民是一家[1]

军队人民是一家，骨肉不分离；好男儿参加八路军，救国又救民；你在前方打胜仗，多杀鬼子兵。

大生产呀大练兵，军民学本领；抗日军队人人敬，军属最光荣；军队打鬼子呀，人民来支援；家属吃和穿呀，人民来照应。

我们要多生产呀，保证军队用；食足又衣丰呀，准备大反攻；打败鬼子兵呀，大家享太平。

4. 儿童话剧团

1938 年，为了加强抗日文艺宣传，县委派赵浚川和殷士肤，将各个游击队留下的儿童演出队改编为武乡第一个县立剧团——儿童话剧团。该团共 35

---

[1]　萧红河：《八路军总部在砖壁》，太原：山西人民出版社，2006 年版，第 115 页。

人，以学演抗日题材的话剧、活报剧为主，间或也演出一些歌咏和舞蹈节目。在抗日战争中诞生的武乡儿童话剧团被人们称为"孩孩剧团"。这颗红星在我党我军的哺育指引下迅速成长起来，并在抗日战争中放射出灿烂的异彩。

儿童话剧团诞生于1938年夏季，从夏到冬，驻在故县。1939年流动较广，秋季多驻在寒广、树辛、石板一带，冬季及过旧年在蟠龙北边的大道场村。儿童话剧团为革命培养输送了大批的抗日人才，他们有的投入正规部队随军到了抗日前线，成为抗日健儿，为革命抛头颅洒热血英勇献身，有的至今身体尚健，有的仍然在艺术领域发挥余热……儿童话剧团就像一颗星星，永远闪烁在革命老区的史册上。下面是武乡儿童剧团（武乡第五小学）集体创作的武乡秧歌《模范老人》部分内容。

模范老人 [①]

"武乡二区砖壁村，砖壁村好人亲，拥军工作做得好，见军队如同一家人。窑院场一位老太太，她拥军是第一名，一套衣服刚洗净，要麻烦老太太给我缝缝，老大娘你成天织布不嫌劳吗，歇一歇……哈。"

老太太："同志，你给我那些棉花慢了织不成，你要等急用哩不是。"

林："我要麻烦你啦，我这件衣服刚洗好，你还得给我缝缝，你织了布、缝了衣，一块给你些钱吧。"

老太太："同志呀，同志讲话理不通，我老人并不是爱财心，我儿我的孙也在外。他们抗日也当兵，你也是干的抗日事，到处都是咱一家人。慢不说织布缝衣服这些事能误多少功，不提给我甚也做，你要说出钱寻旁人，你们东挡西杀去打仗，难道我老人不拥军，快把衣服忙拾起，你要说给钱我不缝。"

林："老大娘，大娘讲话我赞成，说大娘果算聪明人，不是我给钱小看你，这是俺当兵一点心，给你棉花你织成布，拿上布你给把衣缝。自古道

---

① 武乡第五小学集体创作：《武乡秧歌模范老人》，1945年4月，武乡县档案馆藏，档案号：A3-2.1-93-2。

人凭良心，难道说当兵人还忘恩，吃吃喝喝不打算，我经常打搅你也不轻，对待军队这样好，我情愿拜你为伯母亲。"

老太太："好说了，军民一家人常讲，爱护军队理应当。去年敌人占蟠龙，这一方老百姓遭了殃，军民合作来围困，到今天才能把福享。想起来去年元宵节，鬼子兵来了，受冷受冻受饥饿，只逼得全村人不敢在家。今年又要过十五，安安生生能在家，要是没有八路军，蟠龙敌人谁来打。思思前来我想想后，八路军就应拥护他，林同志你不要讲客气，军民原来是一家。"

林："老伯母，伯母讲话我赞成，军民原来是一家人，拥军爱军是模范，儿子孩子都当兵，一家生产也不坏，光荣牌定在你的门，待俺这军这样好，死终不忘你恩情。"

（五）发展民间艺术团体

1938 年夏，为了加强抗日救国的宣传，鼓动广大民众投身到抗战中来，太行抗日根据地结合地方文化艺术传统，建立了多种民间艺术团体，其中最突出的是盲人艺术团体。1943 年春，许多县到各地召集和组织盲人，进行宣传，到各县先找到政府搞通关系，然后找盲人谈话，组织盲人训练班进行教育、说书和音乐工作，通过这样的组织工作 3 个月之久，各县的盲人宣传队都搞起来了。

武乡县抗战动员委员会号召民间艺人组织了盲人鼓书团，由程光明任团长，利用武乡鼓书、琴书、三弦书、莲花落等传统形式，新编抗日内容，开始走乡串户进行抗日宣传活动。但活动不到一年，由于缺乏组织经验，鼓书团解体，艺人自流。同年 11 月 1 日，武（乡）东县抗日县政府派郭忠、赵浚川到王庄沟，将东会的 83 名盲艺人组织改变为武乡县盲人宣传队，由共产党员张培胜任队长。武乡盲人宣传队成立后，对队员训练 7 天，使旧艺人吸收了新的思想，并编排了一大批宣传抗日的新书目。之后，分成 8 个宣传小组，开始游走山村，宣传抗日救亡，发动群众。1942 年，武乡盲人宣传队召开全体队员大会，讨论配合目前对敌宣传及动员参军工作，并根据目前参军中涌现出来的模范例子，编写成小曲小段，分头弹唱，进行广泛宣传工作。

1942年，武（乡）西抗日县政府将沁县的本地盲人召回，组织了武（乡）西盲人宣传队。1945年2月25日（阴历正月十三日），武（乡）东、武（乡）西盲艺人于魏家庄召开会议，两队合并，命名为武乡县盲宣队。

盲人艺术团体在抗日战争时期作出了杰出的贡献，他们遇到敌人"扫荡""清剿"就到水渠中，有的好几天吃不上饭，也要坚决完成党的宣传任务。盲人艺术团体走到各处都受到群众的欢迎称赞，他们的组织形式很简单，但常常走到农村，一些穷乡僻壤的山庄小村也有他们的足迹，这样就能把宣传工作深入到农村各个角落，如果在指导上抓得紧，能不时地供给材料，他们就有足够的智慧，把工作任务变成鼓调迅速地传播到农村中。

抗日战争时期，曲艺艺人为革命做了大量工作，编唱了数以百计的抗日题材书目，主要有《西安事变》《井冈山起义》《八一南昌起义》《减租减息》《囤积公粮》《备荒节约》《八大让步》《打长乐滩》《百团大战》《打辽县》《打关家垴》《地主与长工》等。

在开展新文艺运动中，在全县范围内掀起了广泛的抗日歌咏活动。刚开辟根据地时，八路军、决死队和许多救亡团体所到之处，即召开大会、唱歌、演戏、写标语、画漫画，进行抗日宣传，大大推动了武乡新文艺运动的开展。歌咏活动，以农村剧团、各级学校、妇救会、民兵和抗日儿童团为骨干，迅速开展起来。在根据地的每个角落，都可以听到《在太行山上》《救亡进行曲》《歌唱朱德将军》等抗日革命歌曲，鼓舞了民众的抗日热情，许多爱国青年都是唱着抗日歌曲走上了硝烟弥漫的战场。

1940年，朱德总司令在讲话中曾以《骂汪小调》为例，赞扬了武乡改造旧民歌的先进做法。之后，很快出现了饭前歌、站岗歌、赛歌、拉歌、歌咏等十分活跃的局面，大大鼓舞了群众抗日、生产的斗志。武乡新文艺运动的特点是：农村的、大众化的、战争动员的、统一战线的，是同敌人的奴化宣传、同封建迷信思想搏斗的，是走向新民主主义道路的抗战文艺。

它深入农村，成为动员广大军民为保卫抗日根据地，坚持抗战最后胜利，建立新民主主义中国的强大思想动力。[①]

二、采用多元化宣传手段

马克思说："理论一经掌握群众，也会变成物质力量。"[②] 如何让党的主张和革命理论被群众所接受是党在宣传工作中的重点任务。1938 年 12 月，徐子荣在晋冀豫区委扩大会上提出："党的宣传工作要民族化通俗化，通过把党的主张民族化通俗化使广大民众能够接受与爱戴中国共产党，方便任务的实行。"[③] 抗战以来，中国共产党通过利用和改造传统节日、戏剧报纸等宣传手段，扩大了党的影响，使党的主张能够深入人心，获得群众的拥护和支持。

（一）利用节日宣传

1. 传统节日

1940 年 2 月 22 日，是农历正月十五，中国传统的元宵佳节。武乡县抗日政府组织在韩北村举行军民联欢会，韩北、石门、上北漳、大陌、蟠龙、下合、东堡、西堡、史家嘴、陌峪、义安等 10 余村的剧团、文社火、武社火、八音会、小花戏等都来到韩北村进行民间文艺会演。八路军的火星剧团、太行山剧团、先锋剧团、战旗剧团以及太行三专署的海燕剧团等，也组织了丰富多彩的节目前来助兴演出。八路军总部领导、驻地八路军战士、名扬游击队都受到邀请，临近百姓有上万人参加。韩北村人山人海，热闹非凡。这是宣传抗战的大好时机，野战政治部决定，利用这一机会进

[①] 中共山西省武乡县委党史研究室：《中共武乡简史》，北京：中国财政经济出版社，1990 年版，第55页。

[②] 中共中央马克思恩格斯列宁斯大林著作编译局：《马克思恩格斯选集》（第1卷），北京：人民出版社，1995年版，第9页。

[③] 山西档案馆：《太行党史资料汇编》，太原：山西人民出版社，1994年版，第525页。

行宣传活动，野战政治部主任傅钟、副主任陆定一，还有宣传部、民运部等许多同志都来参加联欢，并在联欢会上散发了动员民众的宣传品，组织演讲，宣传八路军在华北各地的重要战绩，特别是朱德总司令也在百忙之中亲临参加，并进行了演说。他夸赞了武乡人民对八路军的支持，从土河武乡士绅座谈会开始，武乡民众为八路军捐献粮食、银圆、布匹、军鞋、柴火以及各种物资无数，特别表扬了武乡名扬游击队，数次集体编入八路军，为八路军输送了大量优秀兵员，还亲自授予武乡名扬游击队"太行名扬游击队"队旗。

晋冀鲁豫边区政府关于群众年关娱乐一律规定阴历年节举行①

各专员县长：

查新阴年关在迩，有的县份少数村庄、村级干部因受机关部队学校等筹备年关娱乐的影响，竟亦领导村内群众忙于筹备年关娱乐各种活动（如踩高跷等），如此，不仅不适合一般群众平素季节娱乐的习惯，且亦影响群众目前生产甚巨，尤逢今年严重灾荒，更宜切实注意倡导群众积极进行生产。因此，关于今年群众年关娱乐，一律规定在阴历年及阴历正月内结合拥军运动举行，望各专县于文到后，凡予专区所属，切实遵照办理为要。

1941 年 1 月 21 日，太行三专署、三军分区和各救会联合发出了《开展春节对日伪军、伪组织与敌占区、接敌区的政治攻势的指示》，指出：在根据地军民积极准备反攻之时，利用旧历年关开展对日伪军与敌占区、接敌区伪组织的政治攻势，具有非常重要的意义。指示就开展政治攻势的组织、内容、要求、方式方法、注意事项等做了具体布置。时间安排为旧历年前 5 天开始至正月廿五，要求春节前后通过各种关系，宣传中国共产党和八路军保护伪组织成员及家属过好年的精神，并以进行新年送礼的方式，

---

① 《晋冀鲁豫边区政府：关于群众年关娱乐一律规定阴历年节举行》，山西省档案馆藏，档案号：A198-4-11-2。

宣传根据地的大好形势。在庆祝元宵节娱乐活动期间，进行简短的讲演或编演新内容的短戏、鼓书等文娱节目，宣传党的各项政策及日军必败等。根据这一指示，武（乡）东、武（乡）西派出宣传小分队，把各种宣传品送进敌人的炮楼里，同时也组织剧团、盲宣队编写了专门的节目，在接敌区进行演出。

过新年时，结合当地群众传统习俗，在正月初二，开展娱乐宣传活动，内容包括反内战，保卫胜利果实，通过编反内战快板、反阎锡山快板、冬季生产快板、拥军快板、破除迷信快板，反维持、劝老娘等到各村去宣传。

2. 革命纪念日

1939 年 10 月 11 日，野战政治部移驻下合村，此时正是辛亥革命纪念日，也称双十节。为巩固统一战线，号召全国人民团结抗战，野战政治部做出安排，号召全华北敌后军民，在纪念双十节中展开反对投降、反对汪派汉奸的广泛而深入的群众运动，以动员全民族的一切力量。强调全华北军民，应当深刻了解目前的局势，吸取历史血的教训，为了彻底完成辛亥革命未完成的任务，争取民族独立解放，建立三民主义的民主共和国，全华北军民要展开民主民生运动，动员数千万军民的力量，来帮助政府立即实施第四次国民参政会关于制定宪法实行宪政的提案。野战政治部组织《新华日报》（华北版）发表了社论，并组织相关文章进行广泛宣传。

3. 五四青年节纪念日

为纪念五四青年节，野战政治部决定，从 5 月 3 日开始组织大规模的纪念活动。傍晚，由抗大总校文工团与鲁艺实验剧团演员联合演出了大型节目《黄河大合唱》。这次纪念活动在抗大总校驻地蟠龙镇南河滩进行，平坦的河滩广场中央，用六张方桌搭起的有三张桌子高的台子上，站立着头戴金冠、身穿白袍、手持橄榄枝的自由女神，象征着祖国和世界上被压迫人民的自由、解放。两名身材魁梧、健壮的运动员，身穿背心、短裤，手执熊熊燃烧的火炬，跑步绕场一周后，登上高台，把火炬交给了自由女神，自由女神舒展手臂，把火炬高举向天。之后，便接着《黄河大合唱》演出。4 日，晋东南万余名青年在武乡蟠龙镇召开五四纪念大会，并举行篝火晚会，傅钟、陆定一等领导出席会议，左权副参谋长在会上讲了话，他号召广大青年在抗日斗争中作出贡献。大会影响与推动了武乡青年运动的蓬勃发展。

（二）利用戏剧宣传

特殊历史时期，任何艺术形式均被赋予特殊的历史使命。戏剧作为古老的艺术形式，表演形式灵活，贴近生活，在全面抗战爆发后承载着抗日宣传、动员之使命，成为社会动员重要的宣传方式之一。[①] 在太行抗日根据地，戏剧是揭露日军罪行、唤醒群众的民族意识、推动群众参军支前热潮的重要文艺形式，为抗日战争的胜利作出了突出贡献。

一是揭露日军罪行，唤醒群众民族意识。抗战时期的剧团通过通俗易懂的形式编排了许多反映日军罪行的新剧目，受到了群众的欢迎，并鼓舞了群众反日的决心与信心，如典型的有《血泪仇》《新仇旧恨》《天灾人祸》《骂汉奸》《花街泪》《二鬼子好狠心》等。

二是歌颂党和抗日英雄、劳动模范，鼓舞群众战斗意志。如武乡县各级剧团编写的《地雷大王王来法》《送子参军》《太行山上开展游击战》《八路军进了村》《政府组织起救国会》《七七事变》《左权将军》《抗战胜利有了保证》《抗战进入大反攻》《就要成立新中国》《军民是一家》《盼八路军回家来》《起来，穷人们》等，大大地鼓舞了当地群众的战斗意志和革命精神。

三是推动群众参军支前热潮。武乡以许多专业、业余文艺工作者以及教师、各抗日救国会干部为主力军编写了大量的抗日新民歌歌词，动员民众，如《送哥哥归队》《四季生产》《捉懒汉》《妇女放哨歌》《保证抗属三不难》《站岗放哨歌》《反扫荡》《民兵高贵堂》《动员起来反摩擦》《纺织歌》《春耕》等。

[①]　王廷军：《戏剧与抗战时期的社会动员》，《社会科学战线》，2011年第10期。

秧歌·做军鞋

我的名字叫二翠，俺的娘家在涉县，我在从前旧社会，说来毛病一大堆，也不劳动不生产，光想腐化抽大烟，自从来了八路军，我的毛病有转变，亲身加入互助队，树立劳动新观念，互助不缺吃和穿，不愁米来不愁面，这个利益谁给的，感谢政府大恩典。

叫改秀，做军鞋，咱们的责任，说起来拥军，俺们也参加，俺的组，做军鞋，七天要完成，我的组，从今天，要开始打拼。

盟军打进柏林城，德国完全失败了，最后结束小日本，中国抗战要胜利，全靠英勇八路军，他们前线杀敌人，没有鞋可不行，妇女自动来做鞋，家也亲自来拥军。

（三）利用报刊宣传

报纸是指导群众、稳定群众的定期经常宣传品，在平时它是教育群众的武器，在战时领导群众热烈参战。报刊于社会的作用不言而喻，国人自鸦片战争后即开始自办报刊。尤其是到了抗日战争时期，因战争之需要，各种报刊如潮水般涌现，只是因为战争这一特殊时代背景，不少报刊寿命不长，影响不彰。[①] 但在抗日战争时期，一些旨在进行战时动员的报刊发挥了重要的作用，以太行抗日根据地为例，境内有《先锋报》、《新华日报》（华北版），还有《胜利报》《大众力量报》《前线杂志》《华北妇女》《抗战生活》《文化动员》《青年与儿童》等。其中1937年11月八路军一二九师政治部主办的《先锋报》成为太行山第一张宣传抗日的报纸，它与中共冀豫晋省委主办的《战斗》刊物成为根据地初创时的主要宣传工具。1938年4月，八路军粉碎了日军第一次对晋东南的九路围攻，为了及时报道战况，鼓舞民众，冀豫晋省委在沁县故县村创办了第一份地方报纸《中国人报》，为油印4开2版，2天一期，由于需求量大，报纸由一开始的数百份迅速

---

① 郑大华：《报刊与抗日战争时期的舆论动员》，《史学月刊》，2015年第10期。

增加到2400余份，仍不能满足各方的要求。11月，改为铅印，印数上升到1.2万份，年底并入《新华日报》。[①]《新华日报》（华北版）率先全国各大报纸在敌人后方发行地方版。它是一张代表民族利益和人民利益的党报，同时也是一张服务于抗战、服务于政治斗争的报纸。办报之初，彭德怀同志代表北方局对办报作出具体指示："报道华北抗战——包括军事、政治、经济、文化各个方面的斗争。"[②]报社领导和全体人员认真贯彻了这一指示，使该报擎起了坚持华北抗战旗帜，制定了办报的总方针：宣传马列主义和国际共产主义运动动向；宣传党的路线、方针、政策和中心任务；宣传根据地建党、建军、建政和减租生产等方面的成就；揭露日军暴行和汉奸罪恶；表彰抗日斗争中涌现出来的英雄模范，并报道国内外大事。由于办报的指导思想明确、反映的问题集中，报道和发行的范围由最初的晋东南根据地扩大到太行、太岳、冀南、冀鲁豫、晋绥、晋察冀，真正成为指引全华北军民前进的灯塔。虽然一些报刊创办时间不长，但各种大报小报、大刊小刊之数量的庞大，是前所未有的。这些报刊的旨趣有异，内容不一，策略有别，但不难看出其中有很大一部分可以归于救亡报刊，目的在进行战时动员。诸多报刊特别关注日本对中国侵略事实的报道，注重宣传中国的战时政策和原则，强调中国人民抗击日本侵略者的民族主义情怀。

1.《新华日报》（华北版）

《新华日报》（华北版）是1939年1月1日在沁县后沟村创刊的，由著名报人何云担任社长兼总编辑，是北方局的机关报，4开4版，隔日刊，每期发行3万余份，是抗日战争中太行区发行量最大的报纸。在它存在的4年9个月中，是华北宣传动员民众抗日的一面旗帜，除了新闻版面外，还开办有《新地》《新华文艺》《敌后木刻》《戏剧》《战地报》《华北青年》《抗日军人》等副刊和《新华增刊》等。《新华日报》（华北版）拥有一批优秀的记者和编辑，在战争环境中，物质条件非常缺乏，他们创办

---

① 长治市老区建设促进会：《长治革命老区》，太原：山西人民出版社，2007年版，第195页。
② 刘威、刘川诗、向凌：《抗日战争时期华北敌后的喉舌：忆〈新华日报〉（华北版）》，《新闻战线》，1985年第12期。

纸厂、自制油墨、改造电池、创新设备，办成了当时华北最大的综合性大报。即使在今天，我们翻阅这些报纸，每一篇文章、每一张照片、每一个标题、每一幅插图，仿佛都是一颗射向敌人的子弹，一把砍向敌人头颅的大刀，具有强烈的震撼力和长久的生命力。正如朱德总司令对《新华日报》（华北版）的高度评价："一张《新华日报》顶一颗炮弹，而且《新华日报》天天在作战，向敌人射出千万颗炮弹。"因此，它也就成为侵略者的眼中钉和肉中刺。为了躲避敌人的"扫荡"，报社还要多次搬迁，1942年5月，在日军对太行区发动的大规模的"扫荡"中，报社600余人有近50人牺牲和失踪。[①]

1939年初，党中央决定新华通讯社单独成立组织机构，直接归中央党报委员会管理。为建立新华通讯社在各地的记者网络，中共中央提出了在华北根据地建立新华通讯社分支机构的意见。

为了落实党中央关于建立新华通讯社分支机构的指示，迅速传播华北敌后的抗战消息，野战政治部与北方局经过认真研究，决定采用报社合一的形式，来设立新华通讯社分支机构。10月19日，新华社华北总分社在武乡县大坪村正式成立，新华日报社社长、总编辑何云兼任总分社社长兼总编辑，新华日报社副社长兼副总编辑陈克寒兼任总分社副社长、副总编辑。报社与通讯社是两块牌子一套机构，由报社编辑科（后由电讯科）肩负起向延安总社发送新闻稿的任务，对外称第十八集团军教导队。

新华社华北总分社是华北敌后新闻通讯的总机关。在新华社华北总分社的领导下，华北所有报纸的新闻稿，均采用"华北新华社"或"新华社华北分社"的电头，向延安新华总社和华北各抗日根据地播发。不久，新华日报社及新华社华北总分社机关搬迁到安乐庄村。在这里，报社全体成员，不仅编辑、排版、校对、印刷、发行《新华日报》，同时也将华北前线的新闻稿件，以新华社华北分社的名义，用电台向延安总社以及国统区的新闻机构派发电稿。百团大战期间，许多发自华北前线的电稿，对宣传八

---

① 长治市老区建设促进会：《长治革命老区》，太原：山西人民出版社，2007年版，第198页。

路军在华北浴血奋战、打击日寇产生了极大的轰动效应。

《新华日报》（华北版）创刊以来，由最初的晋东南根据地扩大到太行、太岳、冀南、冀鲁豫、晋绥、晋察冀，真正成为指引全华北军民前进的灯塔。为了表彰《新华日报》在政治宣传方面的功绩，进一步扩大宣传抗日、发动民众的影响，北方局和八路军总部决定，在1940年元旦，举行《新华日报》（华北版）创刊一周年纪念活动。从1月1日开始，报社举办展览会，3日举行了隆重的庆祝大会，朱德总司令，彭德怀副总司令，北方局杨尚昆书记、陆定一副主任等领导亲临参加。在纪念大会上，朱总司令向全体同志指出："1940年，环境将更加险恶，投降妥协危险依然严重存在，希望你们接受一年来的经验教训，继续担负起宣传、组织华北1亿军民坚持抗战、坚持团结、坚持进步的伟大任务。加强对马列主义的学习，使工作与学习打成一片。同时，团结广大群众，依靠广大群众，一面扩大报道的范围，一面严防日寇、汉奸、顽固分子的破坏。"杨尚昆勉励报社全体同志说："华北《新华日报》在敌后诞生的一年，是艰苦奋斗的一年。它曾克服了不少困难，突破了各种阴谋，以坚强的姿态执行着自己的任务，就是在极度困难的敌寇大举'扫荡'的情况下，它也不断努力按期与读者见面。华北《新华日报》的努力，在中国新闻史上写下了光辉灿烂的一页，开辟了敌后新闻事业的新纪录。"陆定一、李大章等都为纪念《新华日报》（华北版）成立一周年撰写了纪念文章。

2.《中国人报》

《中国人报》为晋冀豫省委机关报，于1938年5月1日在屯留寺底村创刊，为根据地第一份地方抗日报纸，4开2版，油印，单面印刷。1938年12月29日终刊，共出刊95期。[①]《中国人报》是由新华日报华北分社出版对敌占区的宣传刊物。报刊要求运用通俗化的语言和老百姓喜欢看的形式，执行下列政治任务：一是向敌占区人民宣传中国共产党的政治主张，进行抗战教育；二是向敌占区人民揭露敌寇汉奸的一切欺骗宣传；三是介

---

① 长治市老区建设促进会：《长治革命老区》，太原：山西人民出版社，2007年版，第197页。

绍敌后抗日根据地，鼓舞敌占区人民的斗争情绪，动员敌占区人民参加抗战并发动敌占区人民斗争。下面是赵树理改变的《神枪手刘二堂》：

神枪手刘二堂

辽县老百姓，都学刘二堂。去年十月初，鬼子来"扫荡"，进到窑门口，遇见刘二堂，砰砰两子弹，一对敌人亡。到了第二天，鬼子又逞强，进攻烟子岭，自寻苦恼尝；二堂早等候，子弹装满膛，对准黑影子，一击中胸膛；收拾胜利品，步枪大衣裳。从此根据地，都知刘二堂，民兵大检阅，奖旗空中扬，上写"神枪手"，辽县刘二堂。

3.《胜利报》

日军大举进攻时期，在太行农村诞生了抗日救国的报纸《胜利报》，其本身就预示着中华民族抵抗日军的侵略一定会取得胜利。报纸高举抗战、团结、进步的旗帜，宣传党的方针、政策，报道抗日军民反"围攻"、反"扫荡"的胜利，激励广大军民的抗日斗志。

当时，《胜利报》的核心内容是：宣传贯彻党的抗日主张，贯彻《抗日救国十大纲领》，宣传党中央和毛泽东同志的持久战思想以及关于开展敌后游击战争的指示精神，动员、组织群众团结起来抗日救国。特别是宣传贯彻了党在延安举行的扩大六届六中全会的精神和中共中央制定的土地政策，大篇幅报道晋东南各级抗日民主政府和抗日群众组织领导广大人民建立起了工救会、农救会、青救会、妇救会、自卫队、儿童团等抗日群众团体，开展了反贪污、反摊派、民选村长和撤换坏村长的斗争以及在实行减租减息、增加工资和实行合理负担的斗争中巩固和扩大了群众组织。《胜利报》在报道太北区的生产、战斗方面，反应迅速，报道翔实，并经常发表社论，对本区各种建设事业与地方工作之指导非常及时，在社论、专文、通讯、新闻等方面，办得也很通俗。因为当时的办报方针是在党性原则指导下的群众化、通俗化，深受广大群众的欢迎。

4.《青年与儿童》

《青年与儿童》由北方局青年工作委员会主办，于1940年春在武乡大坪村创刊，是以太行抗日根据地的广大青少年为读者对象的综合性刊物，32开本，铅印，初为半月刊，后改为月刊，1944年终刊。《青年与儿童》阅读对象主要是具备高小文化程度的青年学生、小学教师和部队青年；内容着重介绍社会、自然、军事、文艺等方面的知识；体裁为通俗简短的论文、青年与儿童工作研究、通讯、科学常识、诗歌、小说、故事、笑话及富有教育意义的漫画木刻。这本杂志当时是太行山发行量最大的杂志，在太行山影响很大，读者除了青年外，还有一般干部和各界人士，许多小学教员都把它用来做教材，对活跃当时太行各县的青年工作起了极大的作用，深受当时根据地青年与儿童的欢迎。

在战争年代里，各级党委对党的报刊发行特别重视，因为他们就是拿这些报刊搞宣传开展工作的。当时群众也很热爱报纸刊物，一听说是八路军、共产党办的刊物，就主动沿村转送到各个村庄、各个学校，每个学校都有教师负责，通过小学生，再把刊物送到每个读者手里。广大读者不仅能按期看到刊物，而且还组织学习、讨论。有的村还有青年义务教员，在"民革室"组织群众为大家朗读、宣传。该刊物通过宣传群众、组织群众，活跃农村文化，宣传抗日救国，表扬杀敌英雄、劳动模范等好人好事，揭露日军、汉奸和顽固派罪行，鼓励民众参加战斗，发动青年参军参战，组织妇女拥军支前，鼓励儿童站岗放哨，真正成为广大青少年的精神食粮。《青年与儿童》的出版发行，对于促进抗日根据地的巩固发展，推动根据地的各项工作，发挥了积极的作用。

5.《华北妇女》

为了长期指导根据地妇女工作，从理论上提供精神食粮，推广妇女工作中的先进经验，在北方局领导的关怀下，北方局妇委于1940年春在王家峪专门成立了华北妇女杂志社，创办《华北妇女》杂志。该刊为月刊，每月出版一期，其发行也靠《新华日报》的发行站发行，主要刊登妇女工作及妇女问题研究文章，介绍国内外妇女生活、妇女工作、模范妇女、妇女卫生及医药知识，还有文艺作品等。

在妇女工作的不断深入和《华北妇女》的宣传鼓动下，广大妇女不仅学文化、争解放，而且拥军支前，走上抗日前线，成为抗战的重要力量。有许多优秀妇女的事迹在《华北妇女》刊登以后，在根据地展开了比学赶帮运动，极大地推动了妇女工作的开展。

1940年底，华北妇女杂志社也随北方局妇委机关移住辽县，先后在上南会、上武、麻田等村从事出版。

6.《前线》杂志

1938年1月，为加强政治工作，八路军总部创办《前线》周刊，因战争条件所限，该杂志编辑6期就被迫停刊。为了加强八路军的政治工作建设，提高部队的军事素养，指导部队开展游击战争，1939年1月，八路军总部决定《前线》杂志复刊，并改为半月刊。2月1日复刊后第一期正式出版，刊头由朱德题写，16开新闻纸铅印，属当时晋东南最为先进的印刷品。该刊的主要对象是八路军营以上各级指挥员，主要刊登中共中央与八路军总部等领导人的文章，也刊登苏联领袖指导革命的文章，这些文章都对指导华北抗战起到指导性的作用。为了使杂志确实能够对部队建设有所贡献，野战政治部也要求各战线上的同志，特别是负责同志，结合实际写稿，将每次战斗或战役后军事政治工作的总结与经验教训，特别是关于提高军事素养、战略战术的研究、政治工作的建设等方面写成文章，为《前线》杂志提供稿件。由于刊物刊载大量军事机密性文章，包括战略部署等内容，属于秘密刊物，只发至部队营以上干部。野战政治部在宣传部专门设立编辑科，对外称会昌部，也称会昌编辑科。《前线》杂志在下合村定期出版，并利用《新华日报》发行渠道，机密发行到各地部队营以上干部。1940年7月，《前线》杂志跟随政治部机关迁住烟里村后，改版为月刊。

7.《党的生活》杂志

1939年11月15日，北方局创办了《党的生活》杂志，该刊为半月刊，由北方局机关主办，其宗旨是：第一，努力阐明马列主义的原则，批评一切资产阶级、小资产阶级的错误理论，使自己成为在思想上、政治上巩固布尔什维克党的武器；第二，努力解释马克思列宁主义政党的布尔什维克组织原则，使自己成为在组织上巩固党的队伍的武器；第三，努力使自己成为华北各地工作经验交换的园地，帮助各地同志解决工作困难，成为对各种工作实际指导的刊物。杂志主要刊登党的文献、政治形势、党的任务、群众工作、党性原则、根据地建设、对敌斗争、锄奸工作、宣传工作、党的建设、工作报告、青年工作、妇女工作、统战工作、支部工作、经验交流、党校工作、党报与党刊、秘密工作等方面的内容。可以说，《党的生活》杂志是华北根据地党的指导性刊物。

除此之外，太行抗日根据地出版的还有《战报》《战旗》《上党日报》《上党红旗》《战斗教育》《老百姓》《抗战生活》《太行工人》《华北文艺》《自学运动》等。它们在宣传党的抗日主张、鼓舞太行军民抗日的信心、争取抗日战争的胜利方面发挥了关键性的作用。

三、树立多领域模范人物

中国共产党的历史是一部英雄模范人物辈出的历史。英雄模范人物身上所展现的精神和道德品质真实诠释了中国共产党所倡导的核心价值观和人生追求，是党史文化的重要组成部分。[①] 在抗日战争期间，各种类型的模范人物为宣传中国共产党的抗日思想和主张，动员群众支持抗战发挥了非常重要的作用。在太行抗日根据地，围绕抗战、生产、拥军等目标，选出了各个方面的英雄人物，包括杀敌英雄、劳动英雄、拥军模范等。

（一）建立模范人物产生机制

1. 模范人物的选举条件

杀敌英雄。具有下列条件者，当选为杀敌英雄（适用于民兵自卫队）：

---

① 王文军：《浅析英雄模范人物对党史文化发展的推动作用》，《福建党史月刊》，2016年第6期。

一贯英勇杀敌或侦察爆破成绩显著者；在危急情况下，顽强不屈，坚决执行命令完成任务者；遵守政府法令，爱护群众利益并积极从事生产者；不骄傲自满，对基本技术能经常苦练，经常学习文化，并能帮助别人或团结者。

劳动英雄。积极从事各种生产建设事业之一（包括农业、工业、合作运输、植树剿蝗及各种副业）成绩显著或有新的创造者；在建设事业中能带领别人并有成绩者；遵守政策法令、拥护政府、团结群众、组成模范者；部队机关劳动英雄，除上列条件外尚需能公私兼顾，与群众生产结合者。如武乡土河村的劳动英雄作风民主踏实，对群众疾苦关心，他对土河的土地谁家庄稼长得好坏、有草无草都知道，每件工作都是自己先做起，然后带领大家共同创造，土河全村模范第一组在春天为了突击下种，根据土河的地块大的实际，实行了牛力集中大互助、分段下种、以亩计分、以牛评分和小组集中农具克服无农具的困难。在夏收时谷苗也长大了，他就组织女人辅助劳力，男人搞谷苗带担麦，女人辅助割麦子，他们的土地每人平均种约 20 亩。技术队长在每个季节当中提出可能产生的问题，他总要在思想上动员，经过大家商讨订计划。他眼看谷快荒，即组织妇女辅助劳力，依据劳力赶工三日即完成任务。政府提出补种地，他即向大家深入动员，99 亩麦地补种秋菜、荞麦 66 亩。他分工明确、领导民主有计划，在生产中间团结群众，人们送他外号"好头儿"。

模范工作者。参加或领导各种工作（包括军事、行政、边沿对敌斗争、文教、财粮、金融贸易、安全卫生、公安交通、司法等），在工作中有新的创造，并成绩卓著者；联系群众、团结干部得到群众干部拥护者；正确执行政策法令并能纠正别人违反政策法令行为者。如武乡卫生模范和学习模范村白和村，在抗日战争期间，白和村里的卫生已成为制度。每个群众都深刻知道讲卫生不生病的简单道理，妇女们每天总要打扫家内街道，家内碗筷 90% 以上都用白布刷了。他们打扫都是自动自觉，不用人督促。在学习方面，他们在领导上，队设教导员、分队教育干事小组设学习小组长。该村青年没有不认识字的，每个青年中年都有卡片、笔墨和识字本、日记本，每个人每天写一盘。从下面一个组的统计材料可看出他们的一般情况：
李三孩组共 28 个人，除 9 个老年人外，青年、中年 19 人都参加自学，田
引弟认 300 个字能写 300 个，张秀芳认 80 个能写 30 个，孙玉珍认 150 个
能写 60 个，宋书祥认 50 个能写 20 个，梁毛孩认 150 个能写 130 个，李三
顿认 50 个能写 50 个……这组每人均认 90 个能写 60 个，学习制度稳定、
成绩好，值得大家学习。特别是白和村的一个姑娘嫁到龙门垴，把白和村
的学习方法与制度推广到龙门垴，这样传播经验是非常宝贵的。

2. 模范人物的选举程序

模范人物的选举与被选举人，没有阶级、党派、性别、职业、宗教信
仰、文化程度以及民族国籍的限制，具体可以分四级选举：（1）村选举由
村民大会进行之，其名额不限，得票数最多者当选，行政村如地区辽阔，
不便召开村民大会时，得由村民代表会选举之，各自然村及区公所，均得
提出候选人，民兵杀敌英雄均由村民大会选举之。（2）区的杀敌英雄、劳
动英雄及模范工作者会议，由区公所会同武委会召集，各村当选人均出席，
会议上除讨论本区各项建设事业外，并在各村杀敌英雄、劳动英雄及模范
工作者中推选若干人，为本区杀敌英雄、劳动英雄及模范工作者，人数不
超过全区应到会人数的 1/3。当选者中再推选出席全县代表大会的代表者若
干人，名额由县政府决定。（3）县的杀敌英雄、劳动英雄及模范工作者代
表大会，由县政府及独立营营部联合召集之，会议上除讨论本区各项建设
事业外，并在代表中选出杀敌英雄、劳动英雄及模范工作者若干人，县政
府决定名额，推选出专区代表大会的代表。（4）专区杀敌英雄、劳动英雄
及模范工作者，由专署及分区司令政治部联合组织筹委会召集之。会议的
中心为：全年生产工作之总结及明年生产工作初步计划；对敌斗争的经验
总结；新的工作作风以及工作方式；根据各专区具体情况，有重点地讨论
各项建设事业，专区代表大会在代表中按类分别推选专区的杀敌英雄、劳
动英雄及模范工作者若干人，人数由分区司令部规定，人数不超过 50 人
为宜。

3. 模范人物的表彰和奖励

模范人物产生后，召开杀敌英雄（部队除外）、劳动英雄及模范工作者表彰大会，并由各分区分别召开并举行展览会。部队杀敌英雄大会由军区统一召集举行，部队劳动英雄及模范工作者分别参加各分区之大会；总部、军区、边府等3个单位及其直属部门之劳动英雄模范工作者大会，由总部、军区、边府分别单独召开。具体奖励办法：杀敌英雄、劳动英雄及模范工作者以个人奖励为原则，以集体努力为主，或模范单位应照顾集体奖励；县以下奖励着重名誉奖励，分区代表会除酌情物质奖励外，应先给奖状牌匾再全区宣传其业绩；各种展览品决定等次后，酌与物质奖励或名誉奖励。如武乡在模范奖励上通过长期工作经验的摸索，改进了奖励制度，一是克服了固定观点，使群众感到只要工作好成绩好，人人可以得奖，人人可以当英雄，鼓励了大家的生产情绪，启发了大家的竞赛心理。如土河英雄张步俊、魏会云总是被奖励，使得他人丝毫得不到表扬，使群众感到不满。后来进行了制度创新，英雄不是固定的，只要做得好、有成绩谁也可以得奖和当英雄。二是在奖励上，具体明确克服了奖励优点、不指出缺点的笼统奖励法，哪一点好就奖励哪一点，不好就给他指出来，这样一来群众赞成，他也满意。如七区禄村张末鸿的互助组内有3个念书人，其中2个阴阳先生、1个懒汉，过去不劳动，后参加了互助组积极劳动，因组内耕牛困难他们就使用人拉犁的办法把了60亩，耕了地10亩，还刨了地3亩，但因他们技术不高，营生做得不好，又给他们指出这些缺点来，这样组内人都很满意，群众选他们为模范组。北社村王改兰发明了土染料十几种，于是嘉奖她为染料发明家，更鼓励她的创造技术与研究精神，进而使她在各个工作上变成了积极分子。多奖励起的作用更大，贾豁村在春耕总结时，进行了大奖励，谁好就奖谁，在表彰会上一共奖励了模范英雄60多人，经过奖励后，群众劲儿更大了，过去不积极的也积极起来了，不劳动的人也动开了，群众都说过去咱们就是做好事也是个没名儿的，咱们就没心情搞，现在是名有名、利有利，还能不好好干？群众都有这样的感觉：咱们为自己劳动得到政府奖励，村干部每天吃上自己饭、搭上自己工给咱们谋利，咱们应该奖励他们，所以大家就自动组织起来，奖励模范干部。有的是送牌，有的是针对干部的好处送几个字，有的是送旗等，因而就感动了干部的心。干部们都异口同声地说："群众对咱们这样地拥护，咱们如果有些对不起群众的地方，也可以在大家面前做一个自我反省，把自己的缺点与错误都检讨了。"这样，干部与群众之间的关系较之前更加密切，工作也较之前好搞。

（二）宣传典型模范人物事迹

1. 杀敌英雄

（1）八路军杀敌英雄——李仕亮。李仕亮是八路军总部特务团一连副连长，因多次在关家垴、黄崖洞等战斗中英勇奋战，事迹突出。1944 年 11 月，在晋冀鲁豫边区政府、太行军区召开的首届群英会上荣获头名杀敌英雄光荣称号。

李仕亮，1919 年生于陕西绥德县，14 岁入儿童团，15 岁入少先队，16 岁入共青团，17 岁入伍，同年入党，在红二十五军七十五师当战士。红军改编为八路军后，他的连队改编为八路军一一五师六八八团一营三连，从此踏上了抗击日军的征途。

1939 年 10 月，在著名的关家垴战役中，李仕亮在战斗中打得非常顽强，不仅率领一排兵力攻上了关家垴，而且在大部队发起攻击后继续向日军发动攻势。因其在战斗中表现英勇，战斗结束后就被提升为一排排长。1941 年 11 月，李仕亮参加了著名的黄崖洞保卫战，他的连队在 1743 高地到左会垭口一线负责阻击任务。当时黄崖洞有两个主要进出口：一条是东南方通向黎城的南口，一条是西北方通向武乡的左会垭口。这两个进出口的地形对于防御一方来说都比较有利，但也是敌人进攻的主要目标。黄崖洞正面视野开阔，便于观察敌情，且有断桥，不利于敌人通行，而垭口一带地势较为开阔，防守是十分困难的。日军在飞机的掩护下，分三路向特务团的左会垭口、南山、北山阵地发起了攻击。李仕亮率领一排的战士们几经恶战，打退了日军数次疯狂的进攻。

李仕亮在黄崖洞保卫战中的表现，受到了左权将军的表扬，之后被提拔为一连副连长。辽县七里店碉堡的敌人多次袭扰百姓，我军几次攻打都没有拿下。1942年3月，李仕亮接到攻打七里店敌人碉堡的艰巨任务。这个碉堡是利用一个土寨子改建的，地势较高，周围有一圈儿战壕，伪军一个排驻在寨子里面的平房里，易守难攻。李仕亮了解了情况之后，从驻地武乡寨坪村出发，进行长途奔袭，他带领3个排长，利用敌人打照明弹和探照灯的机会，潜伏到离碉堡很近的土塄坎下，摸清了碉堡上敌人火力配备情况后，李仕亮给各排长布置了封锁敌人火力的任务，另外抽出两个班埋伏在公路边，防止敌人增援。凌晨，战斗打响，李仕亮身先士卒，与13个自愿报名的突击队员担任了攻打碉堡的任务。并带领突击队员为后续部队做掩护，一举俘虏7个守敌，其余全歼，其中2个敌人慌不择路，跳下寨子摔死。此次战斗缴获步、手枪30多支（把），弹药10多箱，打出了八路军的军威。返回驻地后，团里召开了表彰大会，一时间，李仕亮32颗手榴弹退敌的事迹在团里传为佳话。

1944年11月，晋冀鲁豫边区政府、太行军区在黎城县南委泉召开的首届群英会上，李仕亮被授予一等杀敌英雄称号，不仅得到了奖章、锦旗，还得到了毛毯、皮包、军衣、衬衣、牙刷、牙粉、肥皂、毛巾等物质奖励。回到部队后，他把奖品分给了战士们，他说，功劳是大家的，光我一个人赶不走日本鬼子，这奖品咱们大家来分享吧。

李仕亮参加过60多次战斗，6次负伤，身上留有9处伤疤，1块弹片仍留在头部。[①]

（2）群众杀敌英雄——段满青、王贵女。为了鼓舞广大军民的杀敌积极性，太行抗日根据地对一些在杀敌方面表现突出的干部和群众进行了表彰，并授予杀敌英雄的称号，在群众杀敌英雄方面，武乡母子杀敌英雄——王贵女和段满青最具有代表性。

在太行抗日根据地武乡，有一对母子为了掩护群众转移，与敌人多次

---

① 李树生：《抗战精华遍武乡》，太原：山西人民出版社，2011年版，第20页。

周旋，并用两把菜刀一起劈杀了一个全副武装的日伪警备队长，解救了落入虎口的20多个老弱妇孺，在1944年晋冀鲁豫边区召开的太行首届杀敌英雄大会上，被授予母子杀敌英雄的光荣称号。

1944年1月，武乡段村日伪汉奸偷袭武乡西部的窳里村。敌人占领武乡后，经常对附近的村庄进行掠夺式"扫荡"，妄图把周围的民兵群众一网打尽，建立维持村。但在共产党的领导下，军民团结一心打退了敌人的多次进攻，反维持斗争取得了显著的胜利。为此，敌人恼羞成怒，扬言说"没有烧不红的铁、砸不烂的石，没有杀不服的窳里人、不维持的窳里村"。后来，日本人调动大批伪军来对窳里村进行"扫荡"，见人就杀，见房就烧，连碰上一棵小树也要一刀劈断。不到几个月时间，窳里村300多间房屋全部毁为一堆废墟。尽管日伪军节节逼近，试图用威逼利诱的手段让老百姓屈服，但是老百姓还是顽强不屈，在游击队、民兵连的协助下，打伏击，袭据点，把敌人打得落花流水，连吃苦头。一次，敌人来偷袭窳里村时，被民兵发现，指导员打响了信号枪，派人飞快回村报信。

段满青的母亲王贵女正在屋里睡得半醒，隐约听到岭上传来枪声，几年对付鬼子"扫荡"的经验使王贵女立刻警觉起来，她感觉情况有些不妙。段满青被突如其来的喊声惊醒，他一骨碌爬起来，跳下地，顺手拿出枕头下的两颗手榴弹，准备冲出去，被王贵女阻止了。王贵女说："孩子，别冒火，咱先确定一下转移的方向！"俩人说了几句话，最后决定，帮助群众向村后的马圈沟转移。

段满青边往外跑，边想着掩护群众突围的办法，为了转移敌人的视线，使他们不至于截断村西北通往马圈沟的退路，他故意扰乱敌人的行进目标，引导敌人往与老百姓转移相反的方向跑，并在敌人所在方向掷了一颗手榴弹。段满青的行动引来敌人对他的进攻，但由于段满青对村庄地形的熟悉，段满青在敌人追过来之前早已跑到村西马圈沟口去指挥群众转移了。

同时，王贵女听到手榴弹爆炸声和鬼子兵的吼叫，判断敌人已进村，连忙拿起做饭的菜刀塞进挎篮里随着老百姓一起转移。段满青为了掩护群众安全转移，成功引开敌人视线，但不幸的是由于自身患有疥疮，两腿剧痛，被敌人追上了。一个敌人拿着刺刀对着段满青的胸膛威胁他，让他说出老百姓的藏身之处，但段满青始终不为所动，同时也在担心群众的安危。不一会儿，村里20多个老弱妇孺（包括其母亲王贵女）被日伪军发现了，王贵女看见儿子被抓，虽然心里着急，但仍然试图让自己保持镇静。后来段满青趁敌人不注意，夺了敌人的枪，并把敌人推到了水沟里，由于枪里子弹打完了，段满青跳到了水渠里，与敌人展开了肉搏，王贵女见儿子与敌人打得不可开交，于是从篮子里拿出菜刀朝敌人脸上砍去，这时段满青又捡起了一把菜刀向敌人砍去。母子俩共同合作杀死了敌人，搭救了20多个乡亲的生命，还缴获了一支乌黑透亮的三八大盖枪。

王贵女和段满青杀敌人的故事，很快就传遍了根据地，也传进了段村镇日伪据点，日军恼羞成怒，派出汉奸、便衣、侦探、流氓等，白天黑夜绕着窊里一带"扫荡"。他们三次捉拿段家母子，但王贵女和儿子每次都机智勇敢地逃出敌人的虎穴。半年后，日伪军追踪、密谍、突袭等恶毒办法全使出来了，不仅没有动了王贵女和段满青半根汗毛，而且被段家母子带领民兵群众把敌人搅乱得惊恐万状，日夜不安，再也不敢到窊里一带"扫荡"。由于王贵女和段满青杀敌有功，1944年被评为晋冀鲁豫边区的母子杀敌英雄。[①]

在抗日战争期间，面对日军的残暴酷刑，坚强、勇敢、不怕牺牲的太行人民是中国共产党带领群众取得多次对敌斗争胜利的主要力量。王贵女、段满青母子是太行群众最典型的代表，除了王贵女母子之外，太行区的杀敌英雄辈出，其行为对抗日根据地的群众起了非常重要的榜样作用。在武乡，除了王贵女母子外，因作出了突出贡献被授予杀敌英雄称号的还有李峪村民兵王来法、禄村民兵张来法等。这些人都为抗日战争作出了巨大的贡献，值得被世人铭记。

---

① 李树生：《抗战精华遍武乡》，太原：山西人民出版社，2010年版，第76—80页。

2. 劳动英雄

在武（乡）东县委、县政府召开的武（乡）东县劳模大会上，表彰了一大批发展生产的先进分子。在这次劳模会上，树辛村李马保获"英雄富全村富"的锦旗一面，李马保创办的树辛村互助组提出"耕一余二"的互助办法，全县劳动英雄、模范互助组、模范家庭、生产技术能手500余人集会，总结生产成绩。评选出出席太行首届群英会的代表，武乡县的劳动英雄代表有：李马保、石榴仙、胡春花、暴莲子、王海成、史成富、王桃梅、霍金兰、史兰珍；武（乡）西县的劳动英雄代表有：王虎旺、赵月娥、郝云书。

（1）纺织模范——石榴仙。1944年11月，石榴仙出席了太行区首届群英大会，荣获纺织英雄的光荣称号，是抗日战争时期太行区的著名纺织英雄。在抗日战争期间，石榴仙的英雄事迹曾经鼓舞了成千上万的妇女，走上了以生产支援战争的道路。

石榴仙出身于武乡广志村的一个书香人家，据说父辈和祖父辈曾出过3名秀才，不过在她刚懂事时，家业就已经破败、衰落，甚至到了一贫如洗、无家可居的困苦境地。她十几岁嫁到了马堡村的一个贫苦人家，并在30岁左右就守了寡，一个人带着5个孩子清苦度日。石榴仙为人和善、大方，在村里受到大家的尊敬。

石榴仙所在的马堡村是一个200多户人家的大村，国民党统治时期，村庄主要受村东、村西两家李姓地主的统治。抗战初期，一些地主公开破坏抗战，勾结顽军枪杀八路军，破坏合理负担的实行。因为顽固势力十分猖獗，所以在当时是有名的落后村。1940年，中共在马堡村建立了党支部，1941年石榴仙的大儿子李福林（又名效禹）加入了党组织，并担任了村农会主席。在县区工作组的领导下，进行了反奸清算、合理负担、减租减息等斗争，为了让儿子能拿出全部精力更好地做革命工作，同时作为干部的家属首先起模范带头作用，她主动承担了家务和田间生产劳动，而且还积极参加拥军、优属等活动。她除农活样样会干外，还经常拾粪、驮煤卖炭，做一些一般妇女不愿干和不会干的活。村妇救会一成立，她就加入了妇女组织，积极组织妇女做军鞋、碾军粮，样样工作数她第一，村里一驻下部队，她就和妇救会秘书孙芝兰组织妇女们送柴、送水、找房子。部队打仗，她们就在窑洞里做好热汤面送到战场。1943 年冬，她还建立了茶水站，专门接待来往部队和伤病员。纺花织布本来就是长期以来用以维持孤儿寡妇一家生计的拿手本领，她手脚利落，而且技术超人，纺织速度远在一般人之上，别人一天纺 4 两，她就能纺半斤（8 两）以上。不仅如此，她更拿手的本领是善于排除故障，不管谁家在织布时遇到故障总要去请她。在 1942 年至 1943 年大灾荒时，她这种本领得到了最大限度的发挥。她以自己的模范行动带动和组织了村里的妇女们人人参加纺织运动，主动帮助妇女们解决纺织技术问题。对单身汉也采取变工办法给他们解决了穿衣问题，当时 1 斤土布可换 2 斤棉花，也可换 2 斗小米，妇女们通过纺织解决了家庭的经济开销问题，所以参加纺织的人越来越多。由于各项工作都很活跃，马堡村在 1943 年就变成全县有名的模范村了。

1944 年，石榴仙在年近半百时加入了共产党。在党的培养教育下，她的思想政治水平和阶级觉悟得到了很大提高，对革命工作和纺织热情也更加高涨。春季征兵时，她带头把刚满 18 岁的二儿子全林也送上了前线。为了把更多的妇女组织起来，她帮助村妇救会把中青年妇女 80 多人以段（即居区）组织了 5 个纺织小组，发动各组展开挑战竞赛活动，使全村的纺织热潮进一步掀起。甚至一些男人们看到妇女们纺织得利不少，在冬闲时也坐在炕上纺棉花。为了给大家做好榜样，她不断钻研技术，没日没夜地苦干，纺花织布又快又好，达到了一天纺花 10 两、织布 2 丈多的最高纪录。村里人常说石榴仙到外村去看闺女，边走路边缠棰子，走六七里路还能缠两个棰子。由于她的成绩显著，区上（一区）召开劳模大会时奖给她小米、手巾、裤子、梭子、镜子等不少物品，太行三分区的彭涛、鲁瑞林、王一伦等领导同志都亲自访问过她，并经常帮助、鼓励和关心她，表扬她的纺织技术。彭涛政委还亲自奖给她新式织布机一架，并多次在全分区对她进行表彰。此后，石榴仙便不断在各级劳模会上出现。

当时在太行流行的一首关于石榴仙的歌，对她的英雄事迹进行了高度的概括，其中有一段歌词是这样写的："马堡村石榴仙四十六岁整，她是纺织女英雄，武乡头一名；越干越有劲，一天纺花十两，织布两丈零，咱们分区彭政委奖给她机一架。"同年11月，她光荣地参加了在黎城南委泉召开的太行区首届群英会，受到了戎子和、李达等军政首长的接见。在这次大会上，她与李马保被评为太行区一等劳动模范，奖给她上书"织纺英雄"锦旗一面。"男学李马保，女学石榴仙"成为当时全区生产战线上的口号。会后返村时，受到沿途各村的热烈欢送，从此她的声誉与事迹就传遍了太行。①

（2）互助模范——李马保。1944年11月，李马保参加了太行区首届群英大会，荣获一等劳动英雄的光荣称号。李马保是武乡东沟乡树辛村人，1919年出生于树辛村一户贫苦人家，生活艰难。太行抗日根据地建立以后，树辛村在共产党的领导下，开展合理负担和减租减息运动，李马保家的生活才有所改变，并且李马保在党组织的动员下，担任了村庄的民兵队长，带领全村老百姓劳武结合，一边生产一边打仗，取得了突出贡献。

李马保最突出的事迹就是他在1942年开始大生产运动中，通过开展互助组，增加了粮食产量，成为太行区典型的劳动英雄。在抗日政府号召"组织起来"的方针下，李马保动员全村百姓组成互助组，除跟别人互助加工、修边垒堰、增加肥料（每亩20担）、多锄几遍和及时改种等以外，最主要的还是多上粪，每亩平均上了75担以上。他增肥的口号是："扫帚勤，粪地平，一月垫两遍，一年出六圈。"因此，租一亩地，原种人一年只能收1.5石，他便能收2.4石。他在村里互助变工，交谈经验，研究今年全村的生产办法。他送粪也是冬天就开始的，起初号召互助时参加的人很少，后来越来越多，越搞劲头越大，全村都羡慕，大家都愿意互助担粪了。

李马保还是村战时指挥部的副指挥，从未误过工作。他不但是劳动英雄，而且是模范干部，十分注重培养积极分子。他说："人都是培养成

① 李树生：《抗战精华遍武乡》，太原：山西人民出版社，2010年版，第111—114页。

的，人变好了，社会就会自然好了。"李马保首先研究了村里每个人的情况，觉得要想把全村搞好，必须先把落后分子改造过来才行，所以就先从落后分子身上做起。李喜孩是全村最落后的一个人，有一次分区演戏，李马保就故意叫上他去看戏。路上谈了许多话，一到了分区，彭政委把他们叫到家里坐，李马保给彭政委介绍李喜孩说："这是我们村里的技术老师。"彭政委就拉李喜孩坐在铺盖上，李喜孩又高兴又惭愧，觉得自己只是名义上当个技术老师，可啥也没有做过呀。彭政委这样情理相待，李马保这样看重自己，回去可得努力些哩。往回走的路上，李马保又给李喜孩谈了许多怎样翻身的道理，后来在各个方面，李马保对他总是多表扬，少批评，用这方法，使以前最落后的李喜孩，当年成了生产大队长，又是技术老师，成了积极分子。从此，李马保也明白了这样一个道理："人都是好的，落后是旧社会造成的。咱们工作作风不好，也有影响。只要接近他、帮助他、培养他，谁也能成了好的。"还有一个叫李书孩的村民，人们叫他"孤立分子"。过去他不接近大家，大家也不理他，李马保开始注意培养他。他在生产中有一点好就表扬，越表扬，他越干得起劲，不但生产积极，还当选了全编村的财粮主任，村公所奖了他一块匾，全村群众送了他一面旗。从改造李书孩的过程中，李马保体会到：对落后分子开头要多表扬，表扬时给他指出缺点和不足。他怕失掉光荣，一指出来就纠正了。这比过去对这些人只是抓住缺点错误斗争批评的办法好得多。

在李马保的领导下，一年来共改造了 36 个落后分子，积极分子扭成一团，全村像一个人一样，工作提高了一大步。全编村虽然程度上不同，但在男女老少中已经没有一个顽而不化的落后分子了，一件工作只要领导一提，全村就像一架灵活的机器轰轰烈烈搞起来了。就是李马保和干部不在村，工作也能照样进行，一点也不耽误。有一年村里提拔了 6 个区干部出去，但村上工作一点也不受影响。李马保说："以前是几个干部的工作，现在是全村人都起来做工作。革命工作是大家办的事情，只有大家都来办才能办好。"

李马保的事迹受到了太行抗日根据地党政干部的关注，在太行区首届群英大会上，邓小平政委和他促膝谈心，一起合了影；杨秀峰主席给他胸前挂上了大红花；武乡光明剧团把他的事迹编成戏到处演出。三分区前哨剧团排演的话剧《李马保》中的主题歌曾这样唱道：

　　李马保本是受苦穷人，抗战以来翻了身，为了群众领导全村，组织互助发家致富，劳动英雄全县第一名！

　　1941年12月，武乡树辛编村农会主席李马保以身作则，不仅在本村组织大家发展生产，还帮助小道场、陶家沟、栗家沟、小庄等村组织起了互助组，发展生产、支援抗战。李马保在领导全村群众进行减租的第一革命和第二革命的组织大生产中，使全村群众彻底翻了身，特别是1943年改造了全村36个落后分子，有的还当了英雄和干部，使树辛村形成了全村人都做工作的模范村。1943年生产粮食，超过应产粮15 001石。[①]

3. 拥军英雄

（1）拥军模范胡春花。在抗日战争期间，太行抗日根据地的妇女利用自身的纺织、做鞋、做饭等方面的优势，为抗日军队作出了巨大的贡献。

武乡民歌·拥军歌

　　一个一个的小喜鹊儿枝头叫连声，腾下暖房热窑洞啊咯呀呀呆，迎接咱子弟兵。一碗一碗的好茶饭热腾腾端手中，送给咱们的亲人啊咯呀呀呆，喝上口暖暖心。一双一双的拥军鞋一针一针儿缝，双手捧出一片情啊咯呀呀呆，送给咱八路军。

　　……

　　其中武乡窑湾编村妇救会秘书胡春花，就是一位名震太行的拥军模范，

---

① 李树生：《抗战精华遍武乡》，太原：山西人民出版社，2010年版，第99—100页。

她的事迹被编成了秧歌剧到处演出，她的名字在太行军民中到处传颂。胡春花 1909 年出生于山西武乡县柳树垭村，后嫁到窑湾编村。抗日战争开始后，她在中国共产党的政治动员下，接受了抗日救国的理论学习，并积极参加了党的抗日工作。抗日战争期间，窑湾编村东邻八路军兵工厂黄崖洞，南邻八路军总部砖壁，北邻八路军野战医院，伤兵从战场上下来要经过这里，往战场上运送枪支弹药也要经过这里。可以说，窑湾编村是当时最主要的一个交通要道。为了让抗日战士吃好、休息好，胡春花动员全村妇女建立了拥军接待站，义不容辞地担负起了招待部队的任务。由于工作积极、表现突出，1940 年 6 月，胡春花正式加入了中国共产党。在 1940 年 10 月著名的黄崖洞保卫战中，日军为了摧毁八路军的重要武器生产基地，纠集数倍于我军的兵力向兵工厂发起猛烈进攻。双方苦战了六天六夜，我军以一个团的兵力，抗击了 5000 多名疯狂的日寇，然而战场上许多伤员抬不下火线，胡春花听到这个消息，心急如焚，扔下还在生病的孩子，立刻组织起妇女担架队，冒着炮火和硝烟，上了前线，运送伤员。太行山山高沟深，铺满了石头的羊肠小道弯弯曲曲，胡春花和妇女们抬着伤员艰难地走着，那个时候，妇女大多缠了小脚，一双小脚在这坎坷的山道上行走，不知磨出了多少血泡，鲜血和袜子紧紧地黏在一起，每走一步都感到钻心的疼痛，一路上不知摔了多少跤。在上山时，因为路滑，为了让伤员免受颠簸，她们索性跪着走，裤子破了，膝盖流出了血，但她们没有抱怨，忍着剧痛，一趟趟地运送伤员。

后来到八路军三分区医院看到医院人手不够，她就主动请缨当了一名编外护士，洗绷带，看护伤员，帮助换药，给伤员洗衣服、缝缝补补，还给伤员灌汤喂药，端屎倒尿。如有一位重伤员上下肢都骨折了，躺在那里不能吃饭，胡春花就找到木匠给他做了一把小木勺，一勺一勺地去喂饭。胡春花整天忙于照顾伤员，却忽视了对家人的照顾。有一次大年三十夜里，她的孩子病得厉害，丈夫想让她回家看看，但由于不忍心撇下伤员，过了年才回到家，但可怜的独生女儿已经病得奄奄一息了，她一下子抱起女儿痛哭起来："孩子，妈没有照顾好你，是妈对不起你呀！"由于耽误了救治时间，年仅 4 岁的小生命便永远离开了人间。①

在抗日战争期间，胡春花把自己所有的时间、所有的精力都花到了拥军活动上。有一次，三八六旅一部分战士在村里驻扎，由于敌人围截，给养发生了危机，她主动把卖锅卖盆换回的 5 斗谷子送给了部队。1944 年 10 月，胡春花出席了太行军民在黎城县南委泉召开的群英会。会上，一二九师政委邓小平亲自授予她"拥军模范"锦旗一面。1945 年，她当选为晋冀鲁豫边区政府参议员，1946 年出席边区参议会。

（2）岳母遗风李改花。1945 年农历正月时，武（乡）东七区政府将一块"岳母遗风"金匾送给英雄母亲李改花。金匾上"岳母遗风"四字为颜体，刚劲有力。李改花，1880 年出生，1960 年去世，享年 80 岁，是大型抗战实景剧《太行山》中黄河母亲中老母亲的原型。

1937 年，全面抗日战争打响，随后抗日战火便蔓延到禄村所在的太行山区，面对敌人的炮火攻击，以及三儿子想要浴血杀敌、保家卫国的坚定想法，李改花忍痛亲自将三儿子送上战场。虽然儿子成为军人在前线杀敌，自己心里也很担忧，但李改花仍然很支持儿子，并积极帮助一二九师在禄村的野战医院医生与护士，像照顾自己孩子一样地精心护理伤病员们。1943 年，日军进攻禄村，丈夫不幸被日军用开水烫死，经历了巨大的丧夫之痛后，年逾六旬的她不仅没有召回战场上的儿子，而且传话给三儿子，让儿子多杀几个鬼子。然而，三儿子在炸日本人碉堡的时候，被炸死且未见尸首。面对失去小儿子的伤痛，李改花再次凭借其坚定的爱国之情和对敌人的痛恨，鼓起勇气将次子张权宽送上了战场。1945 年，她又把家里仅剩的 40 多岁的顶梁柱长子张权亮送上了战场。在面临丧父之痛和丧子之痛时，李改花作为一个普通的农村妇女没有被现实打倒，而是在现实的不幸下相继送子上战场，这种精神既体现了李改花对日本侵略者的痛恨之深，同时也展现了禄村妇女的精神和性格，是一种不怕吃苦、勇于奉献的精神。这种精神凝结成为一种基因在禄村传承，成为禄村人精神风

---

① 王艳清：《拥军模范胡春花》，《文物世界》，2000 年第 6 期。

貌的一部分。

4. 模范人物的作用

毛泽东同志曾经指出："劳动英雄与模范工作者的作用有三：第一个是带头作用。这就是因为劳动英雄与模范工作者特别努力，有许多创造，工作成了一般人的模范，提高了工作标准，引起了大家向你们学习。第二个是骨干作用。劳动英雄与模范工作者是群众中的骨干，群众中的核心，有了劳动英雄与模范工作者，工作较好推动了，劳动英雄与模范工作者以后可能成为干部，现在是干部的后备军。第三个是桥梁作用。劳动英雄与模范工作者是上面的领导人员和下面的广大群众之间的桥梁，群众的意见经过劳动英雄与模范工作者传上来，上面的意见经过劳动英雄与模范工作者传下去。"[1]

一是带头作用。劳动英雄与模范工作者是在许多方面表现突出的积极人员，这些人由普通人变为模范的过程对于普通老百姓具有激励和鼓舞的作用。以武乡为例，不论是劳动英雄李马保，还是拥军模范胡春花，他们都以自己的亲自示范和行动赢得了群众的支持和认可，他们使群众有了工作的方向和目标，有了工作的积极性和创造性。在同一生活环境、同一生产与工作条件下，共同生产，共同工作，为什么别人能积极负责，能有创造，能当劳动英雄与模范工作者，我就不能学习，不能赶上他们呢？世上无难事，只怕有心人，标准是能普及的，而且只有在大家努力普及的基础上，标准才能继续提高。事实上，广大群众在生活与斗争基础上的创造有两种：一种是较初级的，从熟悉群众生活与斗争情形，凭自己的经验，由熟能生巧而产生的新办法，使工作与生产得到部分的改进。一种是高级的事，这种创造是在工作与生产中，进一步整理与概括群众中的经验，成为方针，成为原则，从而再去提高群众的生活与斗争的创造，这就是毛泽东同志关于从群众中来到群众中去的思想创造。如果有对革命的责任心与群众观点，有实事求是的方法与虚心学习的精神，就能从较初级的创造发展到高级创造。我们的劳动英雄模

---

[1]　毛泽东：《毛泽东选集》（第3卷），北京：人民出版社，1991年版，第1014页。

范工作者就是这样向着创造的大道前进的人物。

二是骨干作用。马克思主义理论中把少数精英视为理论创新的开拓者、思想解放的先锋队、党的指导思想的完善者、党和政府决策的思想库、思想论战的角斗士等。劳动英雄与模范工作者是群众中的骨干，群众中的核心，是许多方面工作中的引领者。许多当选的模范工作者与劳动英雄，原本就是干部，是工作的骨干，他们之所以能当选为英雄与模范，证明他们是进步了、提高了。有些原来不是干部的，就应该以他们作为选拔干部的后备军，发挥骨干作用。如在太行区首届群英会中，许多杀敌英雄是民兵队长，许多劳动英雄是群团组织领导人。这些英雄模范一方面是由于表现突出，从普通群众身份转化为干部身份，另一方面原本是干部身份，由于处处发挥带头作用和骨干作用，成为更加具有代表性的骨干，是党在太行抗日根据地工作中的中流砥柱。

三是桥梁作用。一般而言，劳动英雄和模范工作者都是具有良好群众基础的人，这些人在群众心目中具有较高的声望，能够得到群众的认可和支持。这意味着领导与群众之间想好好结合，做到上下贯通、团结一致，就要经过劳动英雄与模范工作者等许多骨干的努力。因此，领导人员、劳模及广大群众这三个方面关系，要搞得很好，要摆得很恰当，然后劳模的桥梁作用才能发挥，领导与群众才能密切结合。第一，劳动英雄与模范工作者对待领导人员，特别是对待本单位、本乡村、本连队的领导人员，必须尊重服从并帮助他们，必须与领导者团结一致，把同领导人员共同商量出来的方针、计划，以自己身体力行的模范作用去落实，去影响推动群众，绝不应脱离本人直接的领导，自高自大，任意行事。同时应代表群众的公意，向领导人员提出意见，领导人员与英雄模范之间要相互帮助、相互监督、共同前进。第二，劳动英雄、模范工作者对待群众，特别是本单位、本乡村、本连队的群众，要同他们打成一片，好好地帮助他们解决困难，教育群众。多带徒弟，代表群众利益，为群众服务。组织群众完成边区的建设任务。不要自高自大，站在群众头上；不要只为自己的主张蛮干而强迫命令群众；也不要因自己的模范作用当急先锋，走在群众面前很远，使群众跟不上；更不要只为私人利益、个人名誉而不顾群众。这些都会脱离群众，使群众不满。群众对英雄与模范如有意见，英雄与模范要自我批评，而不是埋怨群众。如武乡互助模范李马保，通过带头示范，与本乡村干部及本村人民团结好、商量好，共同建立武乡的模范和模范生产组。武乡拥军模范胡春花，既以身作则拥护八路军，又能够团结群众、动员群众、支援前线。由于劳模运动的发展，劳模桥梁作用的发挥，就很容易由个人的英雄与模范发展成为集体的英雄模范。从领导、劳模与群众三者密切结合的基础上，创造出来的模范单位、模范连队与模范乡村才是真正有群众基础的、生了根的模范。

2013 年，习近平总书记在《在同全国劳动模范代表座谈时的讲话》中指出："必须大力弘扬劳模精神、发挥劳模作用。榜样的力量是无穷的，劳动模范是民族的精英、人民的楷模。长期以来，广大劳模以平凡的劳动创造了不平凡的业绩，铸就了'爱岗敬业、争创一流，艰苦奋斗、勇于创新，淡泊名利、甘于奉献'的劳模精神，丰富了民族精神和时代精神的内涵，是我们极为宝贵的精神财富。"[1] 在新时代，培养劳模、尊重劳模、发挥劳模的带头作用、骨干作用和桥梁作用仍然具有非常重要的价值和意义。

总之，在抗战期间，太行抗日根据地人民为了中华民族的解放付出了沉重的代价，立下了不朽的功绩。以武乡为例，据不完全统计，从 1937 年到 1947 年 10 年间，武乡先后参军人数达 14 246 人。在这块不畏强暴的土地上，从九路围攻的长乐村急袭战，到关家垴歼灭战，直至围困蟠龙、解放段村等战斗，武乡军民共作战 6568 次，参战军民达 41 594 人，毙伤日伪和阎军 23 330 人，缴获武器 14 020 件，连同解放战争，县支前助工达 258 万人次，折合 3870 万个工日。武乡全县 215 个村，共为部队筹集公粮 2.5 亿斤，妇女做军鞋 494 500 双，米袋、慰问袋、挎包 107 500 件，为驻武部队提供蔬菜、肉类和食油 507 500 斤，提供煤炭、木柴等燃料 30.7 亿

---

① 习近平：《在同全国劳动模范代表座谈时的讲话》，《人民日报》，2013 年 4 月 29 日。

斤，为支援作战提供畜力车辆 4300 多头（辆）。在武乡境内每次战败的日军，都施行了残忍的报复行动，制造了一起又一起惨案和一个又一个无人村，但武乡军民不怕牺牲，前仆后继与敌决斗，在战争中牺牲和致残的县、区、村干部和民兵群众达 25 300 多名，涌现出著名杀敌英雄关二如、马应元、王来法、冯凤英和劳动模范李马保、王海成、石榴仙、王桃梅等 450余人。在解放战争中，为支援全国解放，武乡先后派出南下、北上干部 5300 多名，这些驰骋于大江南北的革命先锋，为武乡老区争得了更大的荣誉。尤其在共产党、八路军的领导下，武乡民众奋勇争先，仅有 14 万人口的小县，就有 9 万多人参加了各种抗日团体，14 600 人参加八路军，留下"出兵出粮出干部，五千干部一万兵"的佳话，武乡成为著名的全国抗日模范县。

结　语

　　毛泽东同志指示开展游击战，太行山青纱帐里兵将强，虽是小米加步枪，比日寇飞机坦克大炮强。太行山展开敌后游击战，老百姓同仇敌忾上战场，打了几仗奇袭战，日本人又丢头颅又交枪，人民战争打得好，捷报频传党中央。——萧红河《武乡琴书》

　　2009年5月，习近平同志在武乡调研时强调："要结合新的实际，与时俱进地大力弘扬太行精神，坚定正确的理想信念，始终保持对党对人民对事业的忠诚；坚持执政为民的政治立场，始终保持同人民群众的密切联系；锤炼坚忍不拔、百折不挠的品格，始终保持知难而进、奋发有为的精神状态；坚守党的政治本色，始终保持艰苦奋斗的优良作风，为推动经济社会又好又快发展提供强大精神动力。"[1] "抗日战争是中国新民主主义革命进程中至关重要的一个阶段，中国共产党领导的人民力量的发展壮大，不仅为全民族抗战胜利奠定了坚实基础，而且推动了中国革命的历史进程，开辟了中华民族伟大复兴的光明前景。人民力量之所以能够在艰苦卓绝的抗战环境下取得大发展，其主要原因：一是中国共产党倡导并贯彻了广泛发动群众、实行人民战争的全面抗战路线；二是中国共产党提出并坚持了统一战线中民族斗争和阶级斗争的一致性原则；三是中国共产党在放手发动群众的同时，正确实施了对于群众运动的组织领导；四是中国共产党的广大党员干部为发动和组织群众做了大量深入细致的工作。"[2] 群众动员机制的有效性是人民战争发挥作用的前提和基础，以太行山抗日根据地为例，

---

① 胡玥：《太行精神的内涵与由来》，《人民政协报》，2017年12月21日，第9版。

② 刘景泉、张健：《民族解放战争中的人民战争：中国共产党领导的人民力量在全民族抗战中的发展壮大》，《南开学报》（哲学社会科学版），2015年第4期。

太行山人民受自然环境的影响，风俗文化较为封闭和落后，七七事变之后，八路军进驻太行山区，建立了抗日根据地，通过改善民生、赋予权利、建立组织、发展教育和文化事业等五个方面大大改变了抗日根据地群众的生产生活面貌，密切了党群关系，赢得了群众的支持和认同。在这五个动员机制中，中国共产党始终把坚持党的建设作为群众动员机制的基础，把坚持群众路线作为群众动员机制的核心，把坚持统一战线作为群众动员机制的关键。

一、党的建设是群众动员机制的核心

（一）以组织建设吸纳群众参与

中国共产党自成立以来，就非常重视党组织建设，尤其在抗日战争时期，各级党组织机构的设置和功能的完善是中国共产党成功动员群众参与的重要基础。在太行抗日根据地，中国共产党通过组织建设有效地吸纳了基层优秀人才进入党组织，成为党密切联系群众、动员群众的重要力量和纽带。以抗日战争时期的武乡为例，从 1940 年 7 月至 1945 年 8 月，在武乡境内同时并存有两个县委和相应的县级政、军、群机构，先后共建立过13 个区分委。截至 1945 年 8 月，两县共有 12 个区分委、263 个基层党支部、5170 余名党员，党员在全县总人口 139 420 人中占 3.7%。

（二）以制度建设奠定动员基础

制度是要求大家共同遵守的办事规程或行动准则。党的制度是党内各种行为规范的准则，是以党章为依据，以民主集中制为原则，以完善党的领导体制和执政方式、保持党的先进性和纯洁性、增强党的凝聚力和战斗力为指向的党内一整套法规制度的总称，包括党内法规、条例、体制、规则、程序等。[1] 党的制度建设是中国共产党的根本建设，中国共产党从成立

---

① 丁俊萍：《党的制度建设和党的建设制度改革之关联》，《理论视野》，2014年第9期。

之初就着眼于党的制度建设。如在太行抗日根据地武乡县，1939 年 7 月，中共武乡县委就组织召开了首次党代会，大会采用民主集中制的原则，选出了新的县委，县委由县委书记刘建勋、副书记张烈（兼盟特派员）、武三友、魏效泉、王宗琪等人组成。县委最初设组织部和宣传部，魏效泉任组织部部长，王宗琪任宣传部部长，秘书室设秘书 1 人。全县下设 5 个区分委，每区设书记 1 人，组织、宣传委员各 1 人。同时会议还选举刘建勋、武三友、赵锐祥、李国祯为出席晋冀豫区党的第一次代表大会的代表。党代会的召开和制度体系的建设，为党的群众工作的开展奠定了重要基础。

（三）以思想建设引领群众运动

思想建设是中国共产党的优良传统，是党进行自我革命的重要手段。通过思想建设，能够坚定党员的理想信仰信念，保持党员的先进性和纯洁性，提高党员动员群众的能力。在抗日战争期间，中国共产党在各抗日根据地都开展了以整风运动、党内教育等为代表的多形式的思想建设运动，保持了党员对中国共产党的正确认识，凝聚了党组织内部的合力，进而为引领群众运动明确了正确的方向和目标。如在太行抗日根据地，太行区党委于 1943 年 10 月制定了《关于今明两年完成全区整风任务及目前阶段计划》，提出由党委主要负责人直接领导，采取"机关整风学校化，学校整风机关化"的方法。由区党委党校开办县级干部整风班，各地委党校举办区级干部整风班，各县委举办村支部书记的整风班。通过整风运动，在党内树立了共产主义的苦乐观，摆正了党员与群众的关系；通过学习，大家认识了自由主义的危害，自觉接受党的领导，增强群众观念，树立了理论联系实际的学风，克服了宗派主义等；通过整顿密切了党群关系，提高了党的战斗力。

（四）以作风建设获得群众支持

2016 年 7 月 1 日，习近平总书记在《庆祝中国共产党成立九十五周年大会上的讲话》中提出："党的作风是党的形象，是观察党群干群关系、人心向背的晴雨表。党的作风正，人民的心气顺，党和人民就能同甘共苦。"①
党的作风建设是我们党优良的政治传统，是党政治工作的重要内容，是党
赢得群众信任、获得群众支持、密切党群关系的重要法宝。抗日战争时期，
中国共产党之所以能够有效地调动群众支持，除了民生改善和权利赋予之
外，更重要的是党员的优良作风赢得了民心，得到了群众发自内心的支持。
如在太行抗日根据地，多少群众送夫参战、送子参军，多少群众不怕牺牲
也要保护共产党员，他们的行为自觉来自对中国共产党不拿群众一针一线、
敢于批评与自我批评、自觉保持与群众的密切联系等优良作风的感召和
认同。

二、群众路线是群众动员机制的基础

在抗日战争期间，群众动员意义不言而喻，雄厚的群众力量在党的正
确领导下是不可战胜的，能够克服一切困难。无论是游击战争、民生民主
斗争，还是开展生产运动等任何事情，没有群众都是不行的，群众是坚持
抗战的靠山，是巩固根据地的主力。因此，切实掌握群众力量，大大集中
群众力量是决定抗日战争胜利的关键，谁赢得了群众谁就能胜利。

（一）维护群众利益

群众是一切革命斗争与建设的基础。在群众动员过程中，动员群众首
先要说服群众，使群众形成行为自觉。要说服群众，最根本的是要以群众
利益为核心，切实站在群众的角度和立场维护群众利益。首先，必须了解
群众的情绪和要求，设身处地地为群众着想，研究群众的心理、习惯、要
求，根据这些特点进行工作；其次，要苦口婆心地向群众解释党的政策和
政府法令，特别是利用群众每个切身利益问题，抓紧这个问题，正确处理

① 习近平：《在庆祝中国共产党成立九十五周年大会上的讲话》，《中共党史研究》，2016年
第7期。

这个问题，把这个问题和中共的政策法令联系起来，向群众耐心解释；再次，在宣传方式上要抓紧在群众中有威信的分子，向他进行深入的宣传教育，使他真正懂得中共政策，这样即使你不告诉他宣传，他也一定会去群众中宣传。他的宣传，群众容易懂、容易信任，比我们自己的宣传还有力量。

群众与军队的关系是很密切的，军队本身都是由子弟兵组成的，边区的武装都是本地老百姓的子弟，所以军队和群众关系很密切，比如作战的时候，只要枪一响，担架队立刻就组织起来了，他们跑到最前线来工作，不怕任何牺牲；在行军中每到一村，老百姓就立刻送开水来，或送饭来，并且有很多家属来看他的子弟。军队的家属很少，也不可能从战士手里拿钱回去，他们也知道八路军是很穷的，相反的，很多家属还不断地送钱给他们的子弟。在作战时，群众时常派代表来要求八路军住一部分到他们村里，来保护他们，他们把军队完全看作自己家里的人。有一次八路军一个骑兵营打仗死了二三十个人，老百姓就来干涉，他们说"同志！这样打法，牺牲太多，我不同意"，部队中个别分子犯了纪律错误，老百姓也会原谅，因为这是他们自己的子弟。部队与老百姓的关系都是很好的，有一年敌人"扫荡"时，把山沟中的房子烧去许多，老百姓开始很失望，但是等敌人打出之后，八路军立刻组织了慰劳团到受难区慰问，边区政府拿20万元去救济，并派军队帮老百姓整理一切，群众的心马上就又转回。他们说，还是我们自己的政府和军队好。这就说明了我们党对群众的关心，因为群众的利益与我们整个部队的利益是一致的。如果共产党、八路军对群众不关心，那就会脱离群众。

（二）发挥群众主体作用

1942年11月，李雪峰在六地委的报告中指出："发动群众就是对旧社会基础的改造，就是改变各阶级在抗日民主政权下的地位和关系，发动群众就是引领和率领群众进行（不只是参加）新民主主义的抗战根据地的建设，应该树立起这样的观念：革命和抗战就是千千万万人民的事情，是群众自己的事情，群众是一切力量的源泉，群众才是真正的英雄。因此，向群众学习才能指导群众，站在群众视角才能指导群众。这是发动群众、领导群众的第一个基本规律，违背这个规律，只有少数人去动、广大群众不动，那是完不成斗争任务的，这是中国共产党检查各项工作的一个基本指针。发动群众就是要使群众形成阶级自觉，必须先满足群众自己的要求，答复群众的问题，然后群众才能答复我们的要求，响应我们的要求。指导者的方针是：把一切事情都要努力变成群众自己的，发动群众就是要群众阶级自觉，以阶级的人去参加统战，进行抗日战争。因此，最基本的方针是：经过发动群众完成抗战和根据地的建设任务，同时更重要的是每一个措施、每一个号召都要引领群众革命化组织化，忽略这个基本的要求，把发动群众当作完成任务的手段，那是一定要受到历史的惩罚的。"①

因此，群众动员最首要的工作方针是发挥群众主体作用，真正深入群众运动中，依靠群众觉悟、抗战积极性的提高，深入各区的建设工作，在建设中，密切联系战争动员、努力生产、改造政权、建立健全村代表会，进一步实施"三三制"的民主政治等工作。

（三）尊重群众意愿

在群众动员机制中，宣传教育工作是调动群众参与的重要手段，但在进行宣传时，要在群众自愿的原则下进行宣传教育工作，如果用强制手段则往往会适得其反，引起群众的反感。如在抗日战争时期，有的同志把群众召集到民革室，群众是迫不得已而来，并不感兴趣，到了后不是吸烟就是睡觉，讲得很费力气，听的并没有起到什么作用。这需要我们研究群众喜欢的宣传方式，从聊家常琐事开始接近群众，能够使群众在自愿的原则下接受我们的宣传。正如陈云同志所说："多放些时间到民众学校或类似这样组织中去接近群众，这里可以自由谈谈天，吹吹'山海风'，说说家常琐事，如果谁愿意这样耐心做，听众会由少变多，甚至不请自来。"的确我们

---

① 李雪峰：《李雪峰同志在六地委的报告》，1942年11月，武乡县档案馆藏，档案号：00132。

应该执行这种不用命令的办法，我们应该用这"不请自来"的办法。

（四）赢得群众信任

信任是中国共产党获得群众支持、有效动员群众的重要社会资本。为了赢得群众的信任，一方面中国共产党通过耐心的工作建立了与群众的日常交往关系，并通过参与解决群众的实际困难，建立了与群众的深切感情，赢得了群众的政治信任。如在太行抗日根据地，共产党往往与老百姓同吃同住同劳动，通过日常交往建立了亲人般的深切感情。老百姓把共产党领导的八路军亲切地称为人民子弟兵。另一方面中国共产党对待群众的态度是真诚的、谦虚的。中国共产党是代表人民利益的，在日常接近群众中要求党员有和蔼虔诚的态度，待人有礼貌，这样群众会在对你的信任中接受你的宣传，进而变为对我党的信仰。

在太行抗日根据地，由于多方面因素影响，当时的社会情况表现为社会积蓄的枯竭，灾荒频出，人民生活水平大大下降，社会秩序一度紊乱，人民生产能力极低，根据地正处在困难与危机中。为此，太行区党委发出救灾与开展春耕运动，分区抓紧了救济生产、以工代赈、运输纺织、借粮互助及组织六分区的人向二分区移民垦殖，同时发动军政机关干部帮助群众春耕。这一运动不仅解决了部队粮食供给问题，还赢得了群众的信任。

（五）获得群众支持

获得群众支持是群众动员机制的主要目标，也是太行抗日战争时期群众动员机制的主要特点，包括：一是党员的先锋模范作用。要让群众支持党的政策和主张，共产党员必须起带头作用。党员的模范作用对于说服群众也很重要，你光说得好，做不到，群众也不会相信你，相反会引起群众的讨厌，所以当你把政策法令向群众讲清楚后，群众两眼紧看着你怎样做，假如你说的一套，做的另一套，群众根本不会相信你。如果你能做到言必行、行必果，言行一致，是不难取得群众拥护的，所以干部的正确执行政策、党员的模范作用，在说服群众上是具有决定意义的。二是群团组织的发展。群团组织都是农民的自治团体，是整合原子化农民的重要载体。通过发展群团组织，群众的利益和诉求得到了很好的表达和维护，同时通过群团组织，党的政策和主张也能够更好地被群众认可和接受。关于群团组织，在抗日战争时期，政府对群众团体经费帮助很少，他们都是靠自己的会费来维持。特别是农会，每个会员一个铜板，经费都用不完。会员交会费是一件很重要的事情，可以看出这个团体是否真能成为群众的团体。团体也不能干涉政权的事情，但是在行政会议时，群众团体可派代表参加，他可以提出自己的意见来。边区的工作除了党以外，就是靠群众来支持，可以说群众是边区主要的支柱。

三、统一战线是群众动员机制的关键

（一）以经济政策调整激励非中共人士的物质支持

统一战线是我们革命取得胜利的法宝之一。简单地讲，统一战线就是团结可以团结的一切力量与敌人进行斗争，夺取革命的胜利。[1] 在抗日战争时期，中国共产党在统一战线方针的指导下，首先通过经济政策的调整赢得了非中共人士的支持和资助，如通过实施合理负担政策和减租减息，减缓了地主与农民的矛盾，获得了开明绅士和一些地主的物质支持，许多地主不仅主动减息减租，而且捐钱捐物资助中国共产党的抗日活动。如在太行抗日根据地武乡，党组织始终把统战工作放在中心环节，多次召开士绅、名流座谈会，动员他们参加到抗日队伍中来。在中国共产党的宣传影响下，各界人士纷纷自觉地为抗日出力。在1939年的囤积公粮运动中，全县所筹集的6万石公粮，各地士绅们自动献出的粮食就达85%。

---

① 于之伟：《〈新华日报〉与抗日统一战线：武汉时期〈新华日报〉的历史功绩研究》，《廊坊师范学院学报》（哲学社会科学版），2006年第3期。

（二）以民主政权建设获得非中共人士的政治认同

在抗日战争中，为了团结一切可以团结的力量，中国共产党人创造性地把马克思主义国家学说同抗日战争的伟大实践相结合，提出了按照"三三制"原则建立的人民民主政权。这种体现共识、民主性质的政权有效地团结了非中共人士的力量，获得了非中共人士的政治认同，对于中国抗战胜利和民主政治建设具有非常重要的历史意义和价值。如在武乡抗日根据地处于极端困难的时候，上级党组织及时调回在武乡知识界影响较大的武光汤、武光清等人担任县党政主要领导，团结了一大批中小知识分子，避免了犹豫不定的人向敌人靠拢。在政权建设上，武乡党组织严格执行中共中央制定的"三三制"政权的组织原则，邀请民主人士参政、议政，为抗战作贡献，武（乡）东的裴玉澍、杜青史，武（乡）西的郝培兰等士绅名流，都被选为边区参议员。通过广泛的统一战线，使中共赢得了社会各阶层人民的支持，使党的事业蓬勃发展。

（三）以思想文化宣传调动非中共人士的积极参与

全面抗战爆发后，思想文化宣传工作不仅需要非中共人士尤其是一些知识分子的参与，同时也需要通过思想文化宣传工作影响非中共人士，团结非中共人士的力量，调动非中共人士积极参与进来。为此，中国共产党一方面利用报纸、杂志和剧团等宣传手段调动非中共人士的参与，积极宣传抗日。另一方面积极吸纳非中共人士参与到文化宣传工作中，利用其在专业和学识等方面的优势影响群众和动员群众。如抗日根据地建设时期，许多中间派人士在党的抗日主张影响下加入党的文化宣传工作中，通过写文章、办报纸、搞文艺演出等方式宣传党的抗日主张，抨击投降主义，塑造英雄形象，宣传动员民众，成为党进行群众动员的主要力量。

参考文献

著作类

[1] 太行革命根据地史总编委会. 太行革命根据地史稿1937—1949[M]. 太原: 山西人民出版社, 1987.

[2] 中共山西省武乡县委党史研究室. 中共武乡简史[M]. 北京：中国财政经济出版社, 1990.

[3] 长治市老区建设促进会. 长治革命老区[M]. 太原: 山西人民出版社, 2007.

[4] 山西档案馆. 太行党史资料汇编[M]. 太原: 山西人民出版社, 2000.

[5] 萧红河. 八路军总部在砖壁[M]. 太原: 山西人民出版社, 2006.

[6] 李树生. 抗战精华遍武乡[M]. 太原: 山西人民出版社, 2011.

[7] 毛泽东. 毛泽东选集 (第3卷) [M]. 北京: 人民出版社, 1991.

[8] 毛泽东. 毛泽东选集 (第2卷) [M]. 北京: 人民出版社, 1991.

[9] 郝雪廷. 八路军的故乡[M]. 太原: 山西人民出版社, 2010.

[10] 毛泽东. 论持久战[M]. 沈阳: 东北印刷厂, 1947.

[11] 毛泽东. 毛泽东选集 (合订本) [M]. 北京: 人民出版社, 1991.

[12] 王旭宽. 政治动员与政治参与: 以井冈山斗争时期为例[M]. 北京: 中央编译出版社, 2012.

[13] 杨小明. 新中国成立以来中国共产党的政治动员研究[M]. 北京: 中国社会科学出版社, 2014.

[14] 冯崇义. 华北抗日根据地与社会生态[M]. 北京: 当代中国出版社, 1998.

[15] 史耀清. 太行精神[M]. 太原: 山西人民出版社, 2005.

[16] 李秉奎. 太行抗日根据地中共农村党组织研究[M]. 北京: 中共党史出版社, 2011.

[17] 李树生, 郝雪廷. 革命熔炉武乡[M]. 太原: 山西人民出版社, 2010.

[18] 山西省武乡县县志编纂委员会. 武乡县志[M]. 太原: 山西人民出版社, 1986.

[19] 魏宏运. 20世纪三四十代太行山地区社会调查与研究[M]. 北京: 人民出版社, 2003.

[20] 于建嵘. 岳村政治: 转型期中国乡村政治结构的变迁[M]. 北京: 商务印书馆, 2001.

[21] 何干之. 中国社会经济结构[M]. 香港: 中国文化社, 1939.

[22] 陈廷煊. 抗日根据地经济史[M]. 北京: 社会科学出版社, 2007.

[23] 戎子和. 晋冀鲁豫边区财政简史[M]. 北京: 中国财政经济出版社, 1987.

[24] 魏宏运, 左志远. 华北抗日根据地史[M]. 北京: 档案出版社, 1990.

[25] 张国祥. 山西抗日战争史[M]. 太原: 山西人民出版社, 2005.

[26] 中共河南省委党史资料征集编纂委员会. 太行革命根据地史[M]. 郑州: 河南人民出版社, 1986.

[27] 郝雪廷, 李绍君. 武乡抗战纪事[M]. 北京: 中共党史出版社, 2013.

[28] 河北省档案馆. 河北减租减息档案史料选编[M]. 石家庄: 河北人民出版社, 1989.

[29] 晋冀鲁豫边区财政经济史编辑组. 抗日战争时期晋冀鲁豫边区财政经济史资料选编[M]. 北京: 中国财政经济出版社, 1990.

[30] 中共山西省委党史研究室, 山西档案馆. 太行革命根据地土地问题资料选编[M]. 太原: 山西人民出版社, 1983.

[31] 萧红河. 砖壁村志[M]. 太原: 山西人民出版社, 2006.

[32] 〔日〕内田知行. 山西抗日民族统一战线和民众动员[M]. 北京: 中共党史出版社, 1992.

[33] 弗里曼, 毕克伟, 赛尔登. 中国乡村: 社会主义国家[M]. 北京: 社会科学文献出版社, 2002.

[34] 杨圣清. 新中国的雏形: 抗日根据地政权[M]. 桂林: 广西师范大学出版社, 1994.

[35] 山西文史资料委员会. 山西文史资料第14辑[M]. 太原: 山西人民出版社, 1980.

[36] 董江爱. 山西村治与军阀政治[M]. 北京: 中国社会科学出版社, 2002.

[37] 王聚英. 八路军抗战简史[M]. 北京: 解放军出版社, 2005.

[38] 戎子和. 戎子和文选[M]. 北京: 中国财政经济出版社, 1991.

[39] 列宁. 列宁全集第24卷[M]. 北京: 人民出版社, 1963.

[40] 皇甫建伟, 霍彦明. 民主的火花 (下篇) [M]. 太原: 山西人民出版社, 2012.

[41] 皇甫建伟, 霍彦明. 民主的火花 (上篇) [M]. 太原: 山西人民出版社, 2012.

[42] 罗存康. 抗日战争与中华民族复兴丛书: 少年儿童与抗日战争[M]. 北京: 团结出版社, 2015.

[43] 张国祥. 山西抗日战争史 (下卷) [M]. 太原: 山西人民出版社, 1992.

[44] 曹冬梅. 中国共产党与中国农村社会变迁丛书: 建设社会主义新农村[M]. 石家庄: 河北人民出版社, 2015.

[45] 周恩来. 周恩来选集 (上) [M]. 北京: 人民出版社, 1980.

[46] 全国妇女联合会. 毛泽东周恩来刘少奇朱德论妇女解放[M]. 北京: 人民出版社, 1988.

[47] 金冲及. 刘少奇传[M]. 北京: 中央文献出版社, 1998.

期刊报纸类

[1] 王廷军. 戏剧与抗战时期的社会动员[J]. 社会科学战线, 2011 (10) .

[2] 郑大华. 报刊与抗日战争时期的舆论动员[J]. 史学月刊, 2015 (10) .

[3] 王艳清. 拥军模范胡春花[J]. 文物世界, 2000 (6) .

[4] 杨小明. 政治动员的功能新探[J]. 浙江学刊, 2012 (1) .

[5] 路阳. 国内学术界关于中共政治动员问题的研究综述[J]. 社会科学管理与评论, 2013 (4) .

[6] 黄正林. 社会教育与抗日根据地的政治动员: 以陕甘宁边区为中心[J]. 中共党史研究, 2006 (2) .

[7] 李静. 抗日战争时期学校教育的动机及贡献: 以沂蒙抗日根据地为例[J]. 党史博采, 2016 (9) .

[8] 刘景泉, 张健. 民族解放战争中的人民战争: 中国共产党领导的人民力量在全民族抗战中的发展壮大[J]. 南开学报 (哲学社会科学版) , 2015 (4) .

[9] 路阳. 国内学术界关于中共政治动员问题的研究综述[J]. 社会科学管理与评论, 2013 (4) .

[10] 张宏卿, 肖文燕. "边缘化战略": 中共动员与中央苏区民众的基本利益、社会感情[J]. 开放时代, 2011 (8) .

[11] 赵宪. 从合理负担到统一累进税: 访原晋察冀边区行政委员会主任宋邵文[J]. 党史博采, 1989 (6) .

[12] 李军权. 军事动员与乡村传统: 以晋察冀抗日根据地优待抗属为例[J]. 历史教学 (下半月刊) , 2011 (1) .

[13] 徐爱新, 李玉刚. 抗日战争时期河北农村妇女的大生产运动[J]. 社会科学论坛, 2014 (11) .

[14] 郑立柱. 华北抗日根据地抗属的生存状况与政府应对[J]. 抗日战争研究, 2013 (2) .

[15] 陈廷湘. 抗日根据地的民主政治与抗战民众动员[J]. 社会科学研究, 1997 (3) .

[16] 朱小玲. 抗战时期中共群众路线的具体实践与当代意蕴[J]. 河北学刊, 2017 (3) .

[17] 李里峰. 中国革命中的乡村动员: 一项政治史的考察[J]. 江苏社会科学, 2015 (3) .

[18] 刘洁, 何然. 抗战时期太行山区妇女劳动力的开发及成效[J]. 山西档案, 2014 (3) .

[19] 徐建国. 华北抗日根据地减租减息运动中 "斗争" 模式分析[J]. 中共党史研究, 2011 (6) .

[20] 吴莉莉. 中共在抗日根据地的政治动员[J]. 安徽文学 (下半月) , 2008 (12) .

[21] 薛慧锋, 白雪枫. 太行抗日根据地的冬学运动对农民的影响[J]. 山西高等学校社会科学学报, 2008 (8) .

[22] 王卫红. 抗日根据地合作社: 历史功绩及经验启示[J]. 理论探索, 2008 (4) .

[23] 段建荣. 华北抗日根据地的合作社救灾活动初探[J]. 沧桑, 2008 (3) .

[24] 段建荣, 李珍梅. 1942年至1943年太行山抗日根据地抗旱救灾成效评述[J]. 大同大学学报 (社会科学版) , 2007 (3) .

[25] 郝平. 论太行山区根据地的生产自救运动[J]. 山西大学学报 (哲学社会科学版) , 2005 (5) .

[26] 杜金庆, 刘文彬. 抗日战争中人民群众的深入发动[J]. 决策与信息, 2005 (7) .

[27] 张云. 太行山抗日根据地历史地位论析[J]. 同济大学学报 (社会科学版) , 2005 (4) .

[28] 李金铮. 私人互助借贷的新方式: 华北抗日根据地、解放区 "互借" 运动初探[J]. 中共党史研究, 2000 (3) .

[29] 魏久明. 抗日战争中青年运动的地位、贡献和启示[J]. 中共党史研究, 1995 (6) .

[30] 薄一波. 山西青年抗敌决死队产生的背景及其基本发展情况[J]. 近代史研究, 1985 (6) .

[31] 王立胜. 毛泽东 "组织起来" 思想与中国农村现代化社会基础之再造[J]. 现代哲学, 2006 (6) .

[32] 王续添. 地方主义与民国社会[J]. 教学与研究, 2000 (2) .

[33] 郭耀武. 浅析抗日战争时期锄奸保卫工作的成功经验[J]. 军事历史, 2012 (4) .

[34] 赵宏强. 从参议会制度看中国人民代表大会制度的孕育过程[J]. 人大研究, 2007 (1) .

[35] 张顺昌. 抗日民主政权的特点及其影响[J]. 贵州社会科学, 2007 (1) .

[36] 王文军. 浅析英雄模范人物对党史文化发展的推动作用[J]. 福建党史月刊, 2016 (6) .

[37] 丁俊萍. 党的制度建设和党的建设制度改革之关联[J]. 理论视野, 2014 (9) .

[38] 于之伟. 《新华日报》与抗日统一战线: 武汉时期《新华日报》的历史功绩研究[J]. 廊坊师范学院学报(哲学社会科学版), 2006 (3) .

[39] 习近平. 在同全国劳动模范代表座谈时的讲话[N]. 人民日报, 2013–4–29.

[40] 习近平. 在庆祝中国共产党成立九十五周年大会上的讲话[J]. 中共党史研究, 2016(7).

[41] 石可奄. 晋冀豫区一九四〇年的冬学运动[N]. 新华日报 (华北版) , 1941–3–29 (4).

档案类:

[1] 山西省档案馆藏: 中共中央宣传部关于充实和健全各级宣传部门的组织及工作的决定. 档案号: 217-3-4-2.

[2] 山西省档案馆藏: 晋冀鲁豫边区政府: 关于群众年关娱乐一律规定阴历年节举行. 档案号: A198-4-11-2.

[3] 武乡县档案馆藏: 县委一位领导的笔记. 档案号: 3-2.1-18-1.

[4] 武乡县档案馆藏: 武乡县教育科高级小学教育调查表. 1945年4月, 档案号: 3-2.1-81-1.

[5] 山西省档案馆藏: 关于为发动爱护抗日军人运动给各专县的信. 档案号: A220-08-011.

[6] 山西省档案馆藏: 冬学通报 (第3期) . 1944年1月21日, 档案号: A198-4-16-13.

[7] 山西省档案馆藏: 关于进行国民誓约的运动指示. 1941年, 档案号: A198-4-5-11.

[8] 武乡县档案馆藏: 高力自传. 档案号: 3.2.2-0016.

[9] 山西省档案馆藏: 晋冀鲁豫边区政府命令: 关于救灾工作的决定. 档案号: A198-2-87-12.

[10] 武乡县档案馆藏: 武乡抗日县政府机关生产计划 (1944) . 档案号: 3-2.1-58.1.

[11] 山西省档案馆藏: 关于太行区反蚕食斗争的总结报告. 档案号: A220-01-013.

[12] 山西省档案馆藏: 晋冀鲁豫边区修正村政权组织暂行条例草案. 档案号: 198-2-8.

[13] 武乡档案馆藏: 武乡县第一届参议会总结. 1945年7月14日, 档案号: 3-2.1-64-3.

[14] 山西省档案馆藏: 晋冀鲁豫边区村政权选举暂行条例草案. 1943年7月, 档案号: A198-2-8-3.

[15] 山西省档案馆藏：(关于村选工作) 晋冀鲁豫边区政府第一厅指示. 民国三十二年十一月三十日, 档案号: A198-2-8.

[16] 山西省档案馆藏: 中共北方局青委、妇委和彭德怀同志关于工会、青年、青运、青年抗日先锋队、妇运工作的指示信、讲话、大纲. 档案号: A216-1-4.

[17] 武乡县档案馆藏: 武乡白晋沿线七个村的训练班材料. 1940年4月16日, 档案号: A3-2.1-5.

[18] 武乡县档案馆藏:《李雪峰同志在六地委的报告》. 1942年11月, 档案号: 00132.

学位论文：

[1] 孙岩. 南京国民政府时期地方党政关系研究[D]. 南京大学博士论文, 2011.

[2] 郑亚红. 河北沦陷区日伪基层政权研究: 以定县为研究对象[D].河北师范大学硕士论文, 2006.

后 记

　　《太行抗日根据地群众动员机制研究》是山西大学城乡治理研究中心在党建研究方面新的探索。习近平总书记2016年7月在庆祝中国共产党成立95周年大会上的讲话中指出："办好中国的事情，关键在党。中国特色社会主义最本质的特征是中国共产党领导，中国特色社会主义制度的最大优势是中国共产党领导。"在抗日战争时期，中国共产党的领导是我国抗日战争胜利的根本保证。总结和提升抗日战争时期中国共产党领导和动员群众进行抗日斗争的实践和经验对于完善党的领导、实现党领导人民有效治理国家具有非常重要的价值和意义。

　　该研究项目从立项到最终完成，得到了许多学者、地方政府官员、普通群众和同事、同学们的极大帮助，谨表感谢。

　　首先，山西省太行干部学院在该项目的研究过程中给予了全程的支持和帮助，为项目组进行实地调研和收集资料提供了极大的便利条件，尤其是太行干部学院常务副院长、党委副书记焦彦平，副院长、党委委员王鹏飞在工作繁忙之际，仍然抽出时间和我们座谈，询问项目进展和项目组研究的困难，并为项目组成员提供了良好的调研条件，有力保障了该项目的顺利进行。

　　其次，本项目的顺利完成要特别感谢八路军太行纪念馆、山西省档案馆和武乡县档案馆的全力配合与支持。其中八路军太行纪念馆是中国唯一全面反映八路军抗战历史的大型专题纪念馆，也是集宣教、收藏、科研、旅游诸功能于一体的综合性红色旅游经典景区。由八路军纪念馆党支部书记、馆长史永平带领的学术研究团队在抗日战争史方面有长期的基础理论研究，并取得了许多显著的研究成果，为本项目的研究提供了丰富的资料来源和思想启示。同时，山西省档案馆和武乡县档案馆对抗日战争时期史料的科学储存和保护，为我们进行史料挖掘、还原和理解那段时期的历史提供了很大的帮助。

再次，在对太行地区实地调查研究过程中，我们得到了武乡县委、县政府，武乡县文化和旅游局等部门领导的大力支持，对其所提供的各项帮助表示衷心的感谢；同时，要感谢李峪村和禄村等村两委干部与村民给予的大力合作与支持，尤其是李峪村党支部书记兼村委会主任王竹红，禄村村委会主任张润庆、妇女主任郭红霞等村干部和村民积极配合项目调查，为项目顺利进行提供了有力帮助。

最后，山西大学政治与公共管理学院政治学理论专业的研究生贾苗、范歌、张婧晔、杨盼、李碧江、张瑞飞、张元珺参与本项目的调查和资料整理等工作，在此一并致谢。

同时，感谢山西人民出版社的大力支持。